消费者行为数据驱动的搜索结果多样性问题研究

黄鑫 著

·北京·

图书在版编目（CIP）数据

消费者行为数据驱动的搜索结果多样性问题研究 / 黄鑫著. —北京：科学技术文献出版社，2022.6
ISBN 978-7-5189-9224-9

Ⅰ.①消… Ⅱ.①黄… Ⅲ.①消费者行为论—研究—中国 Ⅳ.① F723.5

中国版本图书馆 CIP 数据核字（2022）第 097856 号

消费者行为数据驱动的搜索结果多样性问题研究

策划编辑：郝迎聪 刘文文 责任编辑：韩 晶 责任校对：王瑞瑞 责任出版：张志平

出 版 者	科学技术文献出版社
地　　址	北京市复兴路15号 邮编 100038
编 务 部	（010）58882938，58882087（传真）
发 行 部	（010）58882868，58882870（传真）
邮 购 部	（010）58882873
官方网址	www.stdp.com.cn
发 行 者	科学技术文献出版社发行 全国各地新华书店经销
印 刷 者	北京虎彩文化传播有限公司
版　　次	2022年6月第1版 2022年6月第1次印刷
开　　本	710×1000 1/16
字　　数	195千
印　　张	13.25 彩插24面
书　　号	ISBN 978-7-5189-9224-9
定　　价	58.00元

版权所有 违法必究

购买本社图书，凡字迹不清、缺页、倒页、脱页者，本社发行部负责调换

前　言

为了解决网络消费者面临的信息过载问题,学术界和业界开发了搜索引擎等有效工具来帮助消费者从海量信息中快速获取与消费者查询相关的内容。运用现有方法检索的结果通常非常相似,这样冗余的信息已经很难满足消费者对多样化信息的需求,极大地降低了消费者的搜索体验。如何增加搜索结果的多样性已经成为大数据时代下信息搜索领域新的研究热点。在 Web 2.0 时代下,在线评论为消费者提供了丰富的信息,帮助其做出最佳的购买决策。通过考虑在线评论中隐藏的消费者评价信息,在搜索结果中生成一些产品评价特征相似的替代选项,不仅有利于增加搜索结果的多样性,而且能够根据消费者的兴趣偏好,找出对消费者价值更高的产品选项。然而,目前基于在线评论的搜索结果多样性研究仍然处于探索阶段。

本书从挖掘在线评论入手,构建了面向长尾产品的特征－观点挖掘模型。不同于以往的研究,该模型刻画了文档级别的情感特征分布,提出了基于多词性标注的最大熵模型特征函数改进方法,并结合单词共现模式对长尾产品特征词和消费者观点词进行了准确的识别与区分,设计了吉布斯采样算法对模型参数进行求解,同时提出了改进的 k-medoids 算法对评论文本进行分类。在提取出的产品特征－观点对基础上,本书提出了基于知识注入和条件熵的混合数据相似性度量学习方法。与许多现有方法相比,它通过将从维基百科提取的外部知识注入属性内相似度学习过程,更好地捕获文本属性值之间的语义相似度;通过将信息增益比嵌入属性间相似性学习过程,更准确地刻画属性之间的全局交互关系;通过将数值属性和文本属性统一到相同向量空间下，避免了手动选择反映数值属性或文本属性偏好程度的调整参数，最好地保留了属性值的原始信息。在相似性度量的基础上，针对现有密度峰值方法的缺陷，本书提出了基于共享近邻的 EDPC（Enhanced Density Peaks Clustering）算法对数据对象进行搜索，通过考虑数据空间中对象的局部结构，降低了算法对空间密度和维度变化的敏感度。本书建立了刻画消费者兴趣动态偏好的消费者分析模型，通过结合消费者偏好和产品的特征、观点，设计了满足消费者个性化需求的搜索算法。同时，本书探讨了新零售背景下全渠道推荐机制研究的机遇与挑战。

本书承蒙国家自然科学基金（72101031、71871177）和国家重点研发计划（2018YFB1703001）的资助，在此对研究基金的大力资助深表感谢，同时由衷地感谢科学技术文献出版社在本书编辑和出版过程中所做的各项工作。

由于笔者水平有限，本书还存在一些不足之处，恳请广大读者批评指正。

目 录

1 大数据时代搜索技术面临的挑战 / 001
　1.1 研究背景 / 001
　1.2 研究问题与意义 / 012
　1.3 研究内容与技术路线 / 015

2 个性化搜索的研究动态 / 017
　2.1 在线评论的有用性研究 / 018
　2.2 基于评论数据的搜索结果研究 / 022
　2.3 搜索结果多样性相关研究 / 027
　2.4 研究评述 / 039

3 面向长尾产品的特征 - 观点挖掘模型 / 041
　3.1 问题描述 / 041
　3.2 面向长尾产品的特征 - 观点挖掘模型构建 / 045
　3.3 实验结果分析 / 056
　3.4 本章小结 / 069

4 基于产品评价特征的多样化搜索结果识别研究 / 070
　4.1 问题描述 / 070
　4.2 预备知识 / 072
　4.3 混合数据的统一相似性度量问题研究 / 078
　4.4 多样化搜索结果识别算法构建 / 085
　4.5 实验结果分析 / 089
　4.6 本章小结 / 099

5 基于消费者动态偏好的多样化搜索结果识别研究 / 101
5.1 问题描述 / 101
5.2 消费者动态偏好分析模型构建 / 103
5.3 搜索结果最大相关 – 多样性问题研究 / 114
5.4 实验结果分析 / 117
5.5 本章小结 / 137

6 基于消费者在线查询的产品推荐问题研究 / 139
6.1 问题描述 / 139
6.2 基于在线查询的推荐框架构建 / 140
6.3 实验结果分析 / 148
6.4 本章小结 / 157

7 新零售背景下全渠道推荐机制研究的机遇与挑战 / 158
7.1 新零售背景下全渠道推荐机制研究的意义 / 158
7.2 全渠道推荐机制研究梳理 / 162
7.3 现有研究的不足与未来的研究方向 / 175

8 结论与展望 / 178
8.1 研究结论 / 178
8.2 研究展望 / 181

参考文献 / 183

1 大数据时代搜索技术面临的挑战

1.1 研究背景

1.1.1 大数据时代下消费者对信息多样性的需求

近年来,信息技术和互联网应用进入蓬勃发展期,以"互联网+"为代表的全新互联网思维催生出云计算、物联网、大数据等诸多颠覆性的信息技术。这些前沿技术被广泛地应用到了经济与社会发展的方方面面,给各个传统行业带来了全新的变革,这也导致整个社会的信息量呈指数形态疯狂增长。IDC[①]2018 年发布的《数据时代 2025》白皮书中的数据显示,2018 年全球产生的数据总量达到了 33 ZB,到 2025 年,全球数据规模预计将会增长到 175 ZB,在这 8 年间全球数据规模将以平均每年 26.9%的速度不断膨胀,如图 1-1 所示。虽然高速发展的互联网和信息技术为网络消费者带来了丰富的信息,但是消费者自身有限的信息处理能力,使得消费者很难从海量的信息中寻找并发现自己感兴趣的相关内容,这种现象被称为信息过载问题(Eppler et al., 2004)。以电子商务网站淘宝网为例,全球知名的市场研究机构 eMarketer 披露的数据显示,截至 2019 年,淘宝网在线商品达到 10 亿件,消费者规模升至 7.55 亿。消费者要想从这 10 亿件商品中精确找到符合自己各种偏好需求的商品并不是一件容易的事情,他们甚至会在搜索商品、做出购买决策的过

---

① IDC(International Data Corporation,国际数据公司)是全球著名的信息技术、电信行业和消费科技咨询、顾问和活动服务专业提供商。

程中感到不堪重负。另一个鲜活的实例便是在线搜索,根据知名计算机软件供应商 Smart insight 的调研,谷歌(Google)每天的在线搜索量能达到 35 亿次,也就是说全球消费者每秒钟就会进行 4 万多次搜索,消费者想要在短时间内找到符合自己需求的信息绝非易事,为了搜索到自己真正想要的答案甚至会花费掉消费者数小时的时间。互联网为消费者提供了无限的信息资源供其浏览,但是通常情况下消费者很难找到与自身需求相关的有用信息(Gao et al., 2020)。

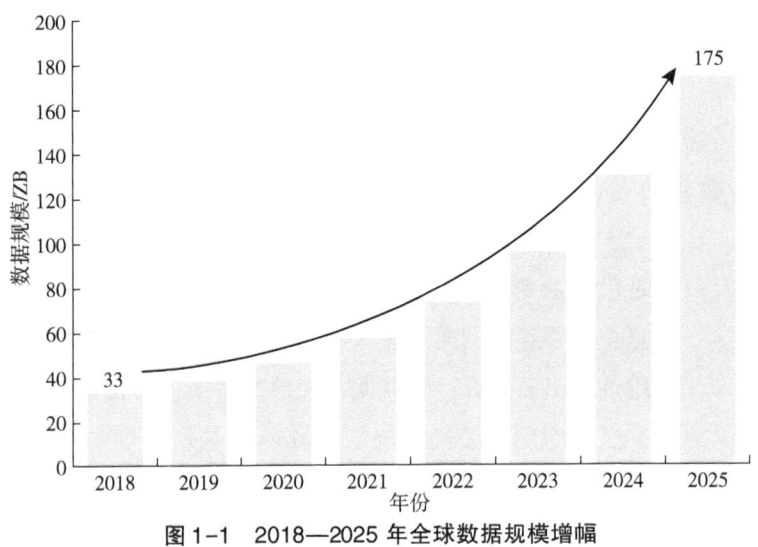

图 1-1　2018—2025 年全球数据规模增幅

为了解决网络消费者面临的信息过载问题,学术界和业界开发了搜索引擎、推荐系统等有效工具以帮助消费者从大量信息中快速获取与消费者需求最契合的信息资源。Top-k 查询是一种应用在搜索引擎、电子商务等领域的众所周知的方法,这种方法通过为消费者提供与消费者查询密切相关的前 k 个结果来降低信息过载问题带来的负面影响(Marian et al., 2004)。因为 Top-k 方法通过特定的评估函数计算数据记录与消费者输入的查询关键字之间的相关性评分而进一步生成结果列表,所以 Top-k 方法在解决信息过载问题时存在一个致命缺陷,那就是返回给消费者的搜索结果通常非常相似,有时甚至完全相同,这些冗余的信息极大地降低了消费者的搜索体验(Zhang et al., 2020)。以谷歌搜索为例,当消费者在输入框输入关键字"Beijing Weather"(北京天气)进行查询时,在第一页出现的 10 个查询结果几乎都是与北京天气预报相关的内容,表 1-1 显示了谷歌返回的与北京天气有关的第一页搜索结果。相比之下，在搜索结果中加入和天气状况高度相关的一些重要活动信息、北京的季节气候信息或适合当下季节气候的北京旅游信息可能对消费者会更有帮助。以相关性为依据返回搜索结果，虽然在一定程度上缓解了信息过载问题给消费者带来的焦虑情绪，但重复的搜索结果在内容上过于同质，很难满足消费者的需求。中国互联网络信息中心在2017年7月发布的《2016年中国网民搜索行为调查报告》显示，近五成的互联网消费者认为搜索引擎返回的搜索结果太过于重复。因此，为了帮助消费者更好地解决信息过载问题，完成信息探索任务，搜索结果不仅要向消费者提供相关信息，而且应该向消费者提供覆盖更多主题内容的多样化信息（Shajalal et al., 2020）。在信息呈爆炸式增长的大数据时代下，如何通过提升搜索结果的多样性来提升消费者的搜索体验、降低消费者的搜索成本，已经成为信息搜索领域新的研究热点（Zheng et al., 2017）。

表1-1 谷歌返回的与北京天气有关的第一页搜索结果（查询日期：2019年10月9日）

序号	与文档匹配的主题内容
1	Beijing, Beijing, China Three Day Weather Forecast …
2	Beijing, Beijing, China Daily Weather｜AccuWeather
3	Beijing, People's Republic of China 10-Day Weather Forecast …
4	Beijing - BBC Weather
5	Beijing, China 14-Day Weather Forecast-The Weather Network
6	Beijing, China 7-Day Weather Forecast-The Weather Network
7	Beijing Weather: 7-Day Forecast, Best Time to Visit, Monthly …
8	Beijing Weather, Best Time to Visit Beijing & 7-Day Weather …
9	Weather for Beijing, Beijing Municipality, China-Time and Date
10	Beijing Weather Forecast, National Weather Forecast-Weather …

1.1.2 Web 2.0时代下搜索技术的机遇和挑战

在Web 2.0时代，互联网技术为消费者和在线商家提供了一个开放的交互平台。电子商务网站，如淘宝（Taobao）、亚马逊（Amazon）和爱彼迎（Airbnb）等，为人们提供了表达意见的渠道和工具，消费者通常会在电子商务网站上留下成千上万的在线评论以描述他们在购买和使用商品过程中的体验与感受。在线评论这样的消费者生成内容（User-Generated Content，UGC）蕴藏着丰富的有关产品和服务的评价信息。Chevalier 等（2006）以亚马逊和巴诺书店（Barnes & Noble）①为例研究了消费者对书籍的在线评论对图书相对销量的影响，结果发现：①在线书评增加了书籍在网站上的相对销量；②消费者的负面评论带来的影响要大于正面评论。流媒体服务供应商 Roku 利用近 17 000 条关于其终端的正面和负面消费者在线评论，将消费者访问转化为销售机会的比值提升了 20% 左右。Yu 等（2012）在电影领域进行了案例研究，其分析表明消费者在评论中表达出的情感对产品的未来销售业绩产生了显著的影响。Yan 等（2015）通过分析在线评论调查了影响顾客重访餐厅意愿的主要因素，研究结果为餐厅经营者改善产品设计、树立餐厅品牌、调整营销策略提供了决策依据。

这些反映消费者真实体验和需求的信息不仅可以帮助产品或服务供应商改进其产品的设计、调整其市场营销策略，而且能影响消费者的搜索过程，帮助消费者通过参考他人的点评来做出合理的购买决策（Jimnez et al.，2013；王伟 等，2016；杜学美 等，2016）。消费者在网购过程中，无论是挑选服装还是选择酒店，越来越多的顾客消费经历证明了他们依据网站展示信息看到的产品及其形成的看法不一定会转化为消费者对实际产品的真实体验，如顾客实际收到的衣服可能与正常尺寸不符、颜色和在网站上看到的有差别。当游客办理手续入住预订的酒店时可能会发现客房实际的环境与在线展示的酒店图片完全不同，游泳池并没有网站照片上显示的那样大，海景房的视野和风景也没有网站上展示的那样好（Ert et al.，2016）。显然，酒店这种通过强化其产品形象、渲染顾客的正面评论以增加对潜在顾客吸引力的做法是很常见的。同样，在线商家通常也会发布有关其产品或服务的有利信息，以吸引更多的潜在消费者。如果消费者完全依赖在线卖家在网站上披露的信息做出购买决策，那么结果不理想的可能性会很高。当消费者面对在线商家发布的有限且可能对卖家销售产品或服务有利的带有偏差的信息时，消费者生成内

---

① Barnes & Noble 是美国最大的实体书店，在全国有将近 800 家店面，它是全球第二大网上书店，仅次于第一名亚马逊。

容或消费者在线评论为帮助消费者获得更多有关产品或服务的实际体验信息、更好地了解产品或服务的真实情况提供了有效可靠的渠道。消费者生成内容是由开放的互联网平台上交互的消费者产生的，可以通过产品评论、博客、微博等多媒体获得。领导全球的市场监测和数据分析公司尼尔森在其《2012年社交媒体报告》中指出，顾客认为在卖方网站或第三方平台上获得的消费者评论信息比卖方营销过程中释放的产品或服务相关信息更值得信赖（Nielsen，2014）。例如，在选择餐厅就餐时，食客通常会参考 Yelp[①] 上发布的消费者对餐厅的评分和对菜品的评论；游客会在 TripAdvisor[②] 上查看酒店的受欢迎程度指数和有关房间、环境、交通等的消费者点评信息，以帮助他们更好地选择和预订酒店。显而易见，在 Web 2.0 时代，消费者生成内容或消费者在线评论向消费者提供了更好的有关产品或服务的信息。

现实中，消费者通常会更加关注产品或服务评论反映出的产品特征、意见，从而找到更符合消费者偏好的产品或服务。以消费者预订酒店为例，有的消费者可能对安静的居住环境有偏好需求，因此，这样的消费者在预订酒店时便会特别关注酒店周围的环境是否嘈杂，消费者评论中出现的诸如"酒店附近最近在施工""酒店附近有铁路""房间隔音效果差"之类的语句无疑会对消费者的决策过程产生重大影响，并最终使其将出现类似评论的酒店从考虑的列表中剔除。这类从消费者评论中挖掘出来的信息通常被称为隐藏信息或隐藏主题（Zhang et al.，2018）。隐藏信息或隐藏主题通过评论中描述产品或服务特征的词语反映出来。例如，在消费者预订酒店实例中，评论中出现的"施工""铁路""隔音效果差"等词语就可以归类为"酒店噪声"这一隐藏主题，同样，"干净""整洁""无异味"等词语频繁出现，无疑反映了"酒店卫生"这一隐藏信息。

同样，消费者评论信息也给搜索结果的改进带来了新的机遇。基于从在线评论中挖掘出的产品特征信息，我们可以发现很多评论相似的产品或服务，这

[①] Yelp 是美国最大的商户点评网站，于 2004 年成立，囊括各地餐馆、购物中心、酒店、旅游等领域的商户，消费者可以在 Yelp 网站中给商户打分、提交评论、交流购物体验等。
[②] TripAdvisor 是全球著名的旅游网站，主要提供来自全球旅行者的点评和建议，内容覆盖全球的酒店、景点、餐厅、航空公司，网站同时为旅行者提供旅行规划和酒店、景点、餐厅预订服务。

给消费者在搜索产品或服务时带来了更加多样化的选择，这是传统的基于关键字的搜索方法所不能做到的。研究表明，消费者越来越依赖其他顾客的评论做出购买决策（Ludwig et al., 2013）。因此，通过挖掘产品评论中的隐藏信息，在搜索结果中生成一些整体或部分与产品特征评论相似或等效的选项，不仅有利于提升搜索结果的多样性，而且能够根据消费者表现出的产品或服务属性偏好，找出对消费者来说价值更高的选项。让我们再次回到酒店搜索的例子，消费者在预订酒店前可能会对酒店的星级有所要求，如消费者在搜索过程中会限制酒店的星级在四星以上。传统基于关键词的搜索技术返回的都是四星以上的酒店列表，而基于在线评论数据进行搜索，我们会发现很多四星以下酒店的消费者评价并不亚于四星以上酒店的消费者评价，而且这些有较高评价的四星以下酒店通常性价比更高，给消费者带来的效用更高，极大地增加了消费者消费的可能性。为了更好地阐明这一想法，本书通过携程旅行网上的北京凯迪克格兰云天大酒店和宜尚PLUS酒店（北京鸟巢店）这两家酒店来说明在线评论给消费者搜索带来的不一样信息，表1-2列出了两家酒店的基本信息和随机选取的部分评论信息。消费者在搜索五星级酒店的过程中，传统的搜索技术并不会向消费者展示其余星级酒店，如四星级的宜尚PLUS酒店。由表1-2可知，两家酒店的地理位置都很优越，距离奥体中心都很近，交通便利。通过消费者的实际评论信息不难看出，四星级的宜尚PLUS酒店在环境卫生、酒店配置等方面都是不亚于五星级的凯迪克格兰云天大酒店的，而且四星级的宜尚PLUS酒店在设施配置上更加新颖、智能，相比之下，多名消费者在实际入住五星级的凯迪克格兰云天大酒店之后都给出了酒店配置一般、房间设施偏老的评论，由此可见，四星级的宜尚PLUS酒店为消费者提供了类似五星级酒店水平的效用，而且四星级的宜尚PLUS酒店设施更新、更智能，价格更便宜，可以为消费者带来更高的价值，消费者更容易产生消费的积极情绪。因此，在消费者搜索五星级酒店的结果列表中，加入一些与五星级酒店相似的非五星级酒店的在线评论，更容易让消费者发现出人意料的产品，不仅提升了搜索结果的多样性，而且为消费者呈现了有更多相似效用的选项，提升了消费者的搜索体验。然而，以往的搜索工具通常依据物品的总体评分、物品属性（产品价格、品牌、材质、地理位置）等信息去测度两个产品之间的相似度，用这种方法很难发现物品属性差别很大的两个产品在评论上的相似性。以前面提到的两家酒店为例,传统搜索方法不会将两家星级不同、价格差别很大的酒店放到同一搜索列表中,尽管这两家酒店在消费者的心目中具有相似的评论。不同于产品的总体评分,消费者评论中涵盖了更多的有关产品多个细粒度属性的信息,不仅能更准确地从多维度对产品进行刻画,还能更好地识别出消费者的偏好信息,使企业能够为消费者提供更加个性化的搜索服务。例如,从四星级的宜尚PLUS酒店的消费者评论中,我们发现该酒店的设施更智能、更新颖,搜索工具应该将该酒店更多地展示在对酒店设施有偏好的搜索列表中,以满足消费者的个性化需求。

表1-2 两家酒店的基本信息和随机选取的部分评论信息

酒店名称	北京凯迪克格兰云天大酒店	宜尚PLUS酒店(北京鸟巢店)
星级	五星	四星
位置	北京朝阳区北辰东路18号(亚运村、奥体中心地区、中关村、五道口)	北京朝阳区安翔路2号(亚运村、奥体中心地区、中关村、五道口)
价格	标准大床房¥937	标准大床房¥851
评论信息	总体评分:4.6/5分 环境4.7分 设施4.5分 服务4.7分 卫生4.7分 1. 设施偏老,在国家会议中心旁边,参加会议很方便。 2. 整体都还可以,看演唱会的时候去的,位置很好,周边吃的很多,有停车场,服务态度较好,酒店设置一般,还可以再提升。 3. 大床房,房间很小,洗手间更是小到转不开身,酒店的洗漱用品实在是寒碜,哪像一个五星级酒店的配置,电梯也是醉了,高低楼层分开运行是很好,但是拜托贴个明显的位置OK吗? 4. 酒店位置很好,交通便利。 5. 位置优越,距离奥林匹克公园很近。在有的房间可以直接看到鸟巢夜景。卫生和服务都还可以,楼下有中餐馆和西餐馆,中餐馆很火爆	总体评分:4.8/5分 环境4.8分 设施4.8分 服务4.8分 卫生4.8分 1. 房间内的洗漱间和淋浴间是分开的,很好,窗帘是智能的,特别防光,屋内的灯光设置特别好,不会太刺眼,也不会太暗,有三种灯光模式可供选择,而且还有室内健身房、洗衣房,很方便。 2. 位置距离鸟巢和水立方特别近,周边的酒店都在1500元/天以上,这家新开的酒店价格不到它们的一半。房间布局也很舒服,还有电动窗帘,周边环境幽静,睡得特舒服,给人五星级的感受。 3. 房间不是特别大,但酒店很新,服务很好,整体干净卫生。 4. 特别喜欢,以后还会入住,位置也很好,离鸟巢、奥森都比较近。 5. 地理位置很好,离国家会议中心很近。房间小了一点点,其他都还比较满意

因此，将消费者在线评论中隐藏的丰富主题信息应用到产品搜索工具中，为提升消费者在线搜索结果的个性化与多样性带来了新的契机。但是，从成千上万的非结构化评论文本中识别出消费者关注的主题信息并不是一件容易的工作。从酒店搜索实例中可以看到，在测度两个产品相似性的时候，不仅要考虑消费者评论中蕴藏的具有文本属性的主题信息，还要考虑产品的价格、地理位置等数值属性信息，如何度量具有混合属性（文本属性和数值属性）的产品之间的相似性也给利用在线评论改进搜索结果多样性工作带来了巨大的挑战。

1.1.3 长尾效应的存在

从以往的商业历史来看，在许多市场中都是少数的畅销产品占据了主导地位。例如，美国著名流行音乐单曲排名榜单 Billboard Hot 100 排前 40 位的热播歌曲占据了广播播放列表和歌曲销量的最大份额；2009 年中国图书行业的半年统计数据显示，图书市场进货商品为 54 112 种，而实际产生销量的仅为 9074 种，占到了总品种的 16.8%，而在实际销售的 9074 种图书中，热销的 1643 种图书贡献了 80% 的销售总额，也就是说图书市场八成的市场份额是由 18.1% 的图书品种主导的。经济学家和管理学家经常使用帕累托原理来描述这种销售集中的市场现象。有时也被称为二八（80/20）法则的帕累托原理指出，市场中一小部分（如 20%）的产品通常会产生很大一部分（如 80%）的销售量，如图 1-2 所示。

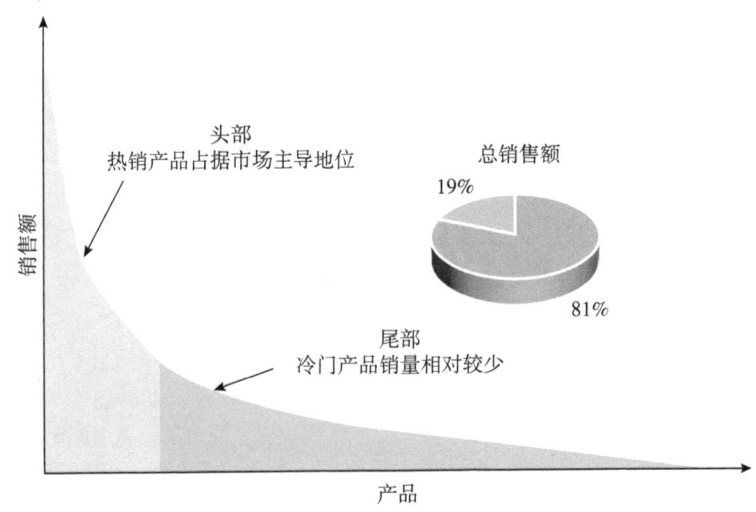

图 1-2　帕累托原理

但是，互联网技术的出现，极大地降低了消费者在产品搜索和产品比较过程中产生的成本，消费者能够越来越容易地发现更多小众、个性化的产品，这无疑增加了消费者购买小众产品的概率。互联网技术带来的搜索和购买便利性，不断牵引着消费者需求向非流行的利基（小众）市场延伸，使得帕累托曲线那条长长的"尾巴"积少成多，逐渐追上了热销产品的市场份额。Anderson（2004）创造了一个术语"长尾效应"，用以描述利基产品销售额可以增长成为总销售额中很大一部分的现象。

对于互联网上为何会出现长尾现象，Brynjolfsson等（2006）给出了两种基本解释。第一种解释阐述了互联网渠道相对于传统渠道而言在产品供应方面的低成本优势。与传统渠道相比，互联网渠道可以提供更多的产品选择。例如，Brynjolfsson等（2003）记录了集中库存和制造商直接出货协议如何使在线图书零售商提供超过200万种新图书、数百万种二手图书及绝版图书。相反，由于物理空间、物流成本和库存持有成本的限制，实体书店的图书类型仅能达到4万~10万种。通过增加传统渠道无法提供的利基产品的供应量，电子商务平台提高了利基产品的销售份额，从而导致长尾现象的出现。

第二种解释阐述了互联网技术可以更加方便快捷地满足消费者的各种信息需求。互联网渠道给了消费者以更大的便利性和更低的成本获取产品信息的能力，这就增加了消费者对利基产品的需求。大型商场的货架上有成千上万种商品，消费者要想在大型商场搜索到符合自己偏好需求的个性化商品可能要花费几十分钟甚至数小时的时间，这就给消费者在实体店查找利基产品带来了极大的不便，而通过电话销售代表或电视购物向消费者推广个性化产品的方式又会带来巨额的销售成本。相反，零售网站给消费者提供了以信息技术为基础的搜索引擎、推荐系统等搜索工具，显著降低了消费者获取产品信息的成本。

因此，长尾现象普遍存在于信息检索和电子商务领域（Kumar et al., 2009; Hu et al., 2014）。以亚马逊的图书销售为例，亚马逊官方数据显示，一小部分畅销书的销售额占到了亚马逊在线图书总销售额的五成，而另外一半销售额是由个体销量少但种类繁多的非热销书贡献的。传统书店要想多展示一种书籍，就要多占用一份空间资源，成本也会相应增加。不同于传统渠道，成熟的互联网技术极大地降低了亚马逊增加产品信息和存储产品的成本，同样，消费者通过互联网获取产品信息的成本更低，几乎可以忽略不计，因此，亚马逊可以为消费者提供更加多样化、个性化的产品选择，使销售渠道得以无限延伸，原来非主流的边缘化产品占据的市场份额也得以不断积累，甚至超过主流产品。图1-3以亚马逊为例展示了长尾现象。

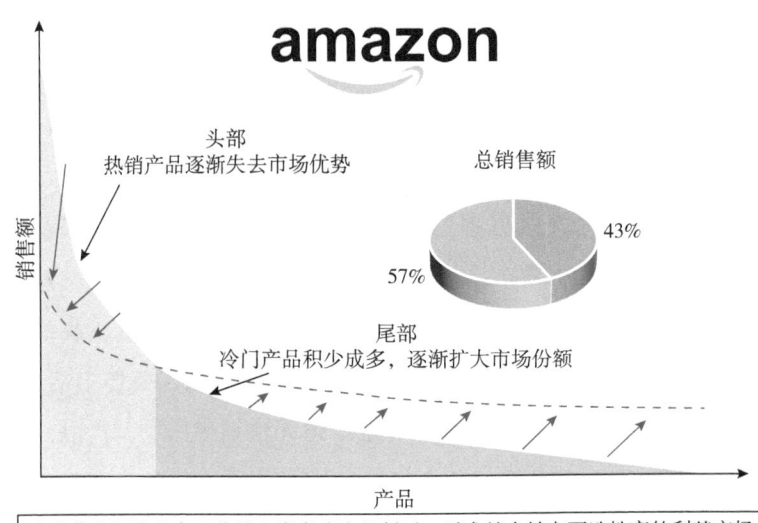

图1-3 长尾现象

在互联网上，个性化的小众产品已经占据了很大一部分市场份额，帕累托原理正在被长尾效应所取代（Brynjolfsson et al., 2011）。传统搜索方法通常会为消费者生成畅销产品的搜索列表，很难满足消费者日益增长的个性化需求。因此，如何深度挖掘消费者对长尾产品的偏好信息，为消费者提供更加个性化、多样化的搜索结果已经成为当下搜索算法设计的关键问题。但是，长尾产品的受众更少，产生的评论数据更稀疏，这给长尾产品评论的情感分析工作带来了很大的挑战，热销产品和长尾产品的在线评论数据对比如表1-3所示。

表1-3 热销产品和长尾产品的在线评论数据对比

产品名称	iPhone 11	OnePlus 8 Pro
累计评价数/条	1 736 286	154
评论信息	1. 外形外观：黑色很漂亮，玻璃外观显得非常高贵，手感很舒适，比iPhone 8 Plus 还略小一些，握着很方便。屏幕音效：屏幕是视网膜的分辨率，分辨率上看不出和 8 Plus 有什么区别，音响效果比 8 Plus 更好一些。拍照效果：夜拍模式是一个很大的进步，iPhone 终于可以拍出好看的夜景了，另外超大广角也是比 8 Plus 进步的地方。运行速度：运行速度很快，不是一般快，是特别快。待机时间：待机时间比 8 Plus 要长一些。但是如果一天到晚看视频还是要带个充电宝。其他特色：浴霸摄像头很好看，我喜欢。 2. 一直喜欢用苹果手机，外观设计精美，声音柔软舒服，拍照清晰度很高，运行速度很快，待机时间有点不长，总体上很满意，话不多说，它是一直让人很满意的手机，以后需要还会再来买。 3. 毕竟是 13 代处理器，运行速度跟上一代比优势很大。待机时间上，不玩游戏的情况下，每天充一次电就够用，主要看你怎么用。	1. 机皇就是机皇，屏幕滑动如婴儿般丝滑，双扬声器，视频音效也很好，振动马达效果很好，不要看是 30 W 充电，其实充电速度和小米 10 Pro 的 55 W 差不多。新机自带钢化膜和手机保护壳。 2. 昨天收到了，用了一天，120 Hz 刷新率真的用了就回不去了，充电速度超乎想象得快，即使一直玩游戏也能很快就充回来，不用担心。速度就不用说了，一如既往的快，音效也比以前好了很多，看个人喜好，整体很满意。 3. 拍照效果：很好，鲜艳。电池续航：游戏持久。通信音质：好，很清楚。运行速度：很快，秒开。 4. 120 Hz 非常流畅，带来的结果就是 100 分的感受和 75 分的续航，但是这比我那 iPhone 总体还是强多了。 5. 完美，超级好！显示效果：屏幕机皇。电池续航：还行。运行速度：快。拍照效果：很好。通信音质：很好。其他特色：手机不重，ag 玻璃手感超 nice！

在大数据时代下，搜索技术的产生在一定程度上解决了消费者面临的信息过载问题。然而，学术界和工业界以往更关注提升搜索算法的计算效率和精度，导致搜索工具响应消费者查询的搜索结果中出现了大量重复无用的内容，已经越来越难以满足消费者个性化、多样化的信息需求。在Web2.0时代，消费者在线评论这样的消费者生成内容为设计个性化和多样化搜索工具带来了新的契机。在线评论中蕴藏了丰富的消费者对产品多个属性的评价信

息，利用这些信息不仅能够从更细化的维度全面刻画产品，还可以有效挖掘出消费者的兴趣偏好。如何针对消费者评论数据进行细粒度的产品特征挖掘和情感倾向分析，尤其是针对文本稀疏的长尾产品评论数据；如何基于挖掘出的产品特征和消费者观点去测度产品之间的相似性；根据相似性测度，如何识别出整体有较大差异性的搜索结果；更进一步，如何更好地刻画消费者的兴趣偏好，设计更个性化的搜索算法……诸如此类问题，都给利用消费者在线评论开发搜索结果多样化的搜索工具带来了巨大挑战，迫切需要对基于在线评论的多样化搜索问题进行理论上的探索和研究。鉴于此，本书首先从分析在线评论入手，有针对性地考虑了长尾产品评论的文本稀疏性问题，构建了从消费者在线评论中提取产品特征和消费者情绪的主题模型；其次在抽取出的产品主题特征（外观、质量等）和情感观点（喜欢、抱怨、无感等）信息的基础上，提出度量具有数值属性和文本属性的数据对象之间相似性的方法，并相应地开发了可以提取多样化结果的搜索算法；最后建立了刻画消费者兴趣偏好的消费者分析模型，通过结合消费者偏好和产品的特征、观点，设计了满足消费者个性化需求的搜索算法。

1.2 研究问题与意义

1.2.1 研究问题的提出

在大数据时代下，数据量呈现爆炸式的增长态势，消费者面临的信息过载问题持续加重。虽然学术界与工业界适时开发了搜索引擎等辅助工具帮助人们快速寻找自己想要的产品和服务，但由于现有工作过多地侧重提升搜索算法的效率和准确性，导致消费者搜索结果存在冗余、单一及个性化、多样化不足的问题。随着 Web2.0 时代的到来，电子商务企业为消费者和在线卖家提供了开放性的交互平台，使消费者能够对购物过程中感受到的服务质量、商品运输过程中的物流速度、使用过程中感受到的商品整体质量和局部产品特征、售后过程中感受到的服务水平等维度进行自主评价，消费者的在线评论给商品带来了更多微观属性方面的刻画，同时反映了消费者的兴趣偏好。利用好在线评论信息，能够提高搜索结果的多样性和个性化水平。学术界与工业界以往更多地通过分析消费者查询日志或商品整体评分来进行搜索结果推荐，鲜有研究系统而深入地探讨如何基于在线评论数据优化搜索结果。近年来，电子商务中长尾现象的出现，彻底改变了企业的市场目标和战略手段。由于利基（小众）产品所占市场份额的比例不断增大，电子商务企业越来越注重蓝海市场的开发，开始实施差异化战略，为消费者提供个性化的小众产品，因此长尾产品的在线评论更能反映出消费者深层次的兴趣偏好信息。主流产品有着动辄成千上万条的评论，现有方法很容易在文本数据充足的情况下推断出消费者关注的产品特征和情感倾向。然而不同于主流产品，长尾产品的受众较少，消费者评论数据相对匮乏，也就是说，长尾产品的在线评论信息具有严重的数据稀疏性问题，这就导致用现有方法很难推断出消费者对长尾产品特征的评论观点。因而，如何深度挖掘长尾产品评论数据中蕴藏的产品特征和消费者偏好，给设计在线评论数据驱动的个性化搜索算法带来了一大难题。为此，本书对以下问题进行了研究。

（1）设计在线评论数据驱动的搜索方法，首先要解决的就是评论数据的挖掘问题。当前多数学者选择了基于可解释性强的LDA（Latent Dirichlet Allocation，潜在狄利克雷分配）的主题模型来解决在线评论的产品特征提取和情感分析问题，但这些模型忽略了长尾产品的存在，而长尾产品评论数据更能反映消费者对产品特征的个性化情感，构建专门针对长尾产品在线评论数据的特征提取和情感分析模型，是值得研究的问题（Blei et al.，2003）。

（2）在获得产品的评价特征和消费者对产品性能的意见后，如何识别出评价特征相似的替代产品是一个很重要的问题。根据消费者意见对产品进行全面评估，首先要解决的是产品之间的相似性度量问题，由于移动电子商务和地理位置信息系统的快速发展，产生了大量的具有混合属性的时空-文本数据，针对具有混合属性（文本属性和数值属性）的数据对象，开发统一的相似性度量模型是至关重要的。然后，依据产品之间的相似性找到有差异化的个体是一个关键的步骤，如何构建模型来获得多样化的搜索结果、扩大内容的覆盖范围，是很有必要研究的。

（3）个性化服务已经成为搜索领域研究的重要课题。但现有研究都忽略了消费者的兴趣偏好是动态变化的。因此，构建能够动态反映消费者兴趣偏好的消费者分析模型，并将消费者动态变化的兴趣偏好和多样性集成到一个统一的框架内，为消费者提供更加个性化、多样化的搜索结果是值得研究且有意义的。

1.2.2　研究意义

在 Web2.0 时代下，消费者在线评论这样的消费者生成内容蕴藏了丰富的信息，为提升搜索服务的个性化和多样化带来了新的契机。一方面，利用从评论数据挖掘出的潜在产品的特征、观点，可以从更多细化属性方面对物品进行准确描述；另一方面，相比于在线消费者行为数据和商品整体评分信息，消费者在线评论数据涵盖了更多的消费者对产品属性的偏好信息，基于此构建的消费者分析模型也更能准确地反映消费者的兴趣偏好。然而学术界尚未对如何利用在线评论数据改善搜索结果进行全面而深入的研究，本书着重对其中存在的难点与问题进行了理论上的补充。本书研究的理论价值在于以下几点。

（1）随着互联网技术的发展，长尾市场吸引了越来越多电子商务企业的关注，长尾产品也更能反映消费者的个性化和具体化需求。本书针对长尾产品评论文本稀疏的特点，构建了面向长尾产品的产品特征和情感倾向挖掘模型，拓展了现有的评论数据挖掘模型，为研究在线评论数据驱动的搜索方法提供了理论基础。

（2）本书将在线评论中蕴藏的产品属性特征和消费者情感观点等文本信息加入产品之间的相似性度量，构建了测度具有混合属性的产品相似性度量模型，并将其应用于多样化的搜索结果提取中，使基于评论数据的搜索方法具有更好的理论应用性。

（3）不同于以往的个性化搜索研究，本书提出了刻画消费者偏好动态变化的消费者分析模型，并将消费者兴趣偏好与多样性很好地统一到了一个框架内，对个性化搜索的理论基础做了很好的补充。

从企业的实践角度来看，在线评论数据驱动的搜索方法很好地对产品的特征及相应的消费者观点进行了凝练总结，可以帮助消费者清晰地看到产品各个特征的优缺点，避免了消费者阅读大量不必要的在线评论，节省了消费者的产品搜索时间，同时也更容易帮助消费者发现那些属性特征更符合消费者偏好的产品,避免消费者漫无目的地进行搜寻,提高了消费者对搜索服务的满意度,增加了消费者的购买欲望。

因此,本书选题具有重要的理论研究价值和实际应用意义。

1.3 研究内容与技术路线

本书的具体研究内容安排如下。

第1章为大数据时代搜索技术面临的挑战。本章阐明了基于在线评论数据改进搜索结果多样性的研究动机;针对研究面临的挑战,提出了具体的研究问题,分析了本课题的意义,给出了课题的具体研究内容和技术路线。

第2章为个性化搜索的研究办法。本章详细梳理了面向搜索结果多样性问题的相关研究,分析了现有工作存在的不足之处。

第3章为面向长尾产品的特征-观点挖掘模型。要想构建评论数据驱动的搜索方法,首先要解决的就是在线评论数据的挖掘问题。本章分析了当前有关评论数据挖掘方法研究的不足之处,指出现有工作忽略了针对长尾产品的消费者评价信息挖掘模型设计;针对长尾产品评论数据稀疏这一问题,开发了面向长尾产品评论数据的产品特征和消费者情感倾向挖掘模型;设计实验验证了模型的优越性。

第4章为基于产品评价特征的多样化搜索结果识别研究。在得到第3章挖掘出的产品特征-消费者观点后,要解决的就是如何将这些信息嵌入搜索结果多样性问题。本章首先针对具有混合属性(文本属性和数值属性)的数据对象,构建了统一的相似性度量模型;依据相似性度量,开发了识别多样化搜索结果的搜索算法;实验证明该方法提取的搜索结果可以覆盖更多的内容和主题。

第5章为基于消费者动态偏好的多样化搜索结果识别研究。本章在前面研究的基础上,进一步探讨了个性化搜索问题。本章构建了刻画动态消费者偏好的消费者分析模型,并设计了融合消费者偏好和多样性的搜索框架。

第6章为基于消费者在线查询的产品推荐问题研究。本章提出一种从在线查询会话中推断消费者偏好的可持续推荐系统架构。框架包括:①从在线查询中推断消费者的偏好，提出一种聚合的潜在狄利克雷分配模型来联合提取查询和网页的主题分布；②基于概率空间学习消费者偏好与产品特征的相似度：基于 Kullback-Leibler 散度计算消费者偏好主题与产品特征的相似度，利用相似度预测消费者的购买意愿。

第 7 章为新零售背景下全渠道推荐机制研究的机遇与挑战。

第 8 章为结论与展望。本章总结了本书的主要工作，分析了其不足之处和拓展方向。

2 个性化搜索的研究动态

为了利用在线评论中蕴藏的丰富信息设计出个性化和多样性的搜索方法，首先要做的就是使用情感分析技术从消费者评论中挖掘出消费者对不同产品属性的情感态度；然后，基于识别出的情感态度，可以更好地刻画产品特征及构建消费者偏好分析模型，进而为消费者提供更符合其兴趣偏好的、产品特征更加丰富多样的搜索结果列表。因此，本章将从在线评论的有用性研究、基于评论数据的结果搜索研究、基于内容的搜索结果多样性研究及基于意图的搜索结果多样性研究这4个方面进行文献梳理，分析现有研究存在的不足，归纳现有理论基础给本书带来的启示。

本章首先全面梳理与搜索结果多样性相关的研究，包括多样性的各种定义、相应的算法、针对搜索引擎应用的多样性技术，归纳了现有方法存在的不足，分析了在线评论给搜索方法设计带来了哪些新的机遇及面临着哪些挑战。

随着电子商务的发展，越来越多的电子商务网站和社交媒体平台鼓励消费者发布在线评论。消费者通过撰写评论与其他消费者在线分享他们关于购买及使用产品或服务的真实体验和观点。因此，在线评论也成了消费者了解产品或服务的重要信息来源。一些研究结果表明，在线评论对消费者的购买决策有重大影响。也就是说，在做出购买决策之前，消费者可以访问相关网站并阅读有关替代产品的在线评论，找到产品性能相近的替代产品。但是由于在线评论数据量巨大，消费者需要应对严重的信息过载问题。因此，为了提升消费者的搜索体验、支持消费者的购买决策，有必要开发基于在线评论的搜索方法。

因此，本章继续对在线评论的有用性进行系统整理，以奠定本书的理论研究基础；最后重点分析了在线评论信息挖掘方法的研究进展及应用情况。

2.1 在线评论的有用性研究

在线评论在数字营销中发挥着越来越大的作用。消费者不断阅读在线评论，以判断他们是否应该购买产品、游览目的地或在餐厅用餐。多年来，在线评论的受欢迎程度一直在增加。BrightLocal 在 2021 年的一项研究结果表明，到 2021 年 93% 的顾客在购买产品之前会阅读在线评论。在线评论蕴藏着丰富的与产品和服务有关的信息，它正在成为公众眼中评价产品整体声誉的重要组成部分。因为在线评论是由具有真实购物和使用经历的消费者而非产品品牌商自身撰写的，所以它被认为更具说服力。因此，被认为更值得信赖的在线评论成为消费者做出购买决策时的主要信息来源（Dellarocas，2003）。大量研究表明，在线评论对零售商的销售产生重大而积极的影响（Chevalier et al.，2006；Dhanasobhon et al.，2007）。

Bickart 等（2001）分析了消费者和卖方生成的信息之间的差异，研究论点围绕消费者对其他消费者提供的评论（相对于卖方提供的信息）的信任而展开，结果表明，与卖方创建的信息相比，消费者生成的信息对消费者购买决策的影响更大。超过六成的消费者在做出购买决策时会使用在线评论，并且与广告和卖方生成的其他产品信息相比，在线评论更容易取得消费者的信任（Brooks，1957）。Chen 等（2004）根据从亚马逊收集的数据，以实证的方法研究了产品推荐和消费者反馈对销售的影响，结果表明，产品推荐确实改善了亚马逊的销售情况，但是，未发现消费者评分与销售相关，但消费者评论的数量与销量正相关。该研究还发现，向消费者推荐不那么受欢迎的书籍比推荐热销书籍的效果更好。在出版行业，Chevalier 等（2006）以亚马逊和巴诺书店为例研究了消费者对书籍的在线评论对图书相对销量的影响，结果发现在线书评增加了书籍在网站上的相对销量；消费者的负面评论带来的影响要大于正面评论。郝媛媛等（2009）根据从雅虎电影网站抓取的电影评论数据，研究了情感等级对影片销售成绩的影响，并检验了产生影响的动态变化性，结果表明极端评论（五星好评和一星差评）对票房的影响要比中间评论（两星到四星评价）对票房的影响显著；在线评论对影片票房的影响程度是呈钟形变化的，具体表现在：在线评论对票房的影响在电影上映的前两周表现得并不明显，在第三周效果显著，之后逐渐减弱。Mudambi 等（2010）利用信息经济学中搜索型和体验型产品的范例，分析了消费者评论在消费者做出购买决策的过程中起到了哪些作用，该研究分析了来自亚马逊 6 种产品的 1587 条评论，结果表明评论的极端程度、评论深度和产品类型会影响消费者感知到的评论有用性；产品类型减轻了评论的极端程度对评论有用性的影响，对于体验型产品，中间评论要比极端评论有用；对于这两种产品类型，评论深度对评论有用性有积极的影响，但是产品类型减轻了评论深度对评论有用性的影响，评论深度对搜索型产品评论有用性产生的正向影响要比对体验型产品评论有用性产生的正向影响更显著。Jiménez 等（2013）研究了产品评论的详细程度及评论者对其的同意程度，对于评论可信度和消费者对搜索型和体验型产品的购买意图的影响，结果表明，更可信的评论会导致更高的购买意愿。有趣的是，消费者对搜索型产品评论和体验型产品评论感知到的可信度水平是不同的。对于搜索型产品，当评论包含有关产品的详细信息时，消费者认为在线评论更可信，但是，对于体验型产品，消费者通过评估评论者之间就评论达成的共识程度来确定评论的可信度。Zhang 等（2014）借鉴双过程理论中的启发-系统式模型来确定对消费者购买决策至关重要的因素，通过对在线评论网站的 191 名消费者进行经验测试发现，消费者感知到的信息量和说服力表示的在线评论论据质量（系统性因素）对消费者的购买意愿具有重大影响，评论来源的信誉和评论的感知数量（启发式因素）对购买意愿有直接影响。Kostyra 等（2016）应用基于选择的联合实验，结合在线消费者评论的所有维度（效价、容量和差异），来估计在线消费者评论对消费者产品选择的影响，以更全面地分析各个在线评论维度对消费者选择的直接影响及交互作用，结果表明容量和差异不会直接影响消费者的选择，但会弱化效价对消费者选择的影响，同时发现了在线消费者评论降低了品牌对于消费者购买决策的重要性。杜学美等（2016）同时将在线评论的自身特质、传播者特质和接收者特质纳入实证模型，并将接收者的专业能力作为调节变量引入模型，更加全面地分析了各种因素对消费者购买意愿的影响程度。研究发现，在线评论的自身特质（评论的数量、质量、效价）对消费者购买意愿产生正向影响；在线评论的接收者特质（风险感知能力、卷入度、信任倾向）对消费者购买意愿产生正向影响；接收者的专业能力对在线评论的自身特质和购买意愿起到调节作用，但对感知风险和购买意愿不起作用。Salehan 等（2016）使用情感挖掘方法进行大数据分析，研究了在线消费者评论读者人数和有用性的预测指标，结果发现，标题中具有较高积极情绪的评论会收获更多读者；文本中中立的评论被认为是对消费者更有帮助的；评论的长度和存在时长对它的读者人数和有用性都有积极影响。Karimi 等（2017）利用图像的装饰和信息功能实证研究了评论者个人资料图像（在评论者姓名旁边显示的照片/图像）对在线评论有用性的潜在影响，并借助了来自移动游戏应用程序的 2178 条评论样本，实验结果显示，评论者个人资料图像可以显著影响消费者对在线评论有用性的评估；而各个图像类型（个人图像、家庭图像或随机图像）之间没有效果差异；评论者个人资料图像对在线评论有用性的影响受评论长度的影响，但不受评论效价和多义性的影响。Chong 等（2017）使用大数据技术和神经网络模型研究了在线评论（效价、评论数量、正面和负面评论的数量）和在线促销营销活动（打折和免费送货）是否会影响电子产品的需求，结果表明，来自在线评论和在线促销营销活动的变量都是产品需求的重要预测指标。Singh 等（2017）基于机器学习的模型，使用几种文本特征（如极性、主观性、熵和易读性）来预测在线消费者评论的有用性，该模型可以自动为发布到网上的初始评论分配有用性值，以使该评论有相当大的机会被其他买家查看，这项研究的结果有助于买家撰写更好的评论，从而帮助其他买家做出购买决策，并帮助企业改善其网站。石文华等（2018）在初次评论的基础上，进一步研究了追加评论对产品销量的影响，结果显示，初次评论和追加评论的情感倾向和数量均对产品销量产生正向影响，不过，追加评论对产品销量的影响要比初次评论显著。Sahoo 等（2018）研究了在线评论对产品退货的影响，结果发现，评论数量越多的产品及消费者投票的有用性评论数量越多的产品的退货率越低，通过分析消费者的购买行为，该研究还发现当消费者想要购买的产品的在线评论数量很少时，消费者会通过购买更多与该产品相似的替代品来降低消费者感知的不确定性。

表 2-1 对现有在线评论有用性的研究结果进行了总结。大量研究已经采

用实证分析方法证明了在线评论对消费者购买决策和企业销售有重要的参考价值。鉴于在线评论对消费者的购买决策产生重大影响，为了支持消费者的购买决策，如何通过在线评论对产品进行检索是一个有价值的研究主题，但鲜有研究将在线评论中蕴藏的丰富的消费者偏好信息和消费者对产品特征的真实评价信息融入搜索系统的设计，这是大数据时代有关个性化和多样性搜索研究的巨大疏忽。因此，本书重点研究基于在线评论的搜索方法设计。

表 2-1 现有在线评论有用性的研究结果

研究者	研究数据	关键研究结果
Bickart 等（2001）	问卷调查	与广告和其他卖方生成的产品信息相比，消费者生成的信息对消费者购买决策的影响更大
Chen 等（2004）	亚马逊	向消费者推荐不那么受欢迎的书籍比推荐热销书籍的效果更好
Chevalier 等（2006）	亚马逊、巴诺书店	在线书评增加了书籍在网站上的相对销量
郝媛媛等（2009）	雅虎电影	情感倾向对影片销售成绩有显著影响
Mudambi 等（2010）	亚马逊	评论的极端程度、评论深度和产品类型会影响消费者感知到的评论有用性
Jiménez 等（2013）	问卷调查	更可信的评论会导致更高的购买意愿
Zhang 等（2014）	问卷调查	消费者感知到的信息量和说服力表示的在线评论论据质量（系统性因素）对消费者的购买意愿具有重大影响，评论来源的信誉和评论的感知数量（启发式因素）对购买意愿有直接影响
Kostyra 等（2016）	问卷调查	在线消费者评论降低了品牌对于消费者购买决策的重要性
Salehan 等（2016）	亚马逊	评论的长度和存在时长对它的读者人数和有用性都有积极影响
Karimi 等（2017）	谷歌应用商店	评论者个人资料图像可以显著影响消费者对在线评论有用性的评估

续表

研究者	研究数据	关键研究发现
Singh 等（2017）	亚马逊	几种文本特征（如极性、主观性、熵和易读性）影响消费者评论的有用性
石文华等（2018）	天猫商城	追加评论对产品销量的影响要比初次评论显著

2.2 基于评论数据的搜索结果研究

现有的基于挖掘在线评论中隐含的产品特征对产品进行搜索的研究首先要解决的问题就是分析在线产品评论，确定重要的产品功能或消费者的情感取向。在文本数据挖掘研究领域，情感分析和观点挖掘是主要的两种文本挖掘技术。情感分析和观点挖掘是对有关实体的文本所表达的观点、情感和态度的计算研究（Medhat et al.，2014）。情感分析和观点挖掘技术具有许多实际的应用场景和价值。通过对在线文本的情感分析和观点挖掘，政府可以获得关于公共政治的舆论导向，公司可以进行市场研究并发现产品和服务的改进要点，消费者可以做出更好的产品或服务购买决策（Bertot et al.，2012）。

在一些现有的研究中，部分学者认为情感分析和观点挖掘的表达可以相互替代（Medhat et al.，2014）。然而，也有一部分学者认为，情感分析和观点挖掘之间存在细微的差异，观点挖掘主要着重于提取和分析人们对实体的观点，而情感分析则主要着眼于识别文本中表达的情感，而不是对其进行分析（Tsytsarau et al.，2012）。由于近年来机器学习技术和自然语言处理技术的快速发展，情感分析技术得到了研究人员更多的关注并取得了更多的成果，因此本节重点关注情感分析的研究进展。

在最近几年中，已经有数十种情感分析技术被开发出来并得到了业界的应用。根据现有情感分析技术的理论和技术基础，情感分析技术可以分为两类，即基于机器学习的情感分析技术和基于词典的情感分析技术（Medhat et al.，2014）。一方面，基于机器学习的情感分析技术可以进一步分为 3 个子类，即基于监督机器学习的情感分析技术（Bai，2011）、基于非监督机器学习的情感分析技术（Li et al.，2011）及基于半监督机器学习的情感分析技术（Khan et al.，2016）。当使用基于监督机器学习的技术时，需要一组标记的训练样本，而训练样本标记是一项工作量巨大的工程（Bai，2011）。通过使用样本训练不同类型的监督机器学习算法，可以获得不同的情感分类器，如决策树分类器、线性分类器、基于规则的分类器和概率分类器（Bai，2011）。对于缺少标记训练样本的情况，可以使用基于非监督机器学习的技术（Li et al.，2011）。在基于非监督机器学习的技术中，首先根据各个类别的关键字列表来测量文本的相似性，然后根据文本的相似性将文本聚类为多个组（Li et al.，2011）。基于半监督机器学习的技术可用于部分数据带有标记的情况（Khan et al.，2016）。另一方面，基于词典的情感分析技术又分为两个子类，即基于字典的情感分析技术和基于语料库的情感分析技术（Moreo et al.，2012）。基于字典的情感分析技术的核心是构建情感词典。在基于字典的情感分析技术中，首先要手动确定一小组情感词，接着通过在诸如WordNet、HowNet、Thesaurus等众所周知的语料库中搜索情感词的同义词和反义词，找到新的情感词，以此增加情感词的数量，不断进行迭代过程直到找不到新的情感词，然后根据获得的情感词确定情感字典。基于语料库的情感分析技术用于查找具有上下文具体语境的观点词。该技术的核心是找到句法模式和观点词的种子列表。为解决这一问题，基于语料库的情感分析技术通常采用统计方法来找到单词共现模式或种子意见词，同时根据不同词的相似性采用语义技术来确定不同词的语义值。

表2-2对各种情感分析技术的优缺点进行了总结。因为在线评论是由消费者生成的文本内容，所以文本的词语表达很随性且富有个性，有的消费者的语言表达是基于规范的语言规则，而基于字典的情感分析技术需要专业的语言专家构建词典，讲究语法规则的分析，因此本书在进行在线评论数据挖掘的时候采用了基于机器学习的情感分析技术。由于基于监督机器学习和基于半监督机器学习的情感分析技术都需要对训练样本进行标记，而标记评论数据是一项工作量巨大的工程，因此，本书采用了非监督机器学习模型进行在线评论数据的情感挖掘工作。主题模型是一种常用的非监督文本挖掘工具，

用于发现文本主体中隐藏的语义结构，已被广泛应用于分析在线评论中消费者对产品或服务喜爱或不满的特征方面。概率潜在语义分析（PLSA）和潜在狄利克雷分配（LDA）是两个基本的主题模型（Hoffman，1999；Blei et al.，2003）。主题模型通过模拟文档生成来发现文档中潜在的主题分布。PLSA 主题模型假设文档被不同的主题覆盖，文档中的每个单词都是由固定的主题生成的，而主题则表示为单词的分布。PLSA 主题模型一经提出，便被广泛用来挖掘社交媒体等文本数据（如 Twitter）的主题内容（Kim et al.，2010）。随后，Blei 等（2003）对 PLSA 主题模型进行了贝叶斯扩展，开发出了 LDA 主题模型，LDA 主题模型为文档主题分布添加了 Dirichlet 先验，这意味着根据 Dirichlet 先验选择了特定的文档-主题概率分布，同时，主题词的分布由另一个 Dirichlet 先验控制。在过去的 10 年中，LDA 主题模型因其易于实现和可扩展性强的特点被广泛应用于分析在线评论、社交媒体等消费者生成内容的文本内容。Titov 等（2008）提出了一种多粒度主题模型，该模型可以从在线评论中提取消费者关心的整体特征主题（如产品的品牌）和局部特征主题（如产品的属性）。Guo 等（2009）构建了一个多级潜在语义关联模型，以提取由不同单词组成的词组。Wang 等（2014）开发了两个新颖的半监督模型来提高生成主题的可解释性。但这些研究都没有分析与提取的产品特征方面对应的消费者情感倾向。Zhao 等（2010）通过将最大熵模型嵌入 LDA 主题模型开发出 MaxEnt-LDA 模型，用以区分特征词和情感词。MaxEnt-LDA 模型可以同时发现特征词和情感词。Chen 等（2014）通过在主题模型中增加情感，提出了 DLDA 主题模型。与 MaxEnt-LDA 模型不同，DLDA 主题模型通过将情感和主题放在同一层中来平等对待情感词和特征词。Zhang 等（2018）应用 LDA 主题模型从在线酒店评论中推断出隐藏的消费者关心的产品特征，然后将具有相似消费者评价的酒店进行聚类，最后向消费者推荐同一聚类中价格较低的酒店，即价值更高的酒店。因为 LDA 主题模型考虑了文档级别的单词共现模式，所以它在单词共现模式稀疏的短文本中不是很有效，也就是说，LDA 主题模型不能很好地从带有很少消费者评论的长尾产品评论语料库中推断出消费者关注的产品特征。为了解决短文本中的稀疏单词共现模式问题，Cheng 等（2014）提出了一种新颖的 BTM 方法，该方法使用双项的单词对来显式地模拟单词共现，从而显著增强了从短文本中学习主题词的能力，但 BTM 方法并不对消费者情感倾向进行分析。Amplayo 等（2017）提出了两层框架，即一个三级分类器和一个 eBTM 主题模型，分别用于情感分类和特征方面的提取，但是，这种方法有一个明显的缺点，即它假设一个文本仅显示具有一种特定情感的一个主题，并且对情感分类和特征方面的提取进行分开处理，这一假设并不能很好地对应现实，现实中消费者表达的意见通常与相应的产品特征方面有很强的联系。

表2-2 各种情感分析技术的优缺点总结

	情感分析技术	特征	优点	缺点
基于机器学习的情感分析技术	基于监督机器学习的情感分析技术 Bai（2011） Kang 等（2012） Duric 等（2012） Zhang 等（2015） Tian 等（2016）	训练样本需标记	准确率较高	工作量大、训练耗时
	基于非监督机器学习的情感分析技术 Li 等（2011） 王祖辉等（2014） Khan 等（2014）	训练样本无须标记	简单、可扩展	准确率不高
	基于半监督机器学习的情感分析技术 Khan 等（2016） Khan 等（2017）	部分训练样本有标记	扩展性好	工作量较大、耗内存
基于词典的情感分析技术	基于字典的情感分析技术 Moreo 等（2012） Tsai 等（2013） Hogenboom（2014）	需要语言专家构建词典	易于理解	人工工作量大
	基于语料库的情感分析技术 Kontopoulos（2013） 史伟等（2014） Singh 等（2019）	语料库需有丰富的单词共现	思想简单、易实现	高度依赖语料库数据的丰富程度

尽管对在线评论的情感分析已经取得了大量的成果，但是依据挖掘在线评论中的产品特征对产品进行查询检索的研究仍然相对较少。Yang等（2019）对与该问题相关的有限研究进行了总结。Zhang等（2011）通过分析在线评论的情感倾向、评论有用性投票及评论发布日期对消费者购买行为的影响，提出了一种对产品进行搜索排名的新颖方法，该方法分为两个步骤：首先，通过过滤机制来删除与产品本身不相关的句子，评论有用性的权重根据评论获得的有用票数和总票数计算得出；其次，使用指数函数来建立衡量评论权重的模型。Peng等（2014）提出了一种三阶段模糊MCDM方法，使用消费者在线评论对竞争产品进行搜索排名：第一阶段使用令牌化和词性标记对在线评论进行预处理；第二阶段提取关键产品特征；第三阶段应用PROMETHEE方法生成搜索结果列表。Chen等（2015）提出了一种基于在线评论的市场结构可视化方法，该方法首先根据极性将在线评论分为正面评论和负面评论。在正面评论的基础上，首先，采用主题建模和陡坡图技术确定去除噪声后的主题分布矩阵；其次，根据主题分布矩阵，确定所有品牌的权重矩阵和重要主题的权重；最后，根据查询偏好来获得相似产品的搜索结果列表。基于负面评论的产品检索与上述步骤一致。Liu等（2017）提出了一种基于情感分析技术和直觉模糊集理论的新方法，通过在线评论和HowNet情感词典，建立关于每个产品功能的正面和负面评论，使用开发的算法，可以确定与每个评论中每个产品功能相关的产品的正面、中性或负面情感取向，并获得不同产品特征的情感取向的加权百分比，基于直觉模糊集理论形成直觉模糊数，表示与该特征有关的替代产品的性能，并使用IFWA运算符计算每个替代产品的总体直觉模糊数，并使用PROMETHEE Ⅱ方法确定替代产品的排名。

尽管近年来基于在线评论的搜索问题已经引起了学者的关注，但是针对长尾产品的在线评论情感分析受到了学者的忽视。在互联网上，个性化的小众产品已经占据了很大一部分市场份额，帕累托原理正在被长尾效应所取代（Blei et al., 2003）。因此，本书重点关注基于在线评论的搜索模型中长尾产品评论数据的情感分析问题。但是，长尾产品的受众更少，产生的评论语料库更稀疏，这给长尾产品评论数据的情感分析工作带来了更大的挑战和更高的要求。

表2-3为基于在线评论的搜索结果相关研究总结。

表 2-3　基于在线评论的搜索结果相关研究总结

研究者	特征提取	情感分析	特征情感关联	是否适用于搜索长尾产品	研究重点
Hoffman（1999）	√			否	文本主题分析
Blei（2003）	√			否	加入文本主题先验
Titov 等（2008）	√			否	产品整体/局部特征的多粒度挖掘
Guo 等（2009）	√			否	关注主题词之间的语义关联
Zhao 等（2010）	√	√	√	否	特征词和观点词区分
Zhang 等（2011）	√	√	√	否	通过评论情感倾向搜索产品
Wang 等（2014）	√			否	提高主题的可解释性
Cheng 等（2014）	√			否	短文本主题特征学习
Chen 等（2014）	√	√	√	否	特征词和观点词并行处理
Peng 等（2014）	√	√	√	否	通过产品关键特征搜索产品
Chen 等（2015）	√	√	√	否	基于产品评论极性生成搜索结果
Amplayo 等（2017）	√	√		否	短文本的特征-观点学习
Liu 等（2017）	√	√	√	否	基于直觉模糊集理论生成产品搜索结果
Yang 等（2019）	√	√	√	否	基于文本离散处理和语义直觉模糊搜索替代产品
研究空白	现有的基于产品评论的搜索问题研究难以在结果列表中展示长尾产品，而长尾产品在电子商务平台销售中所占份额巨大				

2.3　搜索结果多样性相关研究

传统的 Web 搜索引擎或数据库通常根据结果与查询的相关程度来回答消费者的查询，通常与消费者查询关键词越相关的结果在列表中的位置就会越靠前。但依据相关性返回给消费者的搜索结果通常非常相似，有时甚至完全相同，这些单一的信息无法满足消费者的需求，极大地降低了消费者的搜索体验。因此，搜索结果的多样性吸引了越来越多学者的关注。在 Web 搜索引擎和推荐系统中，结果的多样性有助于解决信息过度冗余的问题（Jiang et al., 2018；Zheng et al., 2018；Wu et al., 2019）。

搜索结果多样性的意义表现在以下 3 个方面。首先，多样性可以帮助避免返回过于单一的结果。因此，通过采用多样性的方法，平台和消费者可以实现双赢。其次，由于消费者的查询有时会是模糊的（Keikcha et al., 2018），因此猜测消费者的真实意图以为他们提供合理和令人满意的结果非常重要。从这个意义上说，应该使用多样性的搜索技术，因为多样性的搜索结果可以描述有关消费者查询的各种猜想，然后根据这些猜想提供全面、覆盖更多主题的结果列表。举一个例子，如果消费者要搜索有关"苹果"手机的某些信息，则应返回与之相关的几个不同主题。例如，不同商家进行手机促销，手机配件和"苹果"的其他系列产品（如耳机、手表等）只有涵盖尽可能多的事实并提供足够多的信息，最终的搜索结果才能使消费者满意。最后，多样性还旨在提供以前没有提到的新信息的结果。因此，消费者可以访问新颖且相关的资源。例如，当"苹果"手机首次上市时，如果消费者搜索"苹果"手机，则应向其提供有关"苹果"新产品的信息，这不仅有利于消费者访问最新的消息，而且有利于厂商和平台向人们宣传和推广新产品。

由于在大数据时代，信息的个性化和多样性已经成为消费者对信息需求的重要关注点，因此近年来搜索结果多样性的研究引起了研究者们的广泛注意，他们相继提出了很多方法。根据多样性定义的差异，主流的搜索结果多样性研究主要分为两类（Meng et al., 2018）：一类是基于内容（基于相似性）的搜索结果多样性研究（Drosou et al., 2012；Drosou et al., 2015），即研究彼此不相似的数据对象；另一类是基于意图（基于主题覆盖）的搜索结果多样性研究，即研究属于不同类别或与各种主题相关的数据对象，以响应消费者的模糊查询请求并满足消费者的预期意图（Putiy et al., 2016；Gao et al., 2019）。

综上所述，本节将从基于内容的搜索结果多样性研究和基于意图的搜索结果多样性研究这两方面对现有文献进行梳理总结,分析现有文献存在的不足。

2.3.1 基于内容的搜索结果多样性研究

基于内容的多样性也称基于相似性的多样性。它旨在呈现每两个数据对象之间的差异,通常将其量化为每两个数据对象之间的距离。直观地讲,可以根据相关结果的相似性对相关结果进行聚类并从各个聚类中挑选结果来实现多样性。

在基于内容的搜索结果多样性研究中,最关键的问题就是如何计算内容相似度。语义距离用于描述两个对象之间的内容差异。Gollapudi 等(2009)提出了一种基于最小哈希方案的摘要算法来计算成对语义距离(Gollapudi,2008;Indyk,2001),该算法首先计算每个文档的摘要,然后使用摘要之间的 Jaccard 相似度计算对象之间的成对语义距离。例如,如果在谷歌学术上使用"数据库"作为关键字进行搜索,那么最近提出的新颖的数据库系统将会作为搜索结果返回给消费者。Gollapudi 等(2009)提出算法主要分为 3 个步骤:一是生成对象的摘要;二是计算摘要间的成对语义距离;三是使用 Jaccard 相似系数控制某些阈值以上的语义距离。对任意数据对象 O_i,给定 k 个哈希函数,数据对象 O_i 的摘要可以表示为 $S(O_i) = \{o_i^1, o_i^2, \cdots, o_i^k\}$,则基于 Jaccard 相似系数的两个对象之间的语义相似性可以表示为 $sim(O_i, O_j) = \frac{|S(O_i) \cap S(O_j)|}{|S(O_i) \cup S(O_j)|}$。

从上面的分析不难看出,语义相似性基于的基本假设是"两个文档中共用的词语越多,那么这两个文档就越相似"。但现实中文档的用词情况要复杂得多,文档长度不同、一词多义、多词一义的情况非常普遍,所以即使内容非常相似的两个文档也可能在用词上千差万别,这就导致两个非常相似的文档具有迥异的摘要结构,极大地限制了语义距离的应用范围。为了解决这一问题,Gollapudi 等(2009)进一步设计了分类距离,分类距离通过一个加权树距离来测量分类法中两个类别之间的相似度,形式上表示为 $dis(u, v) = \sum_{i=1}^{l(u)} \frac{1}{2^{e(i-1)}} + \sum_{i=1}^{l(v)} \frac{1}{2^{e(i-1)}}$,在该公式中,$e \geq 0$,$l(\cdot)$ 表示分类树中给定节点的深度。这样,两个数据对象的类别属于相似类别甚至同一类别,它们之间的分类距离就会很接近。因此，分类距离安全地避免了由语义距离引起的问题。分类距离的准确度很大程度上依赖类别标记的优劣，并且在大数据时代下数据标记是一个费时费力的庞大任务，因此在大数据时代下，分类距离发挥很大的作用。

Haritsa（2009）根据 k-近邻，将基于 Gower 系数的多样性定义为对象的各个属性值差异的加权平均值。该过程分为三个阶段。首先，给定两个对象 O_i 和 O_j，计算它们在多维空间中对应属性 A_i 和 A_j 的属性值之间的绝对差。假设一个对象具有 m 个属性，则两个对象间的属性差值将按降序排列，并表示为 $(\eta_1, \eta_2, \cdots, \eta_m)$。其次，计算 O_i 和 O_j 之间的多样性距离，即 $dis(O_i, O_j) = \sum_{u=1}^{m} w_u \cdot \eta_u$，其中 η_u 是对象 O_i 和 O_j 的第 u 个属性差值，而 w_u 是属性 u 对应的权重。最后，给定阈值 φ，如果 $dis(O_i, O_j) > \varphi$，则两个对象 O_i 和 O_j 是不同的。如果一组对象中的每两个对象都是不同的，则认为这组对象是具有多样性的。

Lu（2015）提出了基于语境的相似性度量。当用多个属性来描述对象时，即 $A = (A_1, A_2, \cdots, A_k)$，可以根据属性的重要性来定义多样性。在定义中，多样性排序是在 A 上的总排序 $<$。也就是说，如果 $A_i < A_j$，则 A_i 比 A_j 重要。对于属性集 A 和属性排序 $<$，两个数据对象 O_i 和 O_j 在第 l 个属性上的相似度函数可定义为 $sim_l(O_i, O_j) = \begin{cases} 1, & if\ O_i \cdot A_l = O_j \cdot A_l \\ 0, & otherwise \end{cases}$。

在这些经典相似性度量的基础上，很多学者也对基于内容的多样性方法做了很多拓展和改进，以满足快速发展的搜索引擎、电子商务等互联网应用的新要求。Said 等（2012）提出了一个新颖的反向最近邻模型——k-最远邻居，对传统基于 k-近邻的多样性方法做了很好的补充。该研究通过对比"推荐与自己最不相似的人不喜欢的物品"和"推荐与自己最相似的人喜欢的物品"这两种推荐策略，证明了与 k-近邻方法相比，Said 所提出的 k-最远邻居方法提供了更多样化的建议，并且在精度上存在可容忍的损失，基于 k-最远邻居方法获得的结果列表几乎完全正交于基于 k-近邻方法所获得的结果列表。Singh 等（2015）提出了一种新的度量指数——相对相似指数（Relative Similarity Index，RST），通过使用基于最近邻的协同过滤技术以最小的精度损失来改善系统的总体多样性。Xia 等（2016）提出使用神经张量网络对文档的新颖性进行建模，来代替手动定义相似性函数或特征，该方法基于候选文档和其他文档的初步表述自动学习非线性新颖性函数，可以在关系学习排名框架下获得新的多样化学习排名模型。代文强等（2016）在数据对象距离空间不满足三角不等式的条件下，从优化的角度对搜索结果多样性问题进行了建模，并设计出近似性能比至多为 max $\{4, 2\Delta_w, 2\Delta_e\}$ 的贪婪算法，其中 Δ_w 表示结果列表中对象间的最大相似性度量值，Δ_e 表示结果列表中对象间的最大差异性度量值。Hamedani 等（2019）基于确保准确性、提高多样性和降低推荐项目的受欢迎程度这 3 个目标，对结果列表进行了优化，通过归档的多目标模拟退火算法解决了定义的多目标优化问题，在 Netflix 数据集上对该方法的评估表明，该方法解决了长尾推荐问题，并根据消费者需求使推荐多样化，同时保持可接受的准确性。

但是，以上综述的基于内容的多样性研究所构建的相似性度量仅针对具有单一属性的数据对象，而现如今，移动电子商务和地理位置信息系统的快速发展，产生了大量的具有混合属性的时空-文本数据（Choi et al., 2017；Nguyen et al., 2019；Qlao et al., 2020），如来自 Foursquare[①]、美团、大众点评等移动电子商务的评论和签到，带有 Facebook 文字说明和地理标记的照片，来自 Twitter 的带有地理标记的帖子及来自各种业务推广平台的基于位置的广告。

现有的基于相似性的多样性研究还有另外一个致命缺陷，那就是大多数基于相似性的多样性研究通常都要给定一个阈值，当两个对象之间的相似性大于这个阈值的时候会认定两个对象相似，当两个对象之间的相似性小于这个阈值的时候则认定两个对象相异，以此得到的多样性结果很大程度上依赖阈值的选取，而人工选取合适的阈值通常是一项困难的任务。表 2-4 从阈值使用和是否适用于基于位置搜索这两个方面对基于内容的搜索结果多样性研究进行了总结。

---

① Foursquare 是一家基于消费者地理位置信息的手机服务网站，鼓励手机消费者同他人分享自己当前所在地理位置等信息。

表2-4 基于内容的搜索结果多样性研究总结

类别	阈值使用	是否适用于基于位置搜索
基于语义距离：Gollapudi 等（2009）	是	否
基于分类距离：Gollapudi 等（2009）	是	否
基于 k-近邻：Haritsa（2009）	否	否
基于语境：Lu（2015）	否	否
基于 k-最远邻居：Said 等（2012）	否	否
基于相对相似指数：Singh 等（2015）	否	否
基于神经张量网络：Xia 等（2016）	否	否
基于 KL 距离：代文强等（2016）	否	否
基于多目标优化：Hamedani 等（2019）	是	否

现有研究也开发了很多数据挖掘技术来处理混合数据的相似性度量问题。将连续的数值属性划分为几个区间或将文本属性转换为数值是处理混合数据的两种简单的预处理方法（Parraar et al.，2020）。但是，这两种方法都存在明显的缺陷，那就是简单的转换处理严重破坏了属性的原始结构，导致大量原始信息丢失（Li et al.，2002）。为了克服该缺点，许多新的相似性度量被提出来直接处理数值和文本属性。k-modes 是处理文本属性数据相似性度量的经典方法（Ifuang，1997），k-modes 通过使用文本属性值之间的匹配个数来计算分类对象间的相似度。Huang 通过扩展 k-modes 方法引入了 k-prototype 来处理具有数值和文本属性的混合数据相似性度量，k-prototype 方法通过使用误差平方和简单匹配系数（Simple Matching Coefficient，SMC）来分别测量对象的数值属性部分和文本属性部分的距离，然后通过添加调整系数 γ 以平衡两个距离的偏好并以求和的方式来度量具有混合属性的对象之间的相异度。在 k-prototype 被提出之后，很多学者致力于研究如何增强 k-prototype 方法的性能，提出了 k-centers（Zhao et al.，2007）、Fk-prototype（Ji et al.，2012）和 KL-FCM-GM（Chatzis，2011）方法，这些方法集成了均值和模糊质心来表示原型，从而有效地提高了边界数据对象的分类精度。Choi 等（2017）提出了一种 k-partitioning 算法，该算法利用对象之间的随机距离来消除虚拟质心，专门针对具有数值和文本属性的大量时空文本数据，实验表明，k-partitioning 算法可以在大规模混

合数据上快速执行。但是，k-prototype 方法及其变体具有 3 个缺点：首先，针对文本属性的简单匹配差异性度量会导致大量信息丢失；其次，基于原型的方法将数值属性值的平均值和文本属性中频率最高的属性值用作质心，无法利用它来代表数据个体，并且无法描述文本属性的实际相关性；最后，这些方法通常需要选择适当的消费者指定参数来调整数值属性或文本属性的重要性，找到合适的人工调整参数通常是困难且费时的（Ahmad et al., 2007）。

为了更好地捕获文本属性值之间的相似性，Lin 通过估计单词的共现频率来测量两个文本属性值之间的相似性，假设两个属性值在一个属性中显示相同的概率分布，则它们的相似度较高。但是 Lin 提出的方法没有考虑一个属性与另一个属性之间的相似性存在一定的依赖性。而 Cao 等（2012）证明了一个属性内的属性值之间的相似性也与其他属性的属性值存在相关性。根据 Cao 等（2012）分析的属性间相似性的耦合行为，Wang 等（2015）提出了一种有效的分类数据的耦合相似性学习方法，该方法通过计算属性内基于频率的内部耦合相似性和属性间基于值共现的外部耦合相似性，更全面地表达了具有文本属性的数据对象之间的相似性，该方法大大减少了信息丢失。但是，耦合相似性学习方法只研究了分类数据的属性相似性，而没有研究混合类型数据的统一相似性。此外，耦合相似性学习方法只是假设一个属性内的属性值之间的相似性对其他属性的依赖性是均匀分布的，而实际上，数据集相对于文本属性的异质性导致文本属性之间不同的相关性（Du et al., 2017）。例如，一个人口统计数据具有性别、收入、工作和教育水平 4 个属性，不同工作之间的相似性可能和教育水平高度相关，但和性别相关度不高。

表 2-5 对数据对象之间相似性度量相关研究进行了总结。

表 2-5 数据对象之间相似性度量相关研究总结

类别	文本属性相似性	数值属性相似性	混合属性相似性	方法缺陷
k-modes	使用文本属性值之间的匹配个数：$\delta = \begin{cases} 0(x = y) \\ 1(x \neq y) \end{cases}$			数据原始信息丢失量巨大

续表

类别	文本属性相似性	数值属性相似性	混合属性相似性	方法缺陷
k-prototype	使用文本属性值之间的匹配个数：$\delta = \begin{cases} 0(x=y) \\ 1(x \neq y) \end{cases}$	距离（欧式距离、闵可夫斯基距离）：$d = \left(\sum_{k=1}^{n}\|x_k - y_k\|^r\right)^{\frac{1}{r}}$	$d + \gamma \cdot \delta$	数据原始信息丢失量巨大；受调整系数影响；调整系数难确定
k-centers	在 k-prototype 基础上增加各属性的频率	距离（欧式距离、闵可夫斯基距离）：$d = \left(\sum_{k=1}^{n}\|x_k - y_k\|^r\right)^{\frac{1}{r}}$	$d + \gamma \cdot \delta$	难以表达语义相似性；受调整系数影响；调整系数难确定
KL-FCM-GM	多项式分布建模：$\delta = Mult(x_{j,cat}\|\varphi_i)$	高斯分布建模：$d = N(x_{j,num}\|\mu_i, \sum^i)$	$d + \gamma \cdot \delta$	无法表达语义相似性；受调整系数影响；调整系数难确定
Coupled learning	基于频率的内部耦合相似性与属性间基于值共现的相互耦合相似性			忽略属性之间的交互影响程度是不同的
k-partitioning	加权 Jaccard 系数：$\dfrac{\sum_{t \in x \cap y} w(t)}{\sum_{t \in x \cup y} w(t)}$	欧氏距离：$d = \sqrt{\sum_{k=1}^{n}(x_k - y_k)^2}$	$\alpha \cdot d + (1-\alpha) \cdot \delta$	文本属性部分无法表达语义相似性；受调整系数影响；调整系数难确定

因此，为了解决现有相似性度量中存在的不足，针对具有混合属性（文本属性和数值属性）的数据对象，开发统一的且能够最大限度保留原始数据信息的相似性度量模型是很有必要且充满挑战的。

2.3.2 基于意图的搜索结果多样性研究

在搜索过程中，对于相同的关键字，不同的消费者可能具有不同的意图。以谷歌搜索"Beijing Weather"（北京天气）为例，返回的搜索结果几乎都是与北京天气预报相关的内容，有些消费者可能对当前天气状况下重要活动信息（如路况、演唱会）感兴趣，有些消费者可能对当下季节气候的北京旅游信息感兴趣。当根据模糊的查询检索结果来满足特定消费者的信息需求时，仅提供一种可能的解释是不够的。因此，很多学者提出了基于意图（基于主题覆盖）的搜索结果多样性方法。当处理含糊不清的查询请求而没有任何进一步的信息来理解消费者的意图时，应返回可能涵盖所有不同主题的一组结果。

Agrawal 等（2009）定义了 Diversify（k）问题。给定查询 q 及具有 n 个独立类别的分类 $C = \{c_1, c_2, \cdots, c_n\}$，$q$ 属于每个类别 c_i 的条件概率分布表示为 $P(c_i | q)$，即 c_i 与 q 相关的概率。另外，根据查询 q 将对象 o_j 与类别 c_i 相关的条件概率分布表示为 $P(o_j | q, c_i)$，然后给定整数 k，目的是找到 k 个对象以覆盖尽可能多的不同主题。形式上，所获得的搜索结果集合 $R \subset X_q$ 且 $|R| = k$ 要能够最大化 $P(R | q) = \sum_{c_i \in C} P(c_i | q)\left(1 - \prod_{o_j \in R}(1 - P(o_j | q, c_i))\right)$。此公式的目的是最大化每个类别至少被一个搜索结果中的对象覆盖的可能性。这样，就可以获得覆盖查询不同方面的信息。不难看出，搜索结果中不同主题的权重对于基于意图的搜索结果多样性方法非常重要，Ozdemiray 等（2014）提出了检索后查询性能预测器（Query Performance Predictors，QPP）来针对每个主题估计候选文档集的检索效率，并利用这些估计来设置主题权重。

Capannini 等（2011）利用查询日志（Query Logs）对 Diversify（k）问题进行了拓展，提出了 QL-Diversify（k）方法，用以消除消费者查询的模糊性。QL-Diversify（k）的目的是使获取的搜索结果集合 $R \subset X_q$ 且 $|R| = k$ 能够最大化 $P(R | q) = \sum_{c_i \in C} P(c_i | q)\left(1 - \prod_{o \in R}(1 - \widetilde{U}(o | X_{c_i}))\right)$，其中，$\widetilde{U}(o | X_{c_i})$ 是搜索结果中对象的标准化效用，用于描述结果 o 满足消费者意图的效果如何，X_{c_i} 为类别 c_i 的对象。

Diversify（k）和 QL-Diversify（k）的缺点是它们中的目标函数无法考虑最终结果集合所涵盖的主题类别数量，它们考虑了一个对象满足某个类别的程度，因此，如果一个主导类别没有得到足够的覆盖，则结果列表会选择更

多与该主导类别相关的对象，这样就造成其他类别得不到对象的覆盖。针对这一缺陷，Capannini 等（2011）提出了 Maxutility-Diversify（k）来最大化搜索结果中的类别数量，同时保证可以按比例覆盖与给定查询相关的各种主题。$P(o|q)$ 表示根据查询 q 对象 o 被选择的概率。Maxutility-Diversify（k）的目的是找到搜索结果集合 $R \subset X_q$ 和 $|R|=k$ 以最大化结果的各种效用之和，即 $\widetilde{U}(R|q) = \sum_{o \in R} \sum_{c_i \in C} (1-\theta)P(o|q) + \theta P(c_i|q)\widetilde{U}(r|O_{c_i})$。该目标函数要满足 3 个额外的约束：①与给定查询相关的各个类别按其各自概率被覆盖；②与查询相关的对象和类别 c_i 之间的自然连接等于集合 $\{o \in X_q | U(o|X_{c_i}) > 0\}$；③每个类别 $c_i \in C$，则 X_q 和类别 c_i 之间的自然连接基数不小于 $\lceil kP(c_i|q) \rceil$。Maxutility-Diversify（k）的优点在于该方法考虑了与给定查询相关的各个类别的概率比例。这对消费者很有用，因为它可以帮助消费者了解一些新知识。以搜索 "iPhoneX" 为例，假设某个消费者只对 iPhoneX 感兴趣，但由于 "苹果" 有了新的产品发布会，许多其他消费者正在搜索和购买 AirPods，那么在 Maxutility-Diversify（k）下该消费者将获得许多关于 AirPods 的信息，进而消费者可能开始关注此方面，这种现象确实对产品发布者有利。

Santos 等（2010）提出了概率框架 xQuAD（eXplicit Query Aspect Diversification）来描述搜索结果的多样性。给定消费者查询 q，搜索结果集合 $R \subset X_q$ 且 $|R|=k$，使搜索结果集合 R 中的每个对象 o_i 在每次迭代中都能够最大化 $M = (1-\lambda)P(o_i|q) + \lambda P(o_i, \overline{R}|q)$。$P(o_i|q)$ 表示针对查询 q 检索到对象 o_i 的可能性，该概率与每个对象的相关性有关。$P(o_i, \overline{R}|q)$ 表示根据查询 q 检索到不在搜索结果集合 R 中的 o_i 的可能性，该概率与搜索结果集合 R 中对象的多样性有关。类似的，Hu 等（2015）提出了一种新的层次结构来表示消费者意图，并提出了两个通用的层次多样化模型来利用层次意图。显然，xQuAD 方法是相关性和多样性之间的权衡。xQuAD 及其变体得到了很好的应用（屈鹏 等，2016），基于 xQuAD 的方法使消费者能够调节权衡值 λ 来获取不同程度的多样化搜索结果。

Ma 等（2010）提出了一种新颖的、为 Web 消费者提供与消费者查询语义相关且多样化的查询推荐方法 DQS。该方法基于马尔科夫随机游走和对查询-

URL 二分图的击中时间分析。该方法可以有效地防止语义上冗余的结果获得较高的排名，从而促进结果的多样性。Bordogna 等（2012）开发了一个三阶段的迭代查询消歧框架 PSN：①对消费者输入查询后检索的搜索结果进行聚类；②根据搜索结果对应查询之间的内容相似性和新颖性进行个性化权衡，对聚类结果进行排序；③从每一个群集中生成一个能突出显示该群集主要内容的消歧查询，以这种方式，生成的新查询能够检索出以前未曾检索到的全新文档，消除歧义的查询为新的具有针对性的搜索提供了推荐结果。Jiang 等（2015）将多样化和个性化集成到一个框架的查询建议范式 QS-DP 中，QS-DP 主要包含两个部分：第一部分是一个三级二分图，可以利用搜索引擎查询日志中的丰富信息以识别出更具多样性的候选搜索结果；第二部分是一个消费者画像分析模型，用来分析消费者的个性化需求，为每个单独消费者的搜索提供推荐结果。Liang 等（2016）开发了 ESL-PD 模型，用于进行搜索结果个性化-多样性有监督学习，该框架中添加了从文档中提取的文档特征和消费者兴趣特征来为搜索查询提供既多样化又符合消费者兴趣的候选结果。Chen 等（2020）提出了 PQSD 模型，将消费者的长期搜索行为注入消费者当前会话中上下文中，利用消费者的长期偏好和短期偏好来增加个性化搜索结果的多样性。

基于意图的搜索结果多样性研究在一定程度上实现了搜索技术的个性化，但现有的工作中对消费者意图、偏好的分析通常是基于查询日志进行建模的。而现有研究通常只以消费者的点击行为来表示查询日志，由于两个随机查询很少共享相同的点击行为（Beeferman et al.，2000），因此消费者点击行为仅捕获了查询日志中一小部分信息，点击行为的信息覆盖范围狭窄，严重限制了捕获消费者查询意图和偏好的效果。此外，点击行为本质上是嘈杂的（Craswell et al.，2007），并且可能受到具有恶意意图的消费者或机器人的扰乱（Deng et al.，2009）。Liu 等（2018）阐述了消费者搜索查询关键词和点击网页这两类文档的主题分布具有语义相关的层次结构，该研究假设消费者搜索查询及其对应点击的网页共享相同的主题词分布，并通过分层结构允许消费者搜索查询的主题分布受到相应检索网页及检索到相同网页的其他搜索查询中包含的主题词信息的影响，这种对消费者搜索查询主题分布及其对应的网页主题强度进行双重建模的分层结构形式，不仅缓解了消费者搜索查询的稀疏性和新消费者搜索查询的冷启动问题,还明确量化了搜索查询与搜索结果的映射关系。本书在此基础上提出了一个动态主题模型,通过挖掘更加全面的信息(消费者查询关键词、消费者点击行为、时间戳)来更准确地刻画消费者的兴趣偏好。

表 2-6 对基于意图的搜索结果多样性研究进行了总结。

表 2-6　基于意图的搜索结果多样性研究总结

研究者	个性化分析维度			是否考虑消费者偏好连续动态变化	研究的不足之处
	消费者查询关键词	消费者点击行为	时间戳		
Agrawal 等(2009)	√			否	需要类别标签标注,标注工作量大; 忽略查询与点击行为的耦合关系
Santos 等(2010)	√			否	忽略查询与点击行为的耦合关系; 结果个性化和多样化之间需要系数调节
Ma 等(2010)		√	√	否	忽略查询与点击行为的耦合关系
Capannini 等(2011)		√		否	需要类别标签标注,标注工作量大
Bordogna 等(2012)	√			否	忽略查询与点击行为的耦合关系
Ozdemiray 等(2014)		√		否	忽略查询主题与结果主题的语义相关性
Hu 等(2015)	√			否	忽略查询与点击行为的耦合关系; 结果个性化和多样化之间需要系数调节
Jiang 等(2015)	√	√		否	忽略查询词、URL 与时间戳之间的耦合关系
Liang 等(2016)	√	√		否	忽略查询主题与网页主题的语义相关性
Chen 等(2020)	√	√		否	在词共现稀疏的语料库上的学习效率低

2.4 研究评述

本节对本书与现有文献的差异及其贡献进行了总结，如图 2-1 所示。本章详细梳理了搜索结果多样性和在线评论的相关研究，并分类对研究的现状进行了阐述，从中得到了现有研究的不足及给本书带来的科学启示。

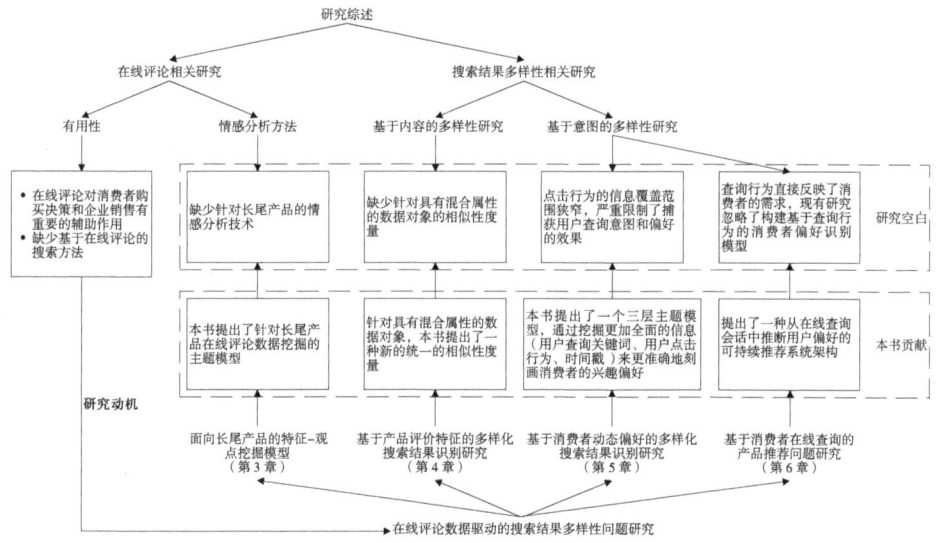

图 2-1 本书与现有文献的差异及其贡献

现有研究已经采用实证分析方法证明了在线评论对消费者购买决策和企业销售有重要的辅助作用，通过考虑在线评论中隐藏的消费者评价信息，在搜索结果中生成一些产品评价特征相似的替代选项，不仅有利于提升搜索结果的多样性，而且能够根据消费者兴趣偏好找出对消费者来说价值更高的产品选项。但鲜有研究将在线评论中蕴藏的丰富的消费者偏好信息和消费者对产品特征的真实评价信息融入与消费者购买决策和企业利益息息相关的搜索系统的设计，这是大数据时代个性化和多样化搜索研究的巨大疏忽。因此本书重点研究了基于在线评论的搜索方法设计。

（1）设计基于在线评论的搜索算法的基础在于评论数据的情感挖掘。尽管对在线文本的情感分析研究已相对成熟，但是鲜有研究针对长尾产品在线评论情感分析进行模型方法设计，由于长尾产品评论数据具有稀疏性，现有基于在线评论的搜索方法无法对长尾产品的评论数据进行产品特征和消费者观点的挖掘，因此很难识别出长尾产品的关键特征，很难将长尾产品展示到搜索结果列表中，而在互联网上个性化的小众产品已经占据了很大一部分销售份额，长尾效应得到了越来越多企业，特别是中小企业的重视。因此，设计专门针对长尾产品评论数据的情感分析模型，提取出消费者对小众产品的关注重点，并将其应用到搜索方法的设计之中是很有必要的。

（2）在提取出消费者关心的产品特征及其情感倾向后，需要对这类文本属性数据进行相似性度量。而现如今在现实世界的应用中，由于移动电子商务和地理位置信息系统（如美团、大众点评等移动电子商务的评论和签到服务）的快速发展，时空-文本查询数据往往存在多种类型的属性值（从结构化交易数据到非结构化行为数据），这是一个非常普遍的现象。结构化数据（如包括产品价格、位置的记录）通常具有数值属性，同时，非结构化文本数据（如简短的在线评论）通常包含文本属性。也就是说现实中的产品或服务不仅具有数值属性（价格、地理位置等），还具有文本属性（评论文本）。目前对混合数据的处理方式往往侧重将分类数据进行数值转换或使用消费者指定参数调整不同属性间的重要性来整合混合数据，这些方法都会导致混合数据丢失大量的原始信息。因此，如何针对具有混合属性（文本属性和数值属性）的数据对象进行相似性度量及如何在相似性度量的基础上生成搜索结果列表，是设计基于评论数据驱动的搜索方法的关键问题。

（3）随着消费者个性化需求的增长，对消费者偏好进行准确评估是设计搜索算法的关键。但现有的工作中，对消费者意图、偏好的分析通常是基于查询日志进行建模的，由于两个随机查询很少共享相同的点击行为，因此消费者点击行为仅捕获了查询日志中一小部分信息，点击行为的信息覆盖范围狭窄，严重限制了捕获消费者查询意图和偏好的效果。另外，很多研究忽视了消费者兴趣偏好连续动态变化的特点，因此通过考虑更加全面的信息（消费者查询关键词、消费者点击行为、时间戳）来设计消费者兴趣偏好的动态分析模型并将消费者动态偏好构建到搜索结果多样性问题中是本书亟须解决的难题。

3 面向长尾产品的特征 - 观点挖掘模型

3.1 问题描述

相比于产品或服务供应商提供的信息,消费者更容易受到其他消费者在线评论的影响。也就是说,在购买过程中,消费者相信产品或服务的实际体验远胜于从产品或服务供应商那里获得的信息。从管理的角度来看,推荐具有类似消费者体验的等效商品可能会增加消费者实际购买商品的机会(Zhang et al.,2018)。例如,消费者想要以 250 美元/天的价格预订被熟知的四星级酒店 A,而 3.5 星级酒店 B 与酒店 A 具有相同的入住体验,而酒店 B 的价格仅为 220 美元/天,向消费者推荐酒店 B 可以获得更高的消费者效用。从这个简单的示例中可以看到仅基于产品供应商提供的明确信息(如价格、位置、酒店星级)很难找到酒店 A 和酒店 B 之间的相似性,而根据消费者在线评论中隐藏的相关评价特征可以找到它们之间的相似性。因此,为了给消费者提供有用的搜索结果,必须将在线评论中隐含的消费者真实体验信息提炼成紧凑、可理解和可用的格式,以提高搜索的性能,为消费者提供更多样、更令人满意的产品或服务。图 3-1 中显示了本章研究的问题对于在线评论数据驱动的搜索框架的作用。

通过在线评论对产品进行多样化搜索的方法包括两个,即分析产品在线评论和对多样化搜索列表的识别。前者是通过分析在线评论来确定重要的产品特征和消费者的情感观点,而后者是根据从在线评论中挖掘的产品的特征、观点来获得搜索结果中的产品列表。

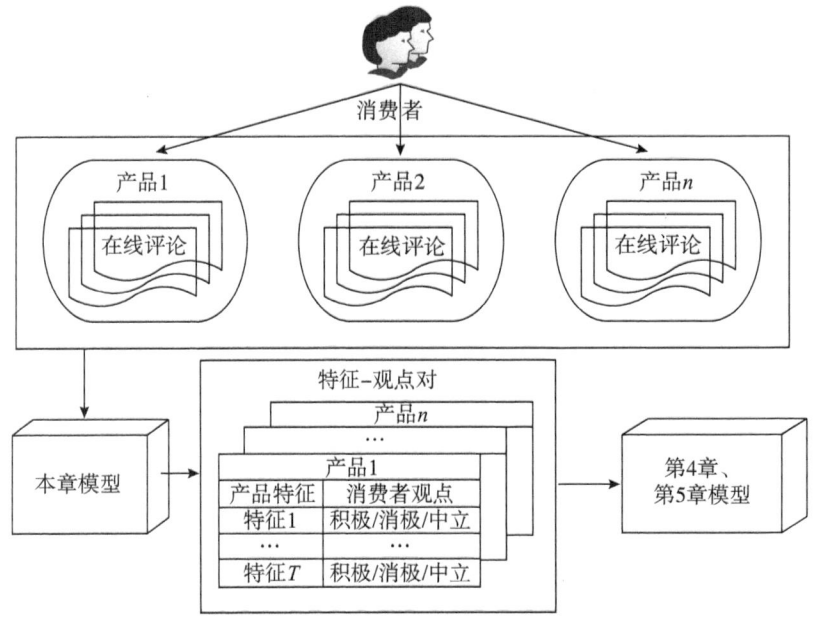

图 3-1　本章研究的问题对于在线评论数据驱动的搜索框架的作用

特征-观点对挖掘是对有关实体的文本中表达的观点、情感和态度的计算研究。通过第 2 章对在线评论挖掘技术的分析与整理，根据本书的文本特点，本章主要关注基于主题模型的产品特征-观点挖掘方法。

2003 年，Blei 等提出了潜在狄利克雷分配（LDA）主题模型，通过模拟文本的创建过程来分析文本表达的内容。LDA 模型本质上是语料库的生成概率模型，其基本思想是将文档表示为若干主题的随机混合，而每个主题则表示为可以表达主题语义的词语的集合。例如，一篇以"经济"为主题的文档也会包含其他一些主题，只是主题"经济"在整个文档中所占的比例较大，而文档中的文字则是由与主题高度相关的单词构成，"市场""宏观调控""金融"等词语会频繁出现在以经济为主题的文档中。LDA 模型通过以下步骤生成语料库 D 中的每个文档 d。

①从超参数为 α 的 Dirichlet 分布中选取生成文档 d_i 的主题概率分布：$\theta \sim Dir(\alpha)$。

②通过以下步骤生成文档 d_i 中的每个单词。

　a. 从主题的多项式分布 θ 中选取单词的主题 z：$z \sim Multinomial(\theta)$；

b. 从超参数为 α 的 Dirichlet 分布中选取主题 z 对应的单词分布 φ：$\varphi \sim Dir(\beta)$；

c. 从主题 z 对应的单词概率分布 φ 中采样得到文档中的单词 w：$w \sim P(w | z, \varphi)$。

重复第②步 N 次，可以生成包含 N 个单词的文档。整体过程重复 M 次，可以获得包含 M 个文档的语料库。总结起来，LDA 模型通过模拟文章的生成过程，从而有效地获取文档表达的主题。

LDA 模型一经提出，凭借其简单易实现且可解释性强的特点，得到了众多学者的关注和研究，并在文本主题推测和文本分类等领域得到了广泛的应用。但是，使用 LDA 模型来分析文本的情感极性可能无法获得良好的结果。LDA 模型的本质是利用统计思维和词语之间的共现模式来获得词与主题之间的关系。例如，当一篇文档中"科比"和"篮球"等词语频繁出现时，模型就可以推测出这篇文档是关于"体育"主题的。然而因为单词与情感之间的反映关系低于单词与主题之间的直接共现关系，所以直接将主题转换为情感，很难准确地获得单词与情感极性之间的关系。因此，Zhao 等（2010）提出了一种情感和主题联合模型 MaxEnt-LDA 来同时识别主题和情感词，它成功应用于挖掘在线评论中蕴含的产品特征及其相应的消费者情感倾向，该方法以 LDA 模型为基础，并嵌入情感等级以模拟情感文本的创建过程。MaxEnt-LDA 模型的图形化表示如图 3-2（a）所示。MaxEnt-LDA 模型与 LDA 模型类似。该模型假设消费者在编辑情感文本时首先确认要表达的情感基调，在确认了要表达的情感基调之后，再确认与情感对应的主题，最后选择情感词及其对应的主题词来构成情感文本。与 LDA 模型相比，MaxEnt-LDA 模型进行了调整以分析文本的情感极性。但是 Chen 等（2014）不同意 MaxEnt-LDA 模型的基本假设，即情感的优先级在主题之上、情感影响主题和单词的选择。不同于 MaxEnt-LDA 主题模型模拟情感文本的创建过程，Chen 等（2014）建立了一种双重潜在狄利克雷分配（Double Latent Dirichlet Allocation，DLDA）模型来模拟读者解读情感文本的过程，该模型假设读者在阅读情感文本时会同时获得情感和主题。当读者获得文本主题时，他们也会同时感受到情感。这就是 DLDA 模型的概念。与 LDA 模型相比，DLDA 模型增加了一个层次来分析文本的情感，使情感和主题同时影响单词选择。DLDA 模型认为情感和主题是平等的，也就是说情感和主题受相同参数的影响。图 3-2（b）给出了 DLDA 模型的图形化表示。在图 3-2 中，DLDA 模型将主题变量 z 和情感变量 u 放在了同一层以表示情感和主题是平等的，情感和主题会影响单词的选择，同时，DLDA 模型还将主题的先验分布 θ 和情感的先验分布 λ 放在同一层，它们仅影响情感或主题的选择。单词的先验分布 φ 受情感和主题的影响。最终，单词的选择同时受到单词、主题和情感的先验分布的影响。LDA 模型假定文档是主题的混合，一个主题通过一组与主题相关的单词来传达该主题要表达的语义，主题通常表示为单词词汇表上的分布，然后利用统计技术来学习每个文档的主题成分（每一个主题的单词分布）和主题比例。本质上，LDA 模型通过隐式地捕获文档级单词共现模式来揭示文本语料库中的主题。因此，以 LDA 模型为基础拓展的主题模型都有一个致命的缺陷，那就是将这类模型直接应用于短文本将遇到严重的数据稀疏性问题（单个文档中的稀疏单词共现模式）。一方面，单个短文本中的单词频率比冗长的文本起较少的判别作用，这使得以 LDA 模型为基础的主题模型很难推断出每个文档中哪些单词的相关性更高；另一方面，有限的语境使得在短文本中更难识别歧义词的含义。而冷门的长尾产品的消费者在线评论数据存在严重的数据稀疏性问题，因此，以 LDA 模型为基础的主题模型很难充分识别出长尾产品在线评论中消费者关注的产品特征和情感倾向。

为了解决短文本中单词共现模式稀疏的问题，Cheng 等（2014）提出了一种新颖的 BTM（Biterm Topic Model）方法，该方法使用单词对来显式地模拟单词共现，从而显著增强了从短文本中学习主题的能力。但 BTM 不能进行观点挖掘。Amplayo 等（2017）提出了一种细粒度的情感提取框架，该框架包含两种相互独立的方法，即情感分类和特征提取。情感分类器是使用三级分类方法构建的，而特征提取器是使用扩展的 BTM 构建的。但是，这种框架假设一个情感词仅对应一个特征词，并且将情感分类模型和特征提取模型分开，这个假设并不能很好地反映现实中消费者撰写在线评论的方式。实际上，消费者表达的意见通常是与相应的产品特征相关联的。例如，使用消费者观点词"热情"来描述产品特征词"服务"是合适的，但使用"热情"来赞美食物的美味并不恰当。在现实中，消费者在线评论中的产品特征词和消费者观点词之间通常具有很强的关联性。

与以往研究不同，本书提出的MaxEnt-BTM模型刻画了文档级别的产品特征与消费者观点联合分布，并提出了基于多词性标注的最大熵模型特征函数改进方法来更好地对产品特征词和消费者观点词进行区分，随后将改进的特征函数嵌入BTM的显式单词对共现模式，以更准确地对长尾产品特征词和消费者观点词进行识别与区分，最后针对本书提出的新模型设计出吉布斯采样算法对模型参数进行求解。与Amplayo等（2017）提出的分别提取产品特征词和消费者观点词的方法不同，MaxEnt-BTM模型可以捕获相互关联的产品特征词和消费者观点词。图3-2（c）给出了MaxEnt-BTM模型的图形化表示。

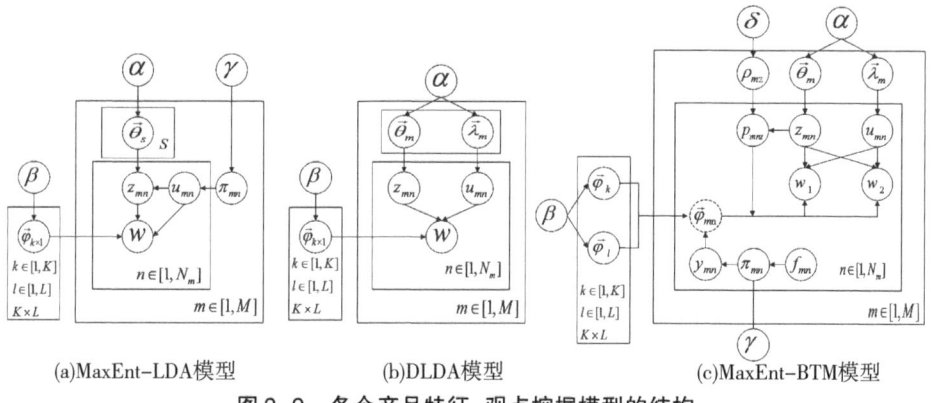

图3-2 各个产品特征-观点挖掘模型的结构

本章的其余部分安排如下：第3.2节详细地对MaxEnt-BTM模型的细节进行了描述；第3.3节对验证模型性能的实验设置和有关结果进行了总结。

3.2 面向长尾产品的特征-观点挖掘模型构建

3.2.1 模型描述

在大多数主题模型中，主题通常被表示为一组相关的单词，而单词之间的相关性通过文档中的单词共现模式进行推断，也就是说，两个单词同时出现的频率越高，那么这两个单词可能越相关。例如，一个文档中"詹姆斯"

和"篮球"两个单词经常同时出现,即使读者不知道这两个单词的确切含义,但他们也能推断出"詹姆斯"和"篮球"之间应该具有很强的联系并且在很大概率上属于同一个主题。因此,诸如 LDA 等的传统主题模型利用这种单词共现模式,通过模拟文档中的单词生成方式对文档进行建模,以这种隐含在文档中的单词共现模式来推断语料库中潜在的语义结构。然而,由于短文本中的单词共现模式稀疏且不可靠,因此传统的主题模型通常对语料库的数据稀疏性很敏感。为了更清楚地揭示单词之间的相关性,Cheng 等(2014)提出了 BTM 模型,BTM 模型通过汇总语料库中所有单词的共现模式,使单词共现频率更加稳定,可以更好地从数据稀疏的语料库中推断潜在主题的组成部分。

本书提出的面向长尾产品的特征-观点模型 MaxEnt-BTM 本质上是在 BTM 模型中嵌入了最大熵模型(Maximum Entropy Model)。BTM 模型可以很好地解决短文本的单词共现稀疏问题,最大熵模型可以很好地区分消费者描述的产品特征词和消费者观点词。同时,本书将文档级别的情感分布添加到 BTM 模型中,以更准确地捕获产品特征词和消费者观点词的分布。因此,本书提出的模型称为 MaxEnt-BTM。由于继承了 BTM 模型出色的处理短文本数据的能力,即使通过数量很少的长尾产品在线评论,MaxEnt-BTM 模型也可以发现消费者关注长尾产品的哪些特征及其相应的情感倾向。实验证明,MaxEnt-BTM 模型为情感分析提供了更简单有效的方法。

在详细介绍 MaxEnt-BTM 模型之前,首先来看一下 BTM 模型中一个重要概念——双项(Biterm)的表示方法,双项表示在短文本中共现的无序单词对。在文档长度有限的短文本中,如推文和有字数限制的在线评论文本信息,我们可以简单地将每个文档作为单独的上下文单元。在这种情况下,文档中的任何两个不同的词都会构成一个双项。例如,具有 3 个不同词的文档将生成 3 个双项:

$$(w_1, w_2, w_3) \Rightarrow \{(w_1, w_2), (w_1, w_3), (w_2, w_3)\} \tag{3-1}$$

式中:$(\cdot,\cdot)$ 是无序的,从每个文档中提取了双项之后,整个语料库变成一个双项集合。双项提取过程可以通过单次扫描文档来完成。

给定一个共有 M 个文档的语料库 C,假设第 m 个文档包含 N_m 个双项

$b_i = (w_{i,1}, w_{i,2})$，$B_m = \{b_i\}_{i=1}^{N_m}$。语料库中包含 K 个产品特征、L 个情感主题和 V 个单词，其中 K 个产品特征主题和 L 个情感主题通过词汇中的 V 个单词的概率分布进行表示。令 $z \in [1, K]$ 为主题的指示变量，这样就可以将语料库中主题的出现概率 $p(z)$ 表示为 K 维的多项式分布 $\theta = \{\theta_k\}_{k=1}^K$，$\theta_k = p(z = k)$ 且 $\sum_{k=1}^K \theta_k = 1$。对于主题的单词分布 $p(w|z)$ 可以表示为 $K \times V$ 阶矩阵 $\boldsymbol{\Phi}$，第 k 行的向量 $\boldsymbol{\varphi}_k$ 是一个 V 维的多项式分布，$\varphi_{k,w} = p(w|z = k)$ 且 $\sum_{w=1}^V \varphi_{k,w} = 1$。本节主要使用的变量和参数表示如下：

- $\vec{\theta}_m$ 表示第 m 个文档的产品特征主题概率分布；
- $\vec{\lambda}_m$ 表示第 m 个文档的情感主题概率分布；
- $\vec{\varphi}_k$ 表示第 k 个产品特征主题的单词概率分布；
- $\vec{\varphi}_l$ 表示第 l 个情感主题的单词概率分布；
- ρ_{mz} 表示第 m 个文档中产品特征主题 z 的情感极性概率分布；
- α 表示 $\vec{\theta}_m$ 和 $\vec{\lambda}_m$ 的对称狄利克雷先验超参数；
- β 表示 $\vec{\varphi}_k$ 和 $\vec{\varphi}_l$ 的对称狄利克雷先验超参数；
- δ 表示 ρ_{mz} 的对称贝塔先验超参数；
- z_{mn} 表示第 m 个文档中第 n 个双项的产品特征主题；
- u_{mn} 表示第 m 个文档中第 n 个双项的情感主题；
- p_{mnz} 表示第 m 个文档中第 n 个双项的情感极性，本书假设消费者仅具有正面情感和负面情感，$p_{mnz} = 1$ 表示消费者对产品特征 z_{mn} 产生正面喜好情感，$p_{mnz} = 0$ 表示消费者对产品特征 z_{mn} 产生负面厌恶情感；
- y_{mn} 为决定单词 w 是产品特征单词还是情感倾向单词的指示变量，$y_{mn} = 1$ 表示 w 为产品特征单词，$y_{mn} = 0$ 表示 w 为情感倾向单词；
- π_{mn} 是在 $\{0, 1\}$ 上的伯努利分布的参数；
- f_{mn} 是最大熵模型的特征函数；
- γ 表示最大熵模型的权重。

MaxEnt-BTM 模型的生成过程类似于 LDA 模型。MaxEnt-BTM 模型的生成过程描述如下。

① 对于每一个文档 d_m（$1 \leq m \leq M$）：

a. 从超参数为 α 的 Dirichlet 分布中采样生成第 m 个文档的产品特征主题分布 $\vec{\theta}_m$：$\vec{\theta}_m \sim Dirichlet(\alpha)$；

b. 从超参数为 α 的 Dirichlet 分布中采样生成第 m 个文档的情感主题分布 $\vec{\lambda}_m$：$\vec{\lambda}_m \sim Dirichlet(\alpha)$；

c. 从超参数为 δ 的 Beta 分布中采样生成第 m 个文档中产品特征主题 z 的情感极性概率分布 ρ_{mn}：$\rho_{mn} \sim Beta(\delta)$。

② 对于每一个产品特征主题 k（$1 \leq k \leq K$），从超参数为 β 的 Dirichlet 分布中采样生成产品特征主题 k 对应的单词分布 $\vec{\varphi}_k$：$\vec{\varphi}_k \sim Dirichlet(\beta)$。

③ 对于每一个情感主题 l（$1 \leq l \leq L$），从超参数为 β 的 Dirichlet 分布中采样生成情感主题 l 对应的单词分布 $\vec{\varphi}_l$：$\vec{\varphi}_l \sim Dirichlet(\beta)$。

④ 对于每一个双项 b_i（$1 \leq i \leq N_m$）：

a. 从参数为 π_{mn} 的 Bernoulli 分布中采样生成特征词-情感词指示变量：y_{mn}：$y_{mn} \sim Bernoulli(\pi_{mn})$；

b. 从参数为 $\vec{\theta}_m$ 的多项式分布中采样生成第 m 个文档中第 n 个双项的产品特征主题 z_{mn}：$z_{mn} \sim Multinomial(\vec{\theta}_m)$；

c. 从参数为 $\vec{\lambda}_m$ 的多项式分布中采样生成第 m 个文档中第 n 个双项的情感极性 p_{mnz}：$p_{mnz} \sim Bernoulli(\rho_{mn})$；

d. 从参数为 ρ_{mn} 的二项分布中采样生成第 m 个文档中第 n 个双项的情感主题 u_{mn}：$u_{mn} \sim Multinomial(\vec{\lambda}_m)$；

e. 从分配的产品特征主题或情感主题词分布中采样生成文档中的单词

$$w_1, w_2 \sim \begin{cases} Multinomial(\vec{\varphi}_k), & 当 z_{mn} = k, y_{mn} = 1 \\ Multinomial(\vec{\varphi}_l), & 当 u_{mn} = l, y_{mn} = 0 \end{cases}$$

3.2.2 模型参数推断

为了估计 MaxEnt-BTM 模型中的参数 $\vec{\theta}_m$、$\vec{\lambda}_m$、$\vec{\varphi}_k$、$\vec{\varphi}_l$、ρ_{mz}，本书首先要做的工作就是将产品特征词与消费者观点词有效地区分开。由于产品特征词和消费者观点词通常扮演不同的句法角色，Zhao 等（2010）引入了最大熵模型来解决文本挖掘工作中的产品特征词和消费者观点词区分问题，该模型

采用特征向量 x_{dsn} 描述单词类别（产品特征词或消费者观点词）和词性（Part-of-Speech，POS）标签之间的关系。本书通过添加两个额外的 POS 标签来改进特征向量 f_{mn}：

$$f_{mn} = \{POS_{i-2}, POS_{i-1}, POS_i, POS_{i+1}, POS_{i+2}\}。 \quad (3-2)$$

对于特征向量的改进是基于对以下方面的实际观察：在产品特征词和消费者观点词之间可能存在一个或多个修饰语，如形容词、副词。举例来说，"服务员非常热情"在线评论中消费者用"非常"形容服务员的服务。

根据新的特征函数，π_{mn} 可以通过以下方程表示出来：

$$P(y_{mn} | f_{mn}) = \pi_{mn} = \frac{\exp\left(\sum_{i=1}^{I} \gamma_i \times f_i\right)}{\sum_{y_{mn}} \exp\left(\sum_{i=1}^{I} \gamma_i \times f_i\right)}。 \quad (3-3)$$

式中：$y_{mn} = \{0, 1\}$，I 是特征函数的数量。

准确估计参数 $\vec{\theta}_m$、$\vec{\lambda}_m$、$\vec{\varphi}_k$、$\vec{\varphi}_l$、ρ_{mz} 是一项耗费巨大的工作。借鉴 LDA 模型的参数求解思路，本书使用吉布斯采样对参数进行近似推断。根据吉布斯采样的基本原理，需要对 $P(z|B)$ 和 $P(u|B)$ 进行采样，以获得产品特征主题分配 z_{mn} 和情感主题分配 u_{mn}。因此，要对参数进行近似推断，就必须首先导出以下条件概率分布：

$$P(z_i = k | z_{-i}, B); \quad (3-4)$$

$$P(z_i = k, u_i = l | z_{-i}, u_{-i}, B)。 \quad (3-5)$$

当 $y_i = 1$ 时：

$$P(z_i = k | z_{-i}, B) \propto P(z_i = k, B_i = b | z_{-i}, B_{-i})$$

$$= \int P(z_i = k, w_{i1} = t_1, w_{i2} = t_2, \vec{\theta}_m, \vec{\varphi}_k | z_{-i}, B_{-i}) \, d\vec{\theta}_m d\vec{\varphi}_k$$

$$= \int P(z_i = k, \vec{\theta}_m | z_{-i}, B_{-i}) \times P(w_{i1} = t_1, \vec{\varphi}_{k,w_{i1}} | z_{-i}, B_{-i}) \times$$

$$P(w_{i2} = t_2, \vec{\varphi}_{k,w_{i2}} | z_{-i}, B_{-i}) d\vec{\theta}_m d\vec{\varphi}_{k,w_{i1}} d\vec{\varphi}_{k,w_{i2}}$$

$$= \int P(z_i = k | \vec{\theta}_m) \times P(\vec{\theta}_m | z_{-i}, B_{-i}) \times P(w_{i1} = t_1 | \vec{\varphi}_{k,w_{i1}}) \times P(\vec{\varphi}_{k,w_{i1}} | z_{-i}, B_{-i}) \times$$

$$P(w_{i2} = t_2 | \vec{\varphi}_{k,w_{i2}}) \times P(\vec{\varphi}_{k,w_{i2}} | z_{-i}, B_{-i}) d\vec{\theta}_m d\vec{\varphi}_{k,w_{i1}} d\vec{\varphi}_{k,w_{i2}}$$

$$= \int P(z_i = k | \vec{\theta}_m) \times Dir(\vec{\theta}_m | \vec{n}_{m,-i} + \alpha) \times P(w_{i1} = t_1 | \vec{\varphi}_{k,w_{i1}}) \times$$

$$\begin{aligned}
& \quad Dir(\vec{\varphi}_{k,w_{i1}} \mid \vec{n}_{k,-i}^{A} + \beta) \times \\
& P(w_{i2} = t_2 \mid \vec{\varphi}_{k,w_{i2}}) \times Dir(\vec{\varphi}_{k,w_{i2}} \mid \vec{n}_{k,-i}^{A} + \beta) \mathrm{d}\vec{\theta}_m \mathrm{d}\vec{\varphi}_{k,w_{i1}} \mathrm{d}\vec{\varphi}_{k,w_{i2}} \\
& = \int \theta_m^{(k)} \times Dir(\vec{\theta}_m \mid \vec{n}_{m,-i} + \alpha) \times \varphi_k^{(t_1)} \times Dir(\vec{\varphi}_{k,w_{i1}} \mid \vec{n}_{k,-i}^{A} + \beta) \times \\
& \quad \varphi_k^{(t_2)} \times Dir(\vec{\varphi}_{k,w_{i2}} \mid \vec{n}_{k,-i}^{A} + \beta) \mathrm{d}\vec{\theta}_m \mathrm{d}\vec{\varphi}_{k,w_{i1}} \mathrm{d}\vec{\varphi}_{k,w_{i2}} \\
& = E(\theta_m^{(k)}) \cdot E(\varphi_k^{(t_1)}) \cdot E(\varphi_k^{(t_2)}) \\
& = \frac{n_{m,-i}^{(k)} + \alpha}{\sum_{k=1}^{K} n_{m,-i}^{(k)} + K\alpha} \cdot \frac{n_{k,-i}^{A(t_1)} + \beta}{\sum_{v=1}^{V} n_{k,-i}^{A(v)} + V\beta} \cdot \frac{n_{k,-i}^{A(t_2)} + \beta}{\sum_{v=1}^{V} n_{k,-i}^{A(v)} + V\beta}。 \quad (3\text{-}6)
\end{aligned}$$

当 $y_i = 0$ 时：

$$\begin{aligned}
& P(z_i = k, u_i = l \mid z_{-i}, u_{-i}, B) \propto P(z_i = k, u_i = l, B_i = b \mid z_{-i}, u_{-i}, B_{-i}) \\
& = \int P(z_i = k, u_i = l, w_{i1} = t_1, w_{i2} = t_2, \vec{\theta}_m, \vec{\lambda}_m, \vec{\varphi}_k \mid z_{-i}, u_{-i}, B_{-i}) \mathrm{d}\vec{\theta}_m \mathrm{d}\vec{\lambda}_m \mathrm{d}\vec{\varphi}_k \\
& = \int P(z_i = k, \vec{\theta}_m \mid z_{-i}, u_{-i}, B_{-i}) \times P(u_i = l, \vec{\lambda}_m \mid z_{-i}, u_{-i}, B_{-i}) \times \\
& \quad P(w_{i1} = t_1, \vec{\varphi}_{k,w_{i1}} \mid z_{-i}, u_{-i}, B_{-i}) \times \\
& \quad P(w_{i2} = t_2, \vec{\varphi}_{k,w_{i2}} \mid z_{-i}, u_{-i}, B_{-i}) \mathrm{d}\vec{\theta}_m \mathrm{d}\vec{\lambda}_m \mathrm{d}\vec{\varphi}_{k,w_{i1}} \mathrm{d}\vec{\varphi}_{k,w_{i2}} \\
& = \int P(z_i = k \mid \vec{\theta}_m) \times P(\vec{\theta}_m \mid z_{-i}, u_{-i}, B_{-i}) \times P(u_i = l \mid \vec{\lambda}_m) \times \\
& \quad P(\vec{\lambda}_m \mid z_{-i}, u_{-i}, B_{-i}) \times P(w_{i1} = t_1 \mid \vec{\varphi}_{k,w_{i1}}) \times P(\vec{\varphi}_{k,w_{i1}} \mid z_{-i}, u_{-i}, B_{-i}) \times \\
& \quad P(w_{i2} = t_2 \mid \vec{\varphi}_{k,w_{i2}}) \times P(\vec{\varphi}_{k,w_{i2}} \mid z_{-i}, u_{-i}, B_{-i}) \mathrm{d}\vec{\theta}_m \mathrm{d}\vec{\lambda}_m \mathrm{d}\vec{\varphi}_{k,w_{i1}} \mathrm{d}\vec{\varphi}_{k,w_{i2}} \\
& = \int P(z_i = k \mid \vec{\theta}_m) \times Dir(\vec{\theta}_m \mid \vec{n}_{m,-i} + \alpha) \times P(u_i = l \mid \vec{\lambda}_m) \times \\
& \quad Dir(\vec{\lambda}_m \mid \vec{n}_{m,-i}^{(k)} + \alpha) \times P(w_{i1} = t_1 \mid \vec{\varphi}_{k,w_{i1}}) \times Dir(\vec{\varphi}_{k,w_{i1}} \mid \vec{n}_{k,-i}^{S} + \beta) \times \\
& \quad P(w_{i2} = t_2 \mid \vec{\varphi}_{k,w_{i2}}) \times Dir(\vec{\varphi}_{k,w_{i2}} \mid \vec{n}_{k,-i}^{S} + \beta) \mathrm{d}\vec{\theta}_m \mathrm{d}\vec{\lambda}_m \mathrm{d}\vec{\varphi}_{k,w_{i1}} \mathrm{d}\vec{\varphi}_{k,w_{i2}} \\
& = \int \theta_m^{(k)} Dir(\vec{\theta}_m \mid \vec{n}_{m,-i} + \alpha) \times \lambda_m^{(l)} Dir(\vec{\lambda}_m \mid \vec{n}_{m,-i}^{(k)} + \alpha) \times \varphi_k^{(t_1)} Dir(\vec{\varphi}_{k,w_{i1}} \mid \vec{n}_{k,-i}^{S} + \beta) \times \\
& \quad \varphi_k^{(t_2)} Dir(\vec{\varphi}_{k,w_{i2}} \mid \vec{n}_{k,-i}^{S} + \beta) \mathrm{d}\vec{\theta}_m \mathrm{d}\vec{\lambda}_m \mathrm{d}\vec{\varphi}_{k,w_{i1}} \mathrm{d}\vec{\varphi}_{k,w_{i2}} \\
& = E(\theta_m^{(k)}) \cdot E(\lambda_m^{(k,l)}) \cdot E(\varphi_l^{(t_1)}) \cdot E(\varphi_l^{(t_2)}) \\
& = \frac{n_{m,-i}^{(k)} + \alpha}{\sum_{k=1}^{K} n_{m,-i}^{(k)} + K\alpha} \cdot \frac{n_{m,-i}^{(k,l)} + \alpha}{\sum_{l=1}^{L} n_{m,-i}^{(k,l)} + L\alpha} \cdot \frac{n_{k,-i}^{S(t_1)} + \beta}{\sum_{v=1}^{V} n_{k,-i}^{S(v)} + V\beta} \cdot \frac{n_{k,-i}^{S(t_2)} + \beta}{\sum_{v=1}^{V} n_{k,-i}^{S(v)} + V\beta}。 \quad (3\text{-}7)
\end{aligned}$$

式 (3-6) 和式 (3-7) 中，下标 $i=(m,b)$；$z_i=k$ 表示第 m 个文档中第 n 个双项的主题为 k；$u_i=l$ 表示第 m 个文档中第 n 个双项表达的情感主题为 l；$B_i=b$ 表示第 m 个文档中第 n 个双项为 b；$w_{i1}=t_1$、$w_{i2}=t_2$ 表示第 m 个文档中第 n 个双项的单词对分别为 t_1 和 t_2；z_{-i} 表示除 B_i 之外的所有双项的主题分配；u_{-i} 表示除 B_i 之外的所有双项的情感分配；B_{-i} 表示除带有下标 i 的双项以外的所有双项；$n_{m,-i}^{(k)}$ 表示在第 m 个文档中由主题 k 生成的除 B_i 之外的所有双项的个数，$\vec{n}_{m,-i}=(n_m^{(1)}, n_m^{(2)}, \cdots, n_m^{(k)}-1, \cdots, n_m^{(K)})$；$n_{k,-i}^{A(t)}$ 表示除 B_i 以外的分配到主题 k 的产品特征词 t 的个数，$\vec{n}_{k,-i}^{A}=(n_k^{A(1)}, n_k^{A(2)}, \cdots, n_k^{A(t)}-1, \cdots, n_k^{A(V)})$；$n_{m,-i}^{(k,l)}$ 表示除 B_i 之外的分配到产品特征主题 k 的情感主题为 l 的双项的个数，$\vec{n}_{m,-i}^{(k)}=(n_m^{(k,1)}, n_m^{(k,2)}, \cdots, n_m^{(k,l)}-1, \cdots, n_m^{(k,L)})$；$n_{k,-i}^{S(t)}$ 表示除 B_i 之外的分配到主题 k 的消费者观点词的个数，$\vec{n}_{k,-i}^{S}=(n_k^{S(1)}, n_k^{S(2)}, \cdots, n_k^{S(t)}-1, \cdots, n_k^{S(V)})$。

由以上分析可知，推断参数的关键在于确定属于各个产品特征主题或情感主题的双项的数量，这一步可以由经典的吉布斯采样得到。首先，根据均匀分布初始化每个双项的产品特征主题和情感分配；其次，通过检查式 (3-6) 和式 (3-7) 来更新每个双项的产品特征主题和情感分配；最后，经过足够多的迭代次数之后，$n_m^{(k)}$、$n_m^{(k,l)}$、$n_k^{A(v)}$、$n_k^{S(v)}$、$n_m^{S(+)}$、$n_m^{S(-)}$ 可以通过不断累积计数得到。$n_m^{(k)}$ 表示在第 m 个文档中出现产品特征主题 k 的次数。$n_m^{(k,l)}$ 表示在第 m 个文档中出现的产品特征主题 k 对应的情感主题 l 的次数。$n_k^{A(v)}$ 表示将单词 v 作为产品特征词分配到主题 k 的次数。$n_k^{S(v)}$ 表示将单词 v 作为消费者观点词分配到主题 k 的次数。$n_m^{S(+)}$ 表示在第 m 个文档中出现的正向情绪的数量。$n_m^{S(-)}$ 表示在第 m 个文档中出现的负面情绪的数量。算法 3-1 给出了 MaxEnt-BTM 模型的吉布斯采样算法的伪代码。

算法3-1：MaxEnt-BTM 模型的吉布斯采样算法

Input：aspect number K，sentiment number L，document sets，α, β, δ
Output：$\vec{\theta}_m$，$\vec{\lambda}_m$，$\vec{\varphi}_k$，$\vec{\varphi}_l$，ρ_{mz}

1. Set π_{mn} with the maximum entropy model

$$P(y_{mn} \mid f_{mn}) = \pi_{mn} = \frac{\exp(\sum_{i=1}^{l} \gamma_i \times f_i)}{\sum_{y_{mn}} \exp(\sum_{i=1}^{l} \gamma_i \times f_i)}.$$

2. Initialization

Sample z_{mn}，u_{mn} according to the uniform distribution

$n_m^{(k)} = n_m^{(k)} + 1$, $\vec{n}_m = \vec{n}_m + 1$, $n_m^{(k,l)} = n_m^{(k,l)} + 1$, $\vec{n}_m^k = \vec{n}_m^k + 1$,

$n_k^{A(t)} = n_k^{A(t)} + 1$, $\vec{n}_k^A = \vec{n}_k^A + 1$, $n_k^{S(t)} = n_k^{S(t)} + 1$, $\vec{n}_k^S = \vec{n}_k^S + 1$.

3. Gibbs sampling

For each document m from $m = 1$ to M do：

For each biterm $B_{mn} = (w_{mn1}, w_{mn2})$ from $n = 1$ to N_m in document m do：

1) $z_{mn} = k$，$u_{mn} = l$，$B_{mn} = (w_{mn1}, w_{mn2}) \rightarrow n_m^{(k)} = n_m^{(k)} - 1$，$\vec{n}_m = \vec{n}_m - 1$，

$n_m^{(k,l)} = n_m^{(k,l)} - 1$, $\vec{n}_m^k = \vec{n}_m^k - 1$, $n_k^{A(t)} = n_k^{A(t)} - 1$, $\vec{n}_k^A = \vec{n}_k^A - 1$, $n_k^{S(t)} = n_k^{S(t)} - 1$,

$\vec{n}_k^S = \vec{n}_k^S - 1$.

2) Sample $z_{mn} = \hat{k} \sim P(z_i = k \mid z_{-i}, B)$，$u_{mn} = \hat{l} \sim P(z_i = k, u_i = l \mid z_{-i}, u_{-i}, B)$ according to equations (3-6) and (3-7)

$n_m^{(\hat{k})} = n_m^{(\hat{k})} - 1$, $\vec{n}_m = \vec{n}_m - 1$, $n_m^{(\hat{k},\hat{l})} = n_m^{(\hat{k},\hat{l})} - 1$, $\vec{n}_m^k = \vec{n}_m^k - 1$, $n_k^{A(t)} = n_k^{A(t)} - 1$,

$\vec{n}_k^A = \vec{n}_k^A - 1$, $n_k^{S(t)} = n_k^{S(t)} - 1$, $\vec{n}_k^S = \vec{n}_k^S - 1$.

4. Parameter estimation

Estimating $\vec{\theta}_m$, $\vec{\lambda}_m$, $\vec{\varphi}_k$, $\vec{\varphi}_l$, ρ_{mz} according to equations (3-9) ~ (3-13)

因为参数的推导公式一样，所以本书仅给出参数 $\vec{\theta}_m$ 的推导过程。

$$P(\vec{\theta}_m \mid \vec{n}_m, \alpha) = \frac{P(\vec{n}_m \mid \vec{\theta}_m)P(\vec{\theta}_m \mid \alpha)}{\int P(\vec{n}_m \mid \vec{\theta}_m)P(\vec{\theta}_m \mid \alpha) \mathrm{d}\vec{\theta}_m}$$

$$= \frac{Mult(\vec{n}_m \mid \vec{\theta}_m, N_m)Dir(\vec{\theta}_m \mid \alpha)}{\int Mult(\vec{n}_m \mid \vec{\theta}_m, N_m)Dir(\vec{\theta}_m \mid \alpha) \mathrm{d}\vec{\theta}_m}$$

$$= Dir(\vec{\theta}_m \mid \alpha + \vec{n}_m). \quad (3-8)$$

$\vec{\theta}_m$ 的估计值为：

$$E(\vec{\theta}_m) = \left(\frac{n_m^{(1)} + \alpha}{\sum_{k=1}^{K} n_m^{(k)} + K\alpha}, \cdots, \frac{n_m^{(k)} + \alpha}{\sum_{k=1}^{K} n_m^{(k)} + K\alpha}, \cdots, \frac{n_m^{(K)} + \alpha}{\sum_{k=1}^{K} n_m^{(k)} + K\alpha} \right)_\circ$$

(3-9)

其他参数的估计值为：

$$E(\vec{\lambda}_m) = \left(\frac{\sum_{k=1}^{K} n_m^{(k,1)} + \alpha}{\sum_{k=1}^{K}\sum_{l=1}^{L} n_m^{(k,l)} + L\alpha}, \cdots, \frac{\sum_{k=1}^{K} n_m^{(k,l)} + \alpha}{\sum_{k=1}^{K}\sum_{l=1}^{L} n_m^{(k,l)} + L\alpha}, \cdots, \right.$$

$$\left. \frac{\sum_{k=1}^{K} n_m^{(k,L)} + \alpha}{\sum_{k=1}^{K}\sum_{l=1}^{L} n_m^{(k,l)} + L\alpha} \right)_\circ$$

(3-10)

$$E(\vec{\varphi}_k) = \left(\frac{n_k^{A(1)} + \beta}{\sum_{v=1}^{V} n_k^{A(v)} + V\beta}, \cdots, \frac{n_k^{A(v)} + \beta}{\sum_{v=1}^{V} n_k^{A(v)} + V\beta}, \cdots, \frac{n_k^{A(V)} + \beta}{\sum_{v=1}^{V} n_k^{A(v)} + V\beta} \right)_\circ$$

(3-11)

$$E(\vec{\varphi}_l) = \left(\frac{n_k^{S(1)} + \beta}{\sum_{v=1}^{V} n_k^{S(v)} + V\beta}, \cdots, \frac{n_k^{S(v)} + \beta}{\sum_{v=1}^{V} n_k^{S(v)} + V\beta}, \cdots, \frac{n_k^{S(V)} + \beta}{\sum_{v=1}^{V} n_k^{S(v)} + V\beta} \right)_\circ$$

(3-12)

$$E(\rho_{MZ}) = \frac{n_m^{S(+)} + \delta}{n_m^{S(+)} + n_m^{S(-)} + 2\delta}_\circ$$

(3-13)

3.2.3 评论文本分类算法

本小节将介绍 k-medoids 方法的一个增强版本（Enhanced k-medoids, Ek-medoids），用于根据 MaxEnt-BTM 模型挖掘出的产品特征-观点对评论文本分类，为后续设计基于评论文本的搜索方法做好准备工作。

k-medoids 算法本质上是一种基于划分的聚类方法。首先，该方法随机选择 k 个数据对象作为初始质心，然后将其余数据对象分配给最近的质心；其次，计算从所有数据对象到它们各自质心的距离之和；最后，用剩余的对象替换当前的质心，并重新生成新的簇。重复这些步骤，直到所有数据对象到它们的质心的距离之和不变。算法 3-2 给出了 k-medoids 算法的伪代码。

算法 3-2：k-medoids 算法

Input: dataset with n objects, the cluster number k
Output: k clusters, k medoids

1. Initialization
    1) Randomly select k medoids from n objects
    2) Assign the remaining objects to their nearest medoids
    3) Calculate the sum distance from all objects to their medoids
2. Update medoids
    1) Replace the current medoids with the remaining objects
    2) Assign the remaining objects to their nearest medoids
    3) Calculate the sum distance from all objects to their medoids
3. Terminal condition

Compare the sum to the previous one, if they are equal, then stop, otherwise, return to step 2

基于算法 3-2 中所示的基本步骤，本书对步骤 1 和步骤 2 进行了改进。首先本书的方法利用期望文本距离生成初始质心，然后提出一种 MIN 融合方法来更新质心。

假设数据集合 O 有 n 个对象，$O = \{o_1, o_2, \cdots, o_n\}$。每个对象 o_i 具有 m 维文本属性：$o_{i,z} = \{z_{i,1}, z_{i,2}, \cdots, z_{i,m}\}$。每个文本词 z 都有一个关联的权重 $w(z)$，$w(z)$ 为由 ρ_{MZ} 评估的消费者正向观点的比例。两个文本对象之间的文本距离由加权的 Jaccard 系数表示：$DistZ(o_i, o_j) = 1 - \dfrac{\sum_{z \in o_{i,z} \cap o_{j,z}} w(z)}{\sum_{z \in o_{i,z} \cup o_{j,z}} w(z)}$。

在初始化阶段，本书根据期望文本距离选择前 k 个对象。现实中，消费者的购买决策更容易受到其他消费者在线评论的影响。因此，本书从具有相似观点的产品或服务对象中寻找具有代表性的对象。产品对象的期望文本距离定义如下：

$$E_i = \dfrac{\sum_{j=1}^{n} DistZ(o_i, o_j)}{\sum_{i=1}^{n}\sum_{j=1}^{n} DistZ(o_i, o_j)} \quad (3\text{-}14)$$

式中：$i = 1, \cdots, n$。

期望文本距离最小的前 k 个对象将被选为初始质心。

在质心更新阶段，为了减少第 2 步的计算时间，本书提出了一种新的最近融合策略——MIN 融合。MIN 表示两个最近的簇。两个簇之间的相似度是通过不同簇中距离最近的两个点之间的相似度来度量的。图 3-3 为对 MIN 定义的图形化表示。找到两个最接近的簇，这两个簇就形成一个 MIN。然后，用 MIN 中的其他对象替换当前的质心。

图 3-3 对 MIN 定义的图形化表示

算法 3-3 给出了 Ek-medoids 算法的伪代码。

算法 3-3：Ek-medoids 算法

Input: dataset with n objects, the cluster number k
Output: k clusters, k medoids

1. Initialization

   1) Calculate the textual distance between every pair of all objects according to:

   $$DistZ(o_i, o_j) = 1 - \frac{\sum_{z \in o_i,\ z \cap o_j,\ z} w(z)}{\sum_{z \in o_i,\ z \cup o_j,\ z} w(z)}.$$

   2) Calculate the expected textual distance for each object o_i according to:

   $$E_i = \frac{\sum_{j=1}^{n} DistZ(o_i, o_j)}{\sum_{i=1}^{n} \sum_{j=1}^{n} DistZ(o_i, o_j)},\ i = 1, \cdots, n.$$

   3) Sort E_i in ascending order and select the top k objects as initial medoids
   4) Calculate the sum distance from all objects to their medoids

2. Update medoids

   1) Generate the MIN of each current medoid
   2) Replace the current medoids with the remaining objects in the MIN
   3) Assign the remaining objects to their nearest medoids
   4) Calculate the sum distance from all objects to their medoids

3. Terminal condition

Compare the sum to the previous one, if they are equal, then stop, otherwise, return to step 2

3.3 实验结果分析

本节主要分析了各个方法在实际应用中获得的不同规模数据集上运行的实验结果，目的在于评估本章提出的 MaxEnt-BTM 模型的性能。本节中的所有实验评估都是在具有 4.00 GB RAM 的 Intel Core i3-4150 3.50 GHz PC 上使用 Python 语言实现的。实验中使用了两个真实应用的公开数据集，以证明本章提出的模型的优越性：一个是亚马逊数据集，该数据集记录了亚马逊网站上 40 多个类别产品的 130 多亿条消费者在线评论；另一个是爱彼迎数据集，该数据集记录了著名的家庭民宿网站爱彼迎上记录的民宿信息和消费者评论数据，包括位置、房间、配置、价格和入住者的真实评论数据，本节的实验选择了美国 16 个城市中的民宿服务。

3.3.1 主题词质量评估

为了检查本书提出的 MaxEnt-BTM 模型确定的产品特征词和消费者观点词的质量，本节选取了经典的和最新的情感分析主题模型和特征-观点挖掘模型进行了实验对比。

（1）MaxEnt-LDA（Zhao et al.，2010）。MaxEnt-LDA 模型是一个可以同时识别产品特征词和消费者观点词的混合主题模型。该模型通过将有监督的判别最大熵模型合并到无监督的生成主题模型中，利用句法特征来帮助模型区分产品特征词和消费者观点词。

（2）DLDA（Chen et al.，2014）。DLDA 模型是通过在主题模型中添加情感层而构建的双重 LDA 模型。与 MaxEnt-LDA 模型不同，DLDA 模型通过将情感和主题放在同一层中来同等对待消费者观点词和产品特征词，且假设情感主题独立于特征主题。

（3）FSenExt（Amplayo et al.，2017）。FSenExt 模型是一种细粒度的情感提取模型，该模型由两部分组成，即情感分类器和方面提取器。情感分类器使用三级分类方法构建，而方面提取器使用扩展的双项主题模型（eBTM）构建，eBTM 模型是 LDA 主题模型对短文本的扩展。

本节中的实验旨在评估由 MaxEnt-BTM 模型识别出的产品特征词和消费者观

点词的整体质量。本节实验使用来自亚马逊的有关移动电子产品的消费者评论数据，以及来自爱彼迎的有关西雅图的民宿酒店的入住消费者评价数据。为了删除原始数据中的噪声，我们删除了仅出现一次的单词、汉字和常用单词（如"a""an""the""and"等）。表3-1为实验数据基本信息（如评论数量、平均单词数）。

表3-1 实验数据基本信息

数据集	Mobile electronics	Seattle
评论数量/条	104 855	84 709
平均单词数/个	45.42	67.67

为了找到合适的超参数值，本节对西雅图数据集尝试了这些先验参数的不同设置。实验结果表明，对于 MaxEnt-LDA 模型、DLDA 模型和 MaxEnt-BTM 模型，$\alpha = 50/K$，$\beta = 0.01$，$\gamma = 0.5$，$\delta = 0.5$ 比其他超参数设置效果更好。对于 FSenExt 模型，$\alpha = 0.1$ 和 $\beta = 0.01$ 时模型效果较好。

按照评估主题模型质量的常用指标，本书从主题组成部分和文档的主题比例这两部分对各个模型的质量进行评估。

连贯性评分是一种比较常用的衡量发现主题质量的自动评估方法（Cheng et al., 2014），主题词越连贯表明主题中最可能出现的单词在语料库中越频繁出现，即频繁出现的单词属于同一主题的概率更高。一种流行的自动评估指标是 PMI-Score（Newman et al., 2010），PMI-Score 是将维基百科视为单个元文档，并使用词语共现对单词对进行评分。PMI-Score 计算了每个单词对的逐点互信息（Pointwise Mutual Information，PMI），该信息是根据超过 200 万篇英文维基百科文章（约 10 亿个单词）的整个语料库估算得出的。由于 PMI-Score 使用外部文本数据集来衡量主题的连贯性，因此 PMI-Score 是一种评估主题模型性能的公平指标。

因此，本章利用 PMI-Score 评估每种方法识别出的主题的质量（Newman et al., 2010）。PMI-Score 的计算公式如下所示：

$$PMI(w_i, w_j) = \log \frac{p(w_i, w_j) + \epsilon}{p(w_i) \cdot p(w_j)} \quad (3-15)$$

式中：w_i、w_j 为主题词，ϵ 为随机扰动项。

为了衡量文档主题比例的质量，本书沿用 Cheng 等（2014）文章中的实验设置，利用文档分类来了解从不同模型中学习到的主题的准确性，将数据集按 4∶1 的比例随机分为训练集和测试集，并采用线性支持向量机分类器进行 5 次交叉验证。

图 3-4 给出了不同数据集上 4 个对比模型在不同主题词数量下的 PMI 评分，本实验分别选取了排在前 5 位、前 10 位和前 20 位的主题词进行 PMI 评分的计算。在 4 个模型的比较中，我们可以看到 MaxEnt-LDA 模型在两个数据集上的性能几乎与 DLDA 模型一样差。FSenExt 模型产生的结果比 MaxEnt-LDA 模型和 DLDA 模型更好，但仍然落后于 MaxEnt-BTM 模型。另一个重要的观察结果是 Mobile electronics 数据集上的 MaxEnt-LDA 模型和 DLDA 模型的 PMI 评分明显低于 Seattle 数据集上的 PMI 评分，而这一现象在 FSenExt 模型和 MaxEnt-BTM 模型上并不明显。这是因为 Mobile electronics 数据集上消费者在线评论文本更短，而 FSenExt 模型和 MaxEnt-BTM 模型是专门为短文本设计的，因此这两个模型对文本数据的长短并不敏感。而 MaxEnt-LDA 模型和 DLDA 模型并没有针对短文本的结构设计，因此这两个模型在文本更短的数据集上的性能要比在长文本数据集上的性能差得多。所以，该观察结果也表明，FSenExt 模

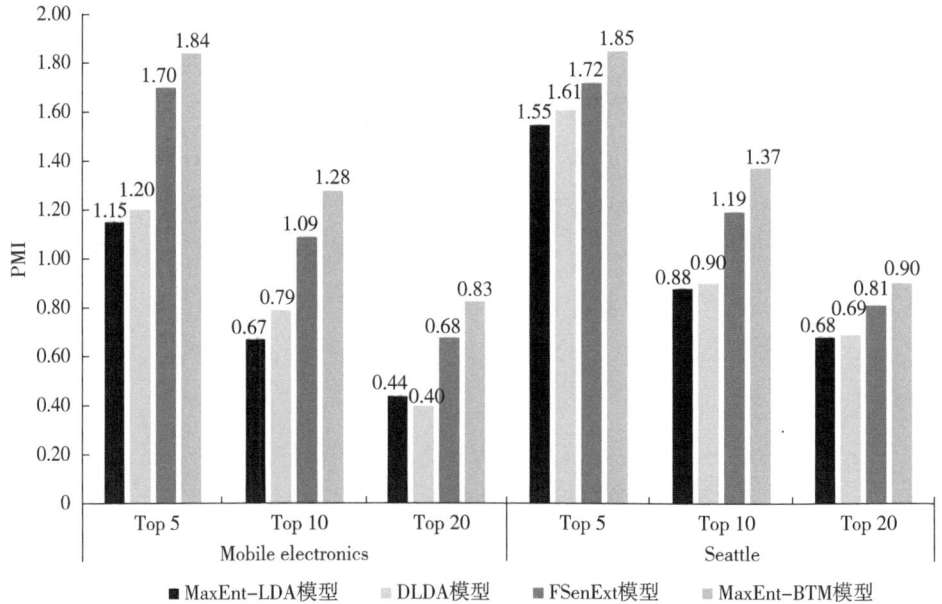

图 3-4 不同数据集上 4 个对比模型在不同主题词数量下的 PMI 评分

型和MaxEnt-BTM模型可以比MaxEnt-LDA模型和DLDA模型更好地从短文本中学习主题，也就是说FSenExt模型和MaxEnt-BTM模型可以从消费者评论数据稀疏的长尾产品中很好地发现主题。尽管FSenExt模型在短文本上效果很好，但是就PMI评分而言，MaxEnt-BTM模型的评分仍比FSenExt模型平均提高了15.91%。简而言之，MaxEnt-BTM模型的性能要好于本节列出的对比模型。

图3-5给出了不同数据集上4个对比模型在不同主题词数量下的文档分类准确性。不难看出MaxEnt-BTM模型在两个数据集中识别文档主题的能力在大多数情况下还是要优于基准模型的。同时，4个模型在Mobile electronics数据集上的差距要比在Seattle数据集上的差距更显著。这也证明了MaxEnt-BTM模型和FSenExt模型在短文本语料库上的性能更卓越。

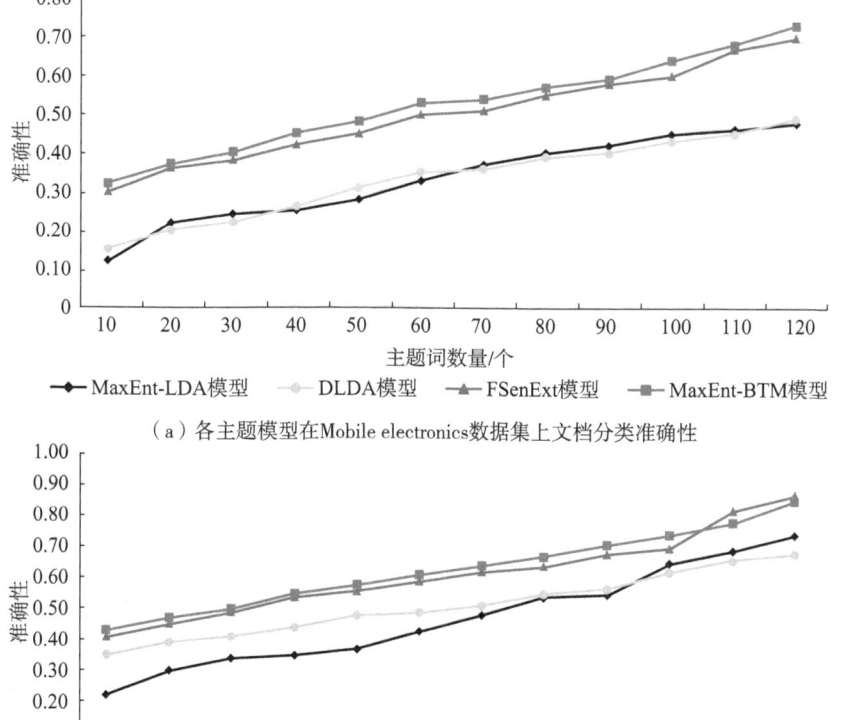

（a）各主题模型在Mobile electronics数据集上文档分类准确性

（b）各主题模型在Seattle数据集上文档分类准确性

图3-5 不同数据集上4个对比模型在不同主题词数量下的文档分类准确性

为了进一步验证 MaxEnt-BTM 模型挖掘出的主题的质量，本小节将进一步考察各个模型识别出的主题的详细内容。

为了对 MaxEnt-BTM 模型发现的产品特征词和消费者观点词进行定性分析，本小节将详细地列举出各个模型识别出的产品特征词和消费者观点词的具体内容，以考察各个模型识别出的主题的质量。由于空间限制，本书随机抽取了以上 4 种模型识别出的所有主题中的两个常见主题。对于每个产品特征方面及其对应的情感方面，本书列出了 10 个最能代表该主题的单词。对于 Mobile electronics 数据集和 Seattle 数据集，表 3-2 和表 3-3 分别显示了 3 个基准模型和 MaxEnt-BTM 模型发现的产品特征词和消费者观点词。对于 Mobile electronics 数据集，表 3-2 中列出了"Appearance"和"Power"两个主题。对于 Seattle 数据集，表 3-3 中列出了"Location"和"Environment"两个主题。表 3-2 和表 3-3 将与每个主题直接相关的单词人工标记为粗体。通过观察粗体字的数量，我们可以轻松地识别出每个模型发现的产品特征词和消费者观点词的质量。在表 3-2 中，对于 MaxEnt-LDA 模型和 DLDA 模型，几乎有一半甚至超过一半的单词与主题"Appearance"和"Power"无关，如"play""volume""everything""work""use"，这与"Performance"而非"Appearance"主题更为相关。与 MaxEnt-LDA 模型和 DLDA 模型相比，FSenExt 模型和 MaxEnt-BTM 模型具有明显的优势并且可以获得更好的结果。但是，在 FSenExt 模型中，仍然有一些与选取主题无关的单词。另一个重要的观察结果是 FSenExt 模型识别出的一些消费者观点词不能很好地匹配相应的产品特征词，如"cute"不适合描述"touchscreen"，"rechargeable"不能描述"capacity"。而 MaxEnt-BTM 模型识别出的产品特征词与主题关系更紧密，而且对应的消费者观点词可以更准确地描述相应的产品特征词。在表 3-3 中可以观察到类似的情况。因此，以上结果表明，MaxEnt-BTM 发现的产品特征词和消费者观点词比其他 3 种模型更加连贯和相关。

表 3-2　各个模型从 Mobile electronics 数据集提取的有关 "Appearance" 和 "Power" 主题的样词

模型	主题		与主题最相关的前 10 个单词									
MaxEnt-LDA	Appearance	Aspect	look	looks	play	appear	looking	volume	everything	screen	work	use
		Sentiment	good	cool	one	nice	great	expected	bad	large	quality	good
	Power	Aspect	battery	sound	charge	phone	time	night	recording	charger	mode	press
		Sentiment	well	great	one	radio	short	one	capacity	light	two	speaker
DLDA	Appearance	Aspect	look	looks	sound	quality	designed	product	display	screen	use	used
		Sentiment	new	good	fair	good	nicely	love	small	big	good	**
	Power	Aspect	battery	batteries	capacity	plug	charge	charger	sounds	phone	time	buy
		Sentiment	sucks	rechargeable	high	in	not	**	good	**	**	good
FSenExt	Appearance	Aspect	look	looks	looking	appear	appears	screen	touchscreen	designed	product	screensaver
		Sentiment	good	great	large	great	well	nice	cute	good	beautiful	cute
	Power	Aspect	battery	batteries	charger	chargers	time	charge	capacity	run	daytime	night
		Sentiment	sucks	long	pleased	bad	**	high	rechargeable	out	over	over
MaxEnt-BTM	Appearance	Aspect	look	looks	looking	looked	screen	designed	appear	appears	appearance	design
		Sentiment	good	great	nice	great	larger	well	great	well	cute	beautiful
	Power	Aspect	battery	batteries	charger	chargers	charge	capacity	time	daytime	running	night
		Sentiment	died	long	pleased	bad	fast	high	long	better	lights	vision

注：** 表示未识别出相应单词。

表 3-3　各个模型从 Seattle 数据集提取的有关"Location"和"Environment"主题的样词

模型	主题		与主题最相关的前 10 个单词								
MaxEnt-LDA	Location	Aspect	stay	seattle	place	us	location	neighborhood	downtown	jaq	dirk	lake
		Sentiment	comfortable	* *	convenient	* *	great	nice	near	* *	* *	away
	Environment	Aspect	place	dirk	room	apartment	bathroom	host	lake	seattle	experience	restaurants
		Sentiment	great	* *	plenty	beautiful	clean	great	away	* *	excellent	nearby
DLDA	Location	Aspect	location	apartment	cabin	place	host	stay	everything	time	downtown	queen
		Sentiment	perfect	sweet	* *	great	great	nice	well	excellent	near	beed
	Environment	Aspect	room	bed	house	us	seattle	stay	apartment	home	staying	clean
		Sentiment	comfortable	clean	amazing	* *	* *	great	great	lovely	recommend	room
FSenExt	Location	Aspect	location	located	bus	station	downtown	neighborhood	kelly	home	city	place
		Sentiment	perfect	near	take	close	quick	nice	* *	lovely	new	nice
	Environment	Aspect	place	stay	apartment	room	host	conditioning	house	home	bed	queen
		Sentiment	convenient	enjoyed	nice	clean	great	no	small	great	clean	* *

续表

模型	主题		与主题最相关的前10个单词									
MaxEnt-BTM	Location	Aspect	location	place	stay	station	downtown	neighborhood	bus	walking	away	time
		Sentiment	central	convenient	pleasurable	close	access	great	walking	short	short	first
	Environment	Aspect	bed	room	shower	bathroom	house	place	apartment	ladder	home	loft
		Sentiment	comfortable	clean	good	small	lovely	large	spacious	easy	lovely	great

注：**表示未识别出相应单词。

为了更精确地评估 MaxEnt-BTM 模型识别出的产品特征词和消费者观点词的质量，本节继续评估各个模型在更多数据集上提取的主题内容的准确性。准确性实验从亚马逊数据集中选择了 6 个属于不同类别的产品（Watches、Shoes、PC、Luggage、Grocery 和 Books）的消费者评论数据，并从爱彼迎数据集中选择了 6 个不同城市（Asheville、Austin、Boston、Chicago、Columbus 和 Denver）的住客评论数据。对于每个数据集，随机选择一个主题。对于每个主题，列出了与该主题最相关的前 10 个和前 20 个单词。6 位熟悉产品规格的电子商务领域的教授手动将提取的单词标记为与该主题相关或无关。图 3-6 显示了通过 4 种模型提取的与主题相关的单词所占的比例。很明显，本书提出的 MaxEnt-BTM 模型的性能优于 MaxEnt-LDA 和 DLDA。这得益于 MaxEnt-BTM 模型显式地对产品特征词和消费者观点词的共现方式进行建模。尽管 MaxEnt-BTM 模型与 FSenExt 模型相比较时，识别主题单词的质量改进并不十分明显，但在与主题相关的单词的准确性方面，本书所提出的 MaxEnt-BTM 模型仍比 FSenExt 模型提高了 13.29%。此外，通过图 3-6 中标准偏差的误差线可以明显地观察到，MaxEnt-BTM 模型的结果变化比其他 3 种更为微弱，这表明本书所提出的模型在不同数据集上的表现更为稳定。

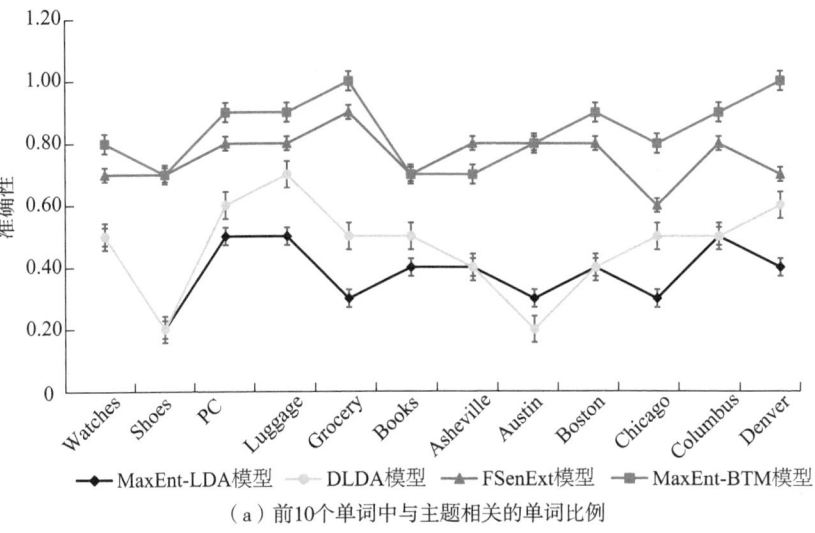

(a) 前10个单词中与主题相关的单词比例

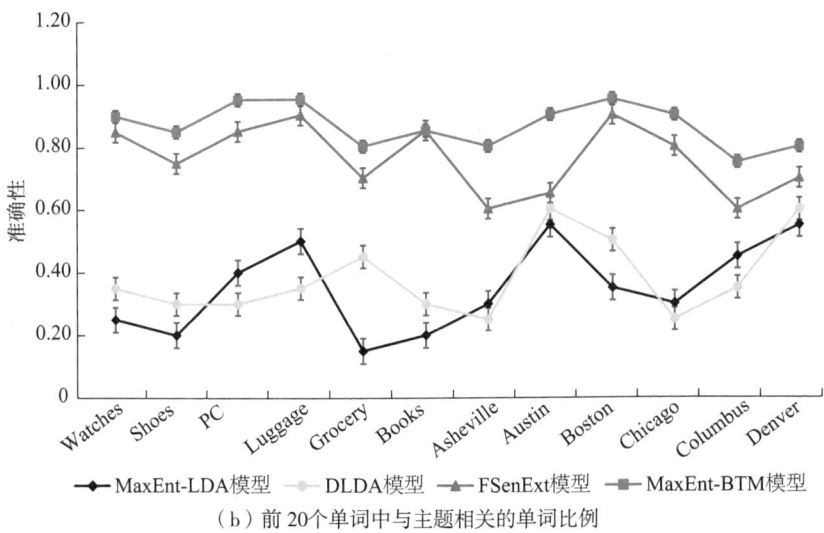

(b) 前20个单词中与主题相关的单词比例

图 3-6　通过 4 种模型提取的与主题相关的单词所占的比例

3.3.2　评论文本分类质量评估

本小节首先评估了 Ek-medoids 算法与 4 种经典聚类算法 [k-prototype（Huang，1998）、Mk-mean（Ahmad et al.，2007）、Fk-prototype（Ji et al.，2012）、k-partitioning（Choi et al.，2017）] 的性能对比。

本小节使用爱彼迎的纽约市和华盛顿特区这两个城市中的民宿酒店评论数据集来评估每种算法对文本分类的性能优劣，使用本章提出的 MaxEnt-BTM

模型从酒店的在线评论中提取文本属性,如酒店位置、环境、服务等。

通过比较所有算法在不同聚类数目下的运行时间来评估 Ek-medoids 算法的效率。实验设置聚类的数量为 2~6,间隔为 1。

4 种算法在不同聚类数目下的运行时间对比如图 3-7 所示。很明显,Ek-medoids 算法的性能最好,并且 Ek-medoids 算法所获得的结果不受该聚类数目变化的影响。当本书使用对数刻度表示图 3-7 中的纵坐标轴时,与 Fk-prototype 算法和 k-prototype 算法相比,Mk-mean 算法和 k-partitioning 算法的执行时间减少了几乎两个数量级。本书提出的 Ek-medoids 算法的运行时间比 Mk-mean 算法和 k-partitioning 算法减少了约一个数量级。实验结果表明,本书提出的 Ek-medoids 算法的效率超过了其他 4 种基准算法,可以高效地对评论文本进行分类。

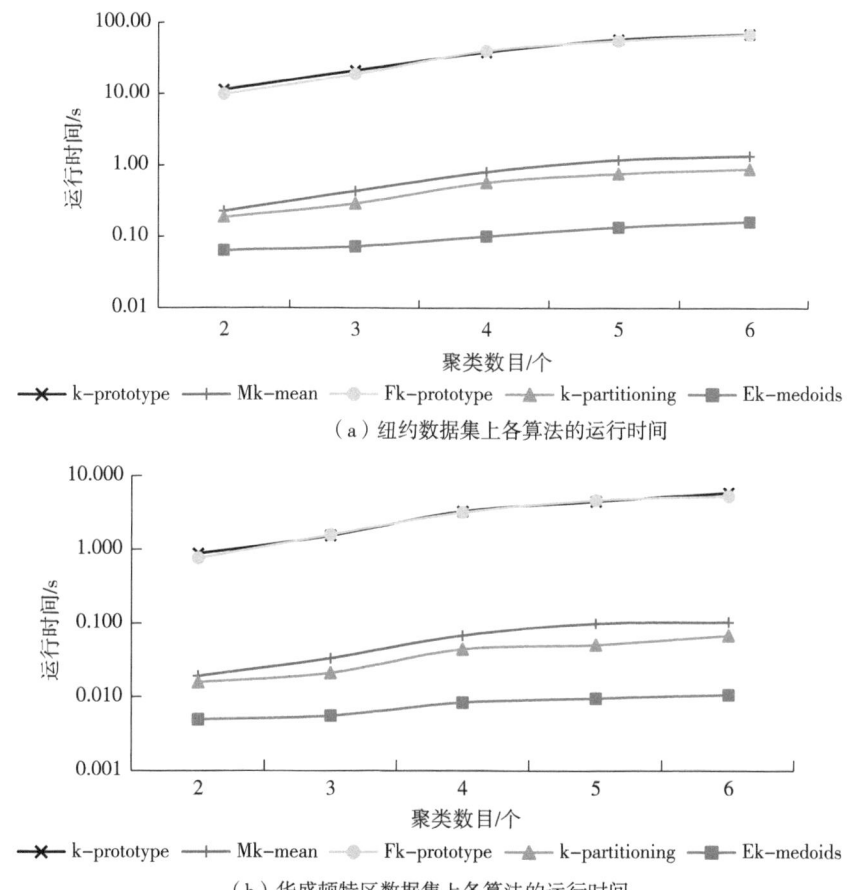

(a)纽约数据集上各算法的运行时间

(b)华盛顿特区数据集上各算法的运行时间

图 3-7　5 种算法在不同聚类数目下的运行时间对比

为进一步验证 Ek-medoids 算法分类文本的质量，本书使用 F1 score (Huang，1998)来评估聚类结果的质量。F1 score 是综合了准确率和召回率的综合评估指标。

图 3-8 显示了在纽约和华盛顿特区数据集上运行的 Ek-medoids 算法与其他算法的比较结果。考虑到 F1 score 越高，质量越好，从图 3-8 中可以清楚地看到，通过 Ek-medoids 算法获得的簇的质量明显优于 k-prototype 算法、Mk-mean 算法和 Fk-prototype 算法。

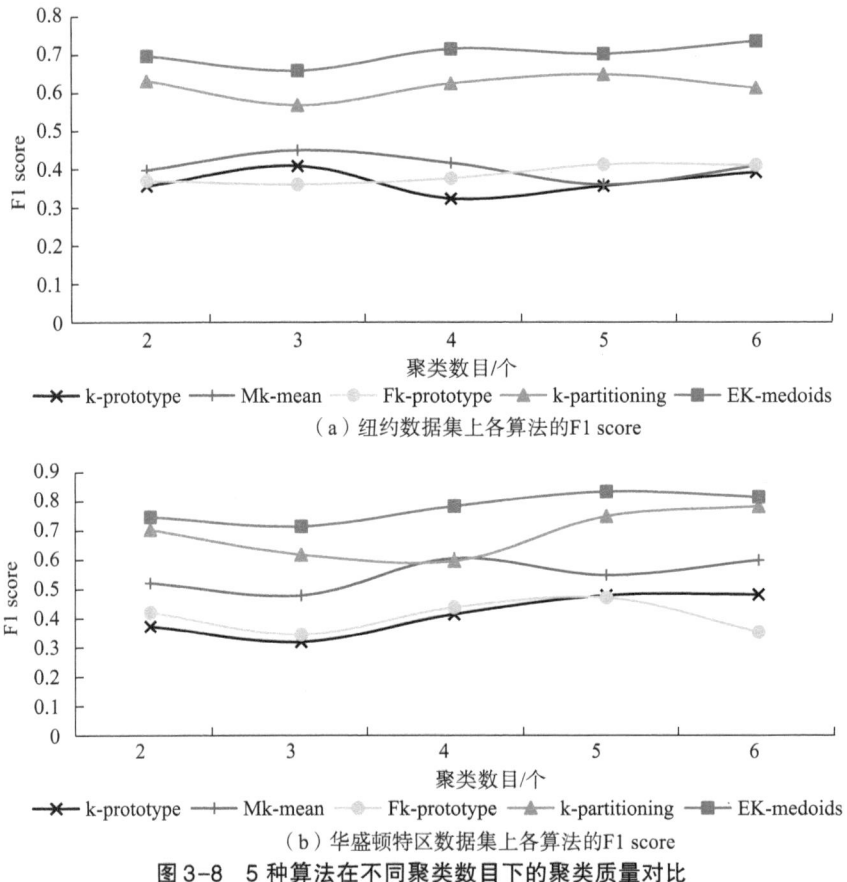

图 3-8 5 种算法在不同聚类数目下的聚类质量对比

总体而言，通过实验证明 Ek-medoids 算法在效率和聚类质量方面均优于其他 4 种基准算法。

3.3.3 长尾产品识别能力评估

本小节采用 precision、diversity 和 novelty（Wang et al., 2016）作为评估指标，以衡量本书提出的模型的有效性。precision 表示与消费者查询相关的结果的比例。precision 值越高，识别的搜索结果越准确。diversity 反映了单个结果在整个结果列表的不同主题或内容上的覆盖范围。该值越低，搜索列表越多样化。novelty 衡量的是发现新颖选项的能力。该值越低，列表中的结果越新颖。识别长尾产品的能力是通过 diversity 和 novelty 来衡量的。

本书用通过主题模型挖掘出的产品特征-观点来推荐搜索结果，因此将本书提出的方法命名为 TopicRec（Topic-based Recommendation），并选取了 4 种具有代表性的长尾推荐技术进行性能比较。

①LTC（Jambor et al., 2010）是一个多目标优化框架，该框架将长尾产品建模为不平等约束来实现在结果列表中增加长尾产品选项。

②AC（Park, 2013）是一种自适应的聚类方法，可以根据产品的受欢迎程度对其进行聚类。

③MORS（Wang et al., 2016）通过最小化准确性损失来推荐长尾产品。

④CBR（Alshammari et al., 2017）可以计算长尾产品的评分，通过改进的协作过滤算法更好地发现长尾产品。

本小节从亚马逊数据集中选取了 16 种不同类别产品（Wireless、Watches、Video_Games、Toys、Tools、Shoes、Pet_Products、Jewelry、PC、Office_Products、Mobile_Electronics、Luggage、Furniture、Camera、Apparel、Books）的评论数据集，从爱彼迎数据集中选取了 16 个不同城市（Washington、Asheville、Austin、Boston、Clark County、Columbus、Denver、Los Angeles、Nashville、New Orleans、New York、Oakland、Pacific Grove、Portland、Rhode Island、Salem）酒店的评论数据集，从每个数据集中随机选取一个特定主题。

用每种方法发现长尾产品的效果对比如图 3-9 所示。图 3-9（a）显示，每种方法在准确性指标上的表现大致相同，这表明每种方法在推荐与消费者查询相关的产品方面表现良好。但是，从图 3-9（b）和图 3-9（c）可以清楚地看到，本书提出的方法在大多数情况下具有更好的多样性和新颖性，这说明该方法在发现长尾产品方面表现更好。

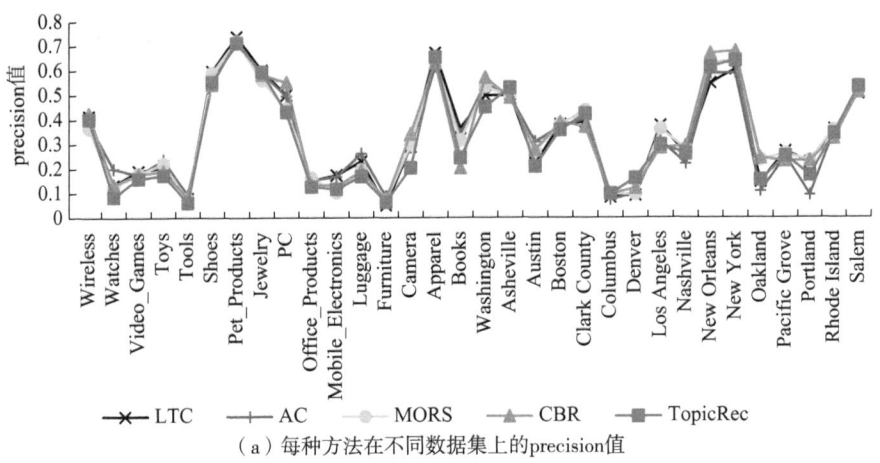

（a）每种方法在不同数据集上的precision值

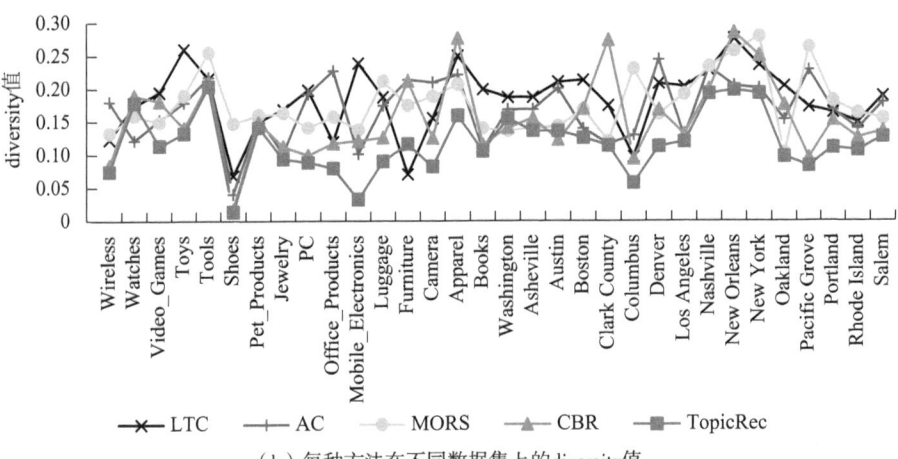

（b）每种方法在不同数据集上的diversity值

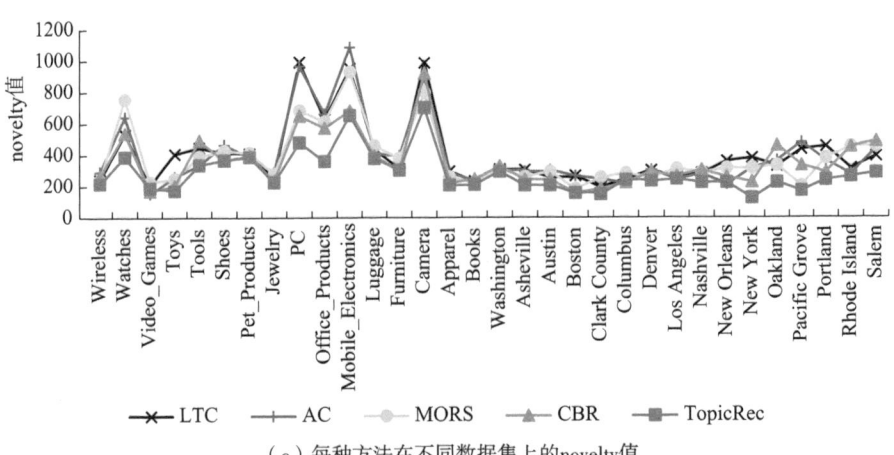

（c）每种方法在不同数据集上的novelty值

图3-9 用每种方法发现长尾产品的效果对比

3.4 本章小结

现有基于评论数据的搜索方法忽略了长尾现象的存在,同时考虑长尾产品评论数据稀疏的问题,本书构建了针对长尾产品的特征-观点挖掘模型。不同于以往的研究,该模型刻画了文档级别的情感特征分布,提出了基于多词性标注的最大熵模型特征函数改进方法,通过显式表达单词共现模式更准确地对长尾产品特征词和消费者观点词进行了识别与区分,并设计了吉布斯采样算法对模型参数进行求解。在此基础上,本书提出了 Ek-medoids 算法,用以依据挖掘出的产品特征-观点在线评论进行总结分类,方便消费者从中获得更全面的产品评价信息,帮助消费者做出购买决策。本书在大量来自现实世界的数据集上进行了方法验证,实验结果发现:①本书提出的模型在识别产品特征词和消费者观点词方面更准确;②本书提出的模型能够识别出的产品特征词和消费者观点词更连贯、更一致;③该模型在相对少量的训练数据或来自不同领域的训练数据下都能很好地发挥作用,且该模型可以学习质量更高、相关性更强的产品特征词和消费者观点词,并且可以更好地推断出文档的主题比例;④本书提出的方法在帮助消费者发现长尾产品方面性能卓越;⑤与神经网络方法相比,该模型易部署,计算成本更低,并且可以通过提出的 Ek-medoids 算法很好地进行扩展。

该研究弥补了现有基于在线评论的产品搜索方法的不足,将长尾产品更多地展示到搜索列表中。从管理角度来说,该研究可以自动将在线评论进行总结分类,帮助消费者比较电子商务网站上的替代产品,尤其是长尾产品,有助于增加电子商务网站上产品的销量,同时还可用于分析社交网络(如 Facebook、Twitter、微博)评论的内容主题。

4 基于产品评价特征的多样化搜索结果识别研究

4.1 问题描述

第 3 章通过深度挖掘消费者在线评论中隐含的细粒度产品特征，更加详细全面地分析了产品各个属性的消费者真实评价信息，从而构建出细化到产品属性层面的产品特征模型，本章的核心是基于前一章构建的产品特征模型开发一种通用性的为消费者提供多样化搜索结果的搜索框架。识别搜索结果首先要解决的问题就是如何测量具有不同类型属性的数据集中各个对象之间的相似性。在许多现实世界的电子商务应用中，数据对象通常具有数值属性和文本属性。数值属性通常可以描述产品或服务的价格、位置等信息，文本属性通常可以描述消费者对产品或服务的在线评论信息。正确处理数据集中不同类型的属性是检索结果识别的关键问题。为了简单起见，本书将具有数值和文本属性的数据表示为混合数据或具有混合属性的数据。因此，本章的工作主要包括以下两个方面：①构建混合数据的相似性度量；②构建多样化搜索结果的识别算法。在本章中，本书提出一种新颖的数据驱动方法，以提取原始搜索结果集合中的子集，该子集可以涵盖更多主题和内容。本书提出的数据驱动方法包含两个组成部分。第一部分着重对包含分类属性和数值属性的数据进行统一的相似性学习。在新的相似性度量中，文本属性和数值属性之间没有转换，这可以最好地保留属性值的原始信息。同时，本书将来自维基百科的外部知识和属性之间的交互关系建模到相似度学习过程中，从而显著提高了相似度估计的准确性。在第二部分中，本书开发了增强型密度峰值聚类（Enhanced Density Peaks Clustering，EDPC）算法，该方法无须人工设置模型参数，可以自动识别出覆盖内容更广的数据对象，并且该方法利用共享近邻（Shared Nearest Neighbor，SNN）重新定义了局部密度，这可以有效地解决长尾信息表现出的数据空间稀疏性问题和数据集密度的多变问题。图4-1给出了从具有混合属性的大规模数据集中提取多样化结果的数据驱动方法的总体框架，它的两个核心组件如图4-1的阴影部分所示。

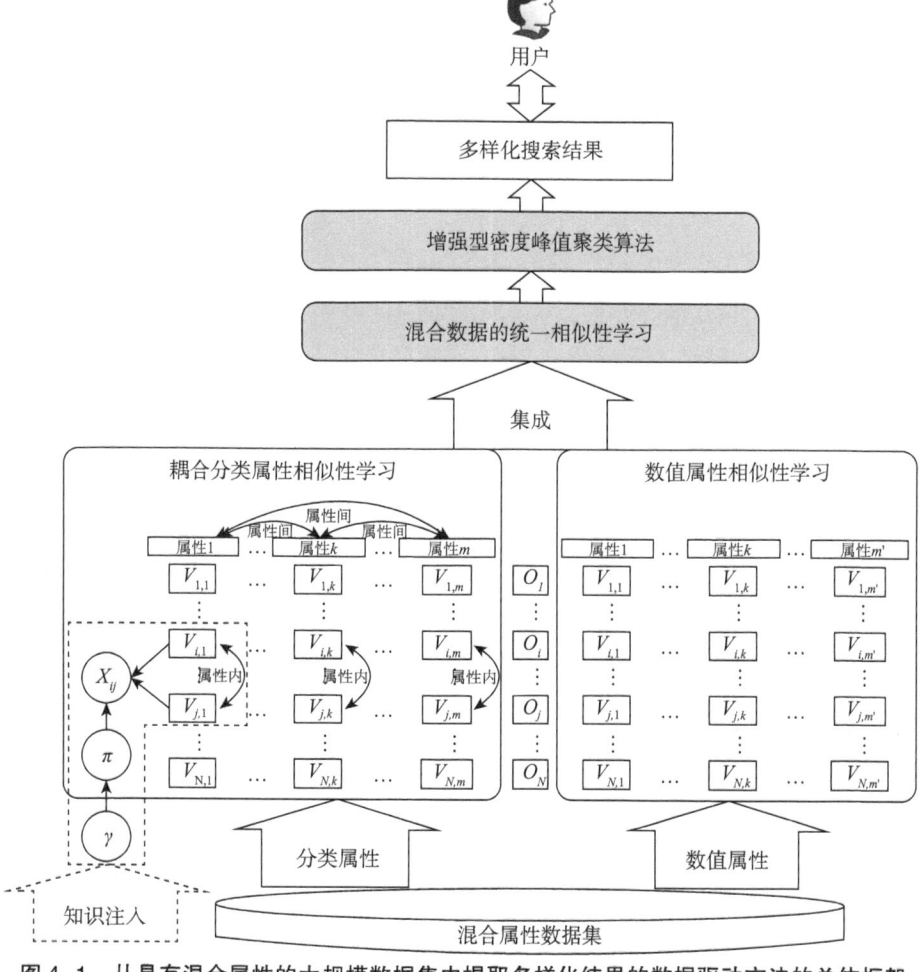

图4-1　从具有混合属性的大规模数据集中提取多样化结果的数据驱动方法的总体框架

本章的其余部分安排如下：第4.2节介绍了用于分类数据的耦合相似性学习的基本定义，并给出了密度峰值聚类算法（Density Peaks Clustering，

DPC）的简要说明；第 4.3 节提供了与混合数据统一相似性学习相关的定义和公式；第 4.4 节详细介绍了增强型密度峰值聚类（EDPC）算法的设计细节；第 4.5 节介绍了旨在评估所提出的数据驱动方法的有效性和效率的实验结果分析；第 4.6 节对本章的主要工作进行了总结。

4.2 预备知识

假设一个混合数据集有 N 个数据对象，则该数据集可以表示为 $O = \{o_1, o_2, \cdots, o_N\}$。每个对象 o_i 都有两个属性类型，即文本属性和数值属性，其数目分别为 m 和 m'。这样，一个具有混合属性的数据对象 o_i 就包含 $M(M = m + m')$ 个属性，其中 m 个文本属性由 $A^{(c)} = \{a_1^{(c)}, a_2^{(c)}, \cdots, a_m^{(c)}\}$ 表示；m' 个数值属性由 $A^{(z)} = \{a_1^{(z)}, a_2^{(z)}, \cdots, a_{m'}^{(z)}\}$ 表示。令 $V_k^{(c)}$ 表示第 k 个文本属性的属性值集合，$V_k^{(z)}$ 表示第 k 个数值属性的属性值集合。令 $v_{i,k}^{(c)}$ 表示数据对象 o_i 的第 k 个文本属性的属性值，$v_{i,k}^{(z)}$ 表示数据对象 o_i 的第 k 个数值属性的属性值。因此，可以将混合数据对象 o_i 表示为向量 $o_i = [v_{i,1}^{(c)}, v_{i,2}^{(c)}, \cdots, v_{i,m}^{(c)}, v_{i,1}^{(z)}, v_{i,2}^{(z)}, \cdots, v_{i,m'}^{(z)}]$。

由于本书提出的混合数据相似性学习方法是基于 Wang 等（2015）的工作拓展的，因此下面介绍 Wang 等（2015）定义的几个重要概念，它们构成了本书新的统一相似性度量的基础。为了更好地理解这些定义，本书使用表 4-1 所示的成人收入数据集来说明 Wang 等（2015）介绍的分类数据的耦合相似性学习问题。成人收入数据包含 5 个属性，即年龄、工资、性别、教育和职业，其中年龄和工资是数值属性，性别、教育和职业是文本属性，这 5 个属性分别可以标记为 $a_1^{(z)}$、$a_2^{(z)}$、$a_1^{(c)}$、$a_2^{(c)}$ 和 $a_3^{(c)}$。

表 4-1　成人收入数据集

数据对象	年龄	工资/元	性别	教育	职业	类别
o_1	28	638	Female	Doctor	Engineer	C_2
o_2	22	523	Female	Bachelor	Clerk	C_3
o_3	25	548	Female	Master	Clerk	C_3

续表

数据对象	年龄	工资/元	性别	教育	职业	类别
o_4	32	824	Female	Bachelor	Engineer	C_2
o_5	41	1022	Female	Bachelor	Manager	C_1
o_6	40	1287	Male	Doctor	Manager	C_1
o_7	26	912	Male	Master	Engineer	C_2
o_8	30	930	Male	Bachelor	Engineer	C_2

因为本节仅关注文本属性数据,所以 o_i 的上标 c 和 z 被省略不计,$v_{i,k}$ 默认为 $v_{i,k}^{(c)}$。

4.2.1 文本属性数据的相似性学习

定义4-1(集合信息函数,Set Information Function,SIF) 两个集合信息函数(Set Information Functions,SIFs)定义如下:

$$V_k^{'}(O^{'}) = \{v_{i,k} \mid o_i \in O^{'}\}; \tag{4-1}$$

$$O^{'}(V_k^{'}) = \{o_i \mid v_{i,k} \in V_k^{'}\}。\tag{4-2}$$

式中:$1 \leq i \leq N$,$1 \leq k \leq m$,$O^{'} \subseteq O$,$V_k^{'} \subseteq V_k$。

函数 $V_k^{'}(O^{'})$ 返回数据集 $O^{'}$ 中数据对象的第 k 个文本属性的属性值。函数 $O^{'}(V_k^{'})$ 返回第 k 个文本属性的属性值属于第 k 个文本属性值子集 $V_k^{'}$($V_k^{'} \subseteq V_k$)的数据对象集合。以表4-1为例,基于属性 $a_2^{(c)}$(教育),$V_2^{'}(\{o_1, o_2, o_3\}) = \{Doctor, Bachelor, Master\}$ 返回了数据对象 o_1、o_2 和 o_3 第2个文本属性的属性值,$O^{'}(\{Doctor, Master\}) = \{o_1, o_3, o_6, o_7\}$ 返回 $a_2^{(c)}$ 属性值为 Doctor 和 Master 的数据对象集合。

定义4-2(信息条件概率,Information Conditional Probability,ICP) 给定第 l 个属性的属性值子集 $V_l^{'}$($V_l^{'} \subseteq V_l$),以及对象 o_i 的第 k 个属性的属性值 $v_{i,k}$($v_{i,k} \in V_k$),则 $V_l^{'}$ 关于 $v_{i,k}$ 的信息条件概率(ICP)定义为:

$$P(V_l^{'} \mid v_{i,k}) = \frac{\mid O^{'}(V_l^{'}) \cap O^{'}(\{v_{i,k}\}) \mid}{\mid O^{'}(\{v_{i,k}\}) \mid}。\tag{4-3}$$

式中:$|\cdot|$ 表示集合中包含的元素数量。

直观上,ICP 检查的是属性为 a_l 的属性值属于集合 $V_l^{'}$ 且属性 a_k 的属性

值也恰好为给定的 $v_{i,k}$ 的公共对象的百分比。例如，

$$P(\{Female\} \mid \{Doctor\}) = \frac{|O'(\{Female\}) \cap O'(\{Doctor\})|}{|O'(\{Doctor\})|}$$

$$= \frac{|\{o_1, o_2, o_3, o_4, o_5\} \cap \{o_1, o_6\}|}{\{o_1, o_6\}}$$

$$= 0.5_\circ$$

定义 4-3（属性内相似度） 第 k 个属性的两个属性值 $v_{i,k}$ 和 $v_{j,k}$ 之间的属性内相似度定义为：

$$S_k^{la}(v_{i,k}, v_{j,k}) = \frac{|O'(\{v_{i,k}\})| \cdot |O'(\{v_{j,k}\})|}{|O'(\{v_{i,k}\})| + |O'(\{v_{j,k}\})| + |O'(\{v_{i,k}\})| \cdot |O'(\{v_{j,k}\})|} \circ$$

(4-4)

在表 4-1 中，$O'(\{Female\}) = \{o_1, o_2, o_3, o_4, o_5\}$，$O'(\{Male\}) = \{o_6, o_7, o_8\}$，则可以得出属性值 Female 和 Male 之间的属性内相似度：$S_1^{la}(Female, Male) = \frac{15}{23}$。

定义 4-4（基于另一个属性的属性间相似度） 根据第 l 个属性，第 k 个属性的两个属性值 $v_{i,k}$ 和 $v_{j,k}$ 之间的属性间相似度定义为：

$$\varphi_{k \mid l}^l(v_{i,k}, v_{j,k}) = \sum_{v_l \in \cap} \min\{P(\{v_l\} \mid v_{i,k}), P(\{v_l\} \mid v_{j,k})\}_\circ \quad (4-5)$$

式中：$v_l \in$ 表示 $v_l \in V_l'(O'(\{v_{i,k}\})) \cap V_l'(O'(\{v_{j,k}\}))$。

显然，定义 4-4 揭示了两个文本属性值之间相似性对其他属性的依赖性。例如，"性别"属性值"Female"和"Male"之间的相似性还取决于它们与"教育"属性之间的联系。在表 4-1 中，与"Female"和"Male"同时出现的"教育"属性的值是 Doctor、Master 和 Bachelor，即 $v_2 \in \{Doctor, Master, Bachelor\}$。下面给出了取决于"教育"属性的"Female"和"Male"之间的属性间相似度。

$$\varphi_{1 \mid 2}^l(Female, Male) =$$
$$\min\{P(\{Doctor\} \mid Female), P(\{Doctor\} \mid Male)\} +$$
$$\min\{P(\{Master\} \mid Female), P(\{Master\} \mid Male)\} +$$
$$\min\{P(\{Bachelor\} \mid Female), P(\{Bachelor\} \mid Male)\}$$
$$= \frac{11}{15}_\circ$$

基于定义 4-4，可以通过对除属性 a_k 以外的所有属性上的相对相似度进行积分，来计算第 k 个属性的两个属性值 $v_{i,k}$ 和 $v_{j,k}$ 之间的相似度。

定义 4-5（属性间相似度） 第 k 个属性的两个属性值 $v_{i,k}$ 和 $v_{j,k}$ 之间的属性间相似度定义为：

$$S_k^{le}(v_{i,k}, v_{j,k}) = \sum_{l=1, l \neq k}^{m} w_{k|l} \cdot \varphi_{k|l}^{I}(v_{i,k}, v_{j,k}) 。 \quad (4-6)$$

式中：$w_{k|l}$ 表示每个属性 a_j ($j \neq k$) 相对属性 a_k 的权重，且 $\sum_{l=1, l \neq k}^{m} w_{k|l} = 1$，$w_{k|l} \in [0, 1]$。

直观地，参数 $w_{k|l}$ 反映了属性 a_k 对属性 a_j 的依赖程度。Wang 等（2015）假设属性之间的相互作用是均匀分布的，即 $w_{k|l} = \frac{1}{m-1}$。回到表 4-1，属性值 Female 和 Male 的属性间相似度为：

$$S_1^{le}(Female, Male) = \sum_{l=1, l \neq 1}^{3} \frac{1}{2} \cdot \varphi_{1|l}^{I}(Female, Male) = \frac{1}{2} \cdot \frac{11}{15} + \frac{1}{2} \cdot \frac{3}{5} = \frac{2}{3} 。$$

定义 4-6（属性值的耦合相似性） 第 k 个属性的两个属性值 $v_{i,k}$ 和 $v_{j,k}$ 之间的耦合相似性定义为：

$$S_k(v_{i,k}, v_{j,k}) = S_k^{la}(v_{i,k}, v_{j,k}) \cdot S_k^{le}(v_{i,k}, v_{j,k}) 。 \quad (4-7)$$

根据上述计算结果，性别属性的两个属性值"Female"和"Male"之间的耦合相似性为：$S_1(Female, Male) = S_1^{la}(Female, Male) \cdot S_1^{le}(Female, Male) = \frac{15}{23} \cdot \frac{2}{3} = \frac{10}{23}$。

本章的最终目标是计算两个数据对象之间的相似度。Wang 等（2015）通过考虑所有属性的属性值之间的相似度之和，计算两个对象 o_i 和 o_j 之间的耦合相似性。

定义 4-7（数据对象的耦合相似度）：数据对象 o_i 和 o_j 之间的耦合相似度定义为：

$$S(o_i, o_j) = \sum_{k=1}^{m} S_k(v_{i,k}, v_{j,k}) 。 \quad (4-8)$$

式中：$i \geq 1$，$j \leq N$，$1 \leq k \leq m$。

例如，表 4-1 中对象 o_5 和 o_7 之间的耦合相似度（仅考虑文本部分）为：

$$S(o_5, o_7) = \sum_{k=1}^{3} S_k(v_{5,k}, v_{7,k}) = \frac{10}{23} + \frac{3}{7} + \frac{1}{2} \approx 1.363。$$

从以上内容可以看出，在学习两个属性值之间的相似度时，仅考虑两个值的共现频率有时会导致相似度被高估或低估。例如，根据定义4-3，"Female"和"Male"之间的属性内相似度为：$S_1^{Ia}(Female, Male) = \frac{15}{23}$，高于实际估计值。实际上，"Female"和"Male"这两个属性值之间的相似度非常低，甚至接近零。即使考虑属性之间的交互作用，"Female"和"Male"之间的耦合相似度也高达$\frac{10}{23}$，接近0.5。因此，对属性值之间相似度的错误估计最终将导致对两个数据对象之间相似度的错误估计。Wang等（2015）认为对属性值之间相似度估计不正确的另一个原因是，它们在属性间相似性学习中假设每两个属性都均匀地相互影响，这种假设与实际情况不同。事实上属性之间的交互影响程度是不同的。例如，"职业"属性值之间的相似性更可能受到"教育"属性的影响，而与"性别"属性之间的关联性较弱。因此，$w_{k|l} = \frac{1}{m-1}$是适合计算属性值之间相对于其他属性的属性相似性的。为了解决上述问题，本书将领域知识注入到属性内相似度学习过程中，并提出了信息增益比，以反映不同类别属性对属性间相似度的重要程度，这一措施显著提高了数据对象之间相似度学习的准确性。

4.2.2 密度峰值聚类算法

2014年，Rodriguez等在《科学》杂志上提出了一种新的基于密度的聚类算法——密度峰值聚类（Density Peaks Clustering, DPC）算法。与其他经典聚类算法同，[如k-means（Macqueen, 1967）、DBSCAN（Estor et al., 1996）、k-medoids（Kaufman et al., 2009）]相比，DPC算法不需要预先设置聚类数，并且在非球面分布数据上也能很好地工作。如此强大的性能使DPC算法可用于许多实际应用，如图像分割（Shi et al., 2017）、信息检索（Zhang et al., 2015）、消费者分割（Chen et al., 2017）。

DPC算法基于以下假设：簇中心周围的数据点具有较小的局部密度，并且两个簇中心点之间的距离相对较大。因此，DPC算法的核心是为每个数据对象o_i计算两个指标，即局部密度ρ_i、距离δ_i。令d_{ij}表示两个数据对象o_i

和 o_j 之间的距离，数据对象 o_i 的局部密度 ρ_i 定义如下：

$$\rho_i = \sum_j \chi(d_{ij} - d_c);$$

$$\chi(x) = \begin{cases} 1, & x < 0 \\ 0, & x \geq 0 \end{cases}。 \tag{4-9}$$

式中：$i \geq 1$，$j \leq N$，d_c 是截断距离。

在对整个数据集中任何两个对象之间的距离进行降序排列后，将前2%的值设置为截断距离 d_c。

下面给出了对象 o_i 与任何其他比对象 o_i 具有更大局部密度的对象之间的最小距离：

$$\delta_i = \min_{j:\, \rho_j > \rho_i}(d_{ij})。 \tag{4-10}$$

式中：$i \geq 1$，$j \leq N$。

在计算整个数据集中每个对象 o_i 的局部密度 ρ_i 及其与大局部密度数据对象的最小距离 δ_i 之后，使用决策指标 $\gamma_i = \rho_i \cdot \delta_i$ 来识别聚类中心，即将 ρ_i 和 δ_i 异常大的对象识别为聚类中心。由于 DPC 算法采用传统的距离测量方法（如欧几里得距离）来计算 ρ_i 和 δ_i，因此它很容易受到截断距离的影响，并且无法从密度变化剧烈的数据集中识别出有效的聚类中心。尽管最近已有研究开发了一些基于模糊的 DPC 算法［如 FKNN-DPC 算法（Xie et al., 2016）、Fuzzy-CFSFDP 算法（Bie et al., 2016）］来降低算法对截断距离的依赖性，但是这些算法不能很好地探索高维空间中数据的局部结构。在现实应用中，消费者大数据变得更加复杂，整个数据集的一部分可能非常密集，而另一部分可能非常稀疏（Ereveues et al., 2016）。为了解决这个问题，本书在共享近邻的基础上开发了新的局部密度 ρ_i 和最小距离 δ_i，以增强 DPC 算法在面对更复杂的数据时的性能。

本书提出的混合数据相似性学习方法和增强型密度峰值聚类算法用到的主要符号在表 4-2 中一一列出。

表 4-2 主要符号的总结

主要符号	释义
$O = \{o_1, o_2, \cdots, o_N\}$	具有 N 个数据对象的集合 O
$\{a_1^{(c)}, a_2^{(c)}, \cdots, a_m^{(c)}\}$	文本属性集合

续表

主要符号	释义
$\{a_1^{(z)}, a_2^{(z)}, \cdots, a_m^{(z)}\}$	数值属性集合
$V_k^{(c)}$	第 k 个文本属性的属性值集合
$V_k^{(z)}$	第 k 个数值属性的属性值集合
$O'\ (\subseteq O)$	数据集合 O 的子集
$V_k'\ (\subseteq V_k)$	属性值集合的子集
$o_i\ (\in O)$	集合 O 中的具体数据对象
$v_{i,k}^{(c)}$	数据对象 o_i 的第 k 个文本属性的属性值
$v_{i,k}^{(z)}$	数据对象 o_i 的第 k 个数值属性的属性值
$S_k^{KIa}(v_{i,k}^{(c)}, v_{j,k}^{(c)})$	文本属性值之间基于知识的属性内相似度
$S_k^{IIe}(v_{i,k}^{(c)}, v_{j,k}^{(c)})$	文本属性值之间基于信息增益的属性间相似度
$S^{(c)}(o_i, o_j)$	数据对象 o_i 和 o_j 在文本属性上的相似度
$S^{(z)}(o_i, o_j)$	数据对象 o_i 和 o_j 在数值属性上的相似度
$S(o_i, o_j)$	数据对象 o_i 和 o_j 在混合属性上的统一相似度
$SNN(i, j)$	数据对象 o_i 和 o_j 的共享近邻
ρ_i	数据对象 o_i 的局部密度
δ_i	数据对象 o_i 与任何其他比对象 O_i 具有更高局部密度的对象之间的最小距离
$\hat{\gamma}_i$	调整后的决策指标

4.3 混合数据的统一相似性度量问题研究

本节将详细介绍具有文本属性和数值属性的混合数据对象之间的统一相似性学习方法，如图 4-1 所示。首先，本书将领域知识注入到属性内相似性学习过程中，并提出信息增益比以反映不同的类别属性对属性间相似性的重要程度，这两步操作显著提高了文本属性值之间相似性估计的准确性；其次，通过考虑属性值之间的相似度总和，我们获得了数据对象在文本属性部分的相似性；最后，将数值属性和文本属性作为具有 $m+1$ 维的整体向量进行集成，以计算全局相似度。

4.3.1 基于知识的属性内相似性度量

根据第4.2.1节的分析，使用属性值共现频率计算出的属性内相似度有时可能会出错。为了提高属性值之间的属性内相似度估计的准确性，本书将领域知识注入到属性内相似性学习过程中。用于内部相似性学习的领域知识是从维基百科获得的，维基百科提供了非常大的领域独立的百科知识库和语义网络，用于计算单词之间的相似性，其覆盖范围比其他本体（Jiang et al., 2015）更多。因此，通过考虑来自维基百科的单词的外部知识，本书可以更好地评估文本属性值之间的语义相似性。

本书使用 Lu 等（2009）提出的使用维基百科的单词之间的语义相似性度量方法进行知识建构。基于维基百科，第 k 个文本属性上的属性值 $v_{i,k}^{(c)}$ 和 $v_{j,k}^{(c)}$ 之间的语义相似度可通过下式计算：

$$S_k^{Wiki}(v_{i,k}^{(c)}, v_{j,k}^{(c)}) = \cos(I, J) = \frac{I \cdot J}{\|I\|\|J\|} \text{。} \quad (4-11)$$

假设 $W = W_{v_{i,k}^{(c)}} \cup W_{v_{j,k}^{(c)}} = \{w_1, w_2, \cdots, w_n\}$，其中 $W_{v_{i,k}^{(c)}}$ 和 $W_{v_{j,k}^{(c)}}$ 是维基百科中预处理文本属性值 $v_{i,k}^{(c)}$ 和 $v_{j,k}^{(c)}$ 后的单词集合片段。让 TF_{il} 表示单词 $v_{i,k}^{(c)}$ 的片段中单词 w_l（$w_l \in W$）的词频，TF_{jl} 表示单词 $v_{j,k}^{(c)}$ 的片段中单词 w_l（$w_l \in W$）的词频，向量 I 和 J 的定义为：

$$I = [TF_{i1}, TF_{i2}, \cdots, TF_{in}];$$
$$J = [TF_{j1}, TF_{j2}, \cdots, TF_{jn}] \text{。}$$

然后，可以根据公式（4-11）通过余弦相似度计算基于外部知识的文本属性值之间的语义相似度。例如，基于 Lu 等（2009）的方法，表4-3中显示了在语义上与"Female"最相似的 10 个单词。从表 4-3 中可以看出，"Female"和"Male"之间基于知识的属性内相似度为 0.108，比基于频率的方法计算出的 0.652 要准确。

表 4-3　在语义上与"Female"最相似的 10 个单词

单词	相似词语	相似度
Female	Woman	0.967
Female	Women	0.837

续表

单词	相似词语	相似度
Female	Females	0.821
Female	Girl	0.562
Female	Girls	0.556
Female	Son	0.262
Female	Daughter	0.217
Female	Boy	0.187
Female	Man	0.153
Female	Male	0.108

已经有许多成熟的方法可以从维基百科挖掘知识，而且本书的重点是如何将领域知识注入到文本属性的相似性学习过程中。因此，本书不会更详细地讨论语义相似度计算过程。

从维基百科生成知识后，将获取的知识对 $(v_{i,k}^{(c)}, v_{j,k}^{(c)}, S_{Wiki}(v_{i,k}^{(c)}, v_{j,k}^{(c)}))$ 注入到属性内相似性学习阶段，如图 4-1 所示。尽管维基百科提供了大量的命名实体和专门定义，但由于分类数据集中存在许多消费者生成的内容，因此从维基百科中提取的知识不足以被使用到所有文本属性值之间的相似性学习过程中。因此，本书采用吉布斯采样算法从知识对或独立对中选择属性内相似度，这由具有超参数 γ 的伯努利分布 π 确定。这样，文本属性值 $v_{i,k}^{(c)}$ 和 $v_{j,k}^{(c)}$ 之间基于知识的属性内相似度可以表示为：

$$S_k^{KIa}(v_{i,k}^{(c)}, v_{j,k}^{(c)}) = \begin{cases} 1, & \text{if } v_{i,k}^{(c)} = v_{j,k}^{(c)} \\ S_k^{Ia}(v_{i,k}^{(c)}, v_{j,k}^{(c)}), & \text{if } v_{i,k}^{(c)} \neq v_{j,k}^{(c)} \text{ 且 } X_{i,j} = 0 \\ S_k^{Wiki}(v_{i,k}^{(c)}, v_{j,k}^{(c)}), & \text{if } v_{i,k}^{(c)} \neq v_{j,k}^{(c)} \text{ 且 } X_{i,j} = 1 \end{cases} \quad (4-12)$$

式中：$X_{i,j} = 1$ 表示 $v_{i,k}^{(c)}$ 和 $v_{j,k}^{(c)}$ 之间的属性内相似度是从知识对中采样得到的，$X_{i,j} = 0$ 表示 $v_{i,k}^{(c)}$ 和 $v_{j,k}^{(c)}$ 之间的属性内相似度是根据公式（4-4）计算得到的。

$X_{i,j}=1$ 的概率通过下式进行计算：

$$(X_{i,j}=1\mid X_{-(i,j)},\ \gamma)=\pi_{i,j}^{X_{i,j}}(1-\pi_{i,j})^{1-X_{i,j}}。 \quad (4-13)$$

式中：$\pi_{i,j}$ 是服从 Beta 分布且超参数 $\gamma=(\gamma_0,\gamma_1)$ 的后验概率，$X_{-(i,j)}$ 表示除 $v_{i,k}^{(c)}$ 和 $v_{j,k}^{(c)}$ 以外的所有文本属性值之间相似性的知识对或独立对分配。

$\pi_{i,j}$ 可通过下式进行估计：

$$\pi_{i,j}=\frac{\gamma_1+n_{i,j}^{(1)}}{\sum_{l=0}^{1}(\gamma_l+n_{i,j}^{(l)})}。 \quad (4-14)$$

式中：$n_{i,j}^{(1)}$ 是基于维基百科的知识计算出相似度的属性值对的数量，$n_{i,j}^{(0)}$ 是独立于知识的属性值对的数量。

4.3.2 基于信息增益的属性间相似性度量

在本小节中，本书提出用信息增益比率来反映不同文本属性对属性间相似度的重要性。

为了清楚说明本小节的内容，下面将首先介绍熵和条件熵的定义。

在信息论和统计学中，熵衡量的是随机变量的不确定性，随机变量的不确定性随着熵的增加而增加。

假设 X 是一个包含有限值的离散随机变量，即 $X=\{x_1,x_2,\cdots,x_n\}$，其概率分布为 $P(X=x_i)=p_i$，$i=1,2,\cdots,n$。随机变量 X 的熵定义为：

$$H(X)=-\sum_{i=1}^{n}p_i\cdot\log p_i。 \quad (4-15)$$

假设 (X,Y) 是一个离散随机变量，并且其联合概率分布为 $(X=x_i,Y=y_j)=p_{ij}$。其中，$i=1,2,\cdots,n$；$j=1,2,\cdots,m$。条件熵 $H(Y\mid X)$ 表示给定随机变量 X 时随机变量 Y 的不确定性，其定义为：

$$H(Y\mid X)=\sum_{i=1}^{n}p_i\cdot H(Y\mid X=x_i)。 \quad (4-16)$$

式中：$p_i=P(X=x_i)$，$i=1,2,\cdots,n$。

本书中的信息增益揭示了在给定文本属性 a_l 信息的情况下文本属性 a_k 信息不确定性的减少程度，定义为：

$$g_{k\mid l}^{(c)}=H(V_k^{(c)})-H(V_k^{(c)}\mid V_l^{(c)})。 \quad (4-17)$$

式中：$V_k^{(c)}$ 是文本属性 $a_k^{(c)}$ 的属性值集合，$V_l^{(c)}$ 是文本属性 $a_l^{(c)}$ 的属性值集合。

假设属性 $a_k^{(c)}$ 具有 n_k 个不同的属性值，即 $V_k^{(c)} = \{v_{k,1}, v_{k,2}, \cdots, v_{k,n_k}\}$，同样，$V_l^{(c)} = \{v_{l,1}, v_{l,2}, \cdots, v_{l,n_l}\}$。信息增益可以按照如下步骤计算：

$$H(V_k^{(c)}) = -\sum_{k,i=1}^{n} \frac{|O'(\{v_{k,i}\})|}{N} \cdot \log \frac{|O'(\{v_{k,i}\})|}{N};$$

$$H(V_k^{(c)} | V_l^{(c)}) = -\sum_{l,i=1}^{n} \frac{|O'(\{v_{l,i}\})|}{N} \cdot \sum_{k,j=1}^{n} \frac{|O'(\{v_{l,i}\}) \cap O'(\{v_{k,j}\})|}{|O'(\{v_{l,i}\})|} \cdot$$

$$\log \frac{|O'(\{v_{l,i}\}) \cap O'(\{v_{k,j}\})|}{|O'(\{v_{l,i}\})|};$$

$$g_{k|l}^{(c)} = H(V_k^{(c)}) - H(V_k^{(c)} | V_l^{(c)})_\circ$$

式中：$|\cdot|$ 表示集合中所包含元素的数量。

例如，回到表4-1，当给定"教育"属性时，"性别"属性的信息增益可计算如下：

$$H(V_1^{(c)}) = -\frac{5}{8} \cdot \log \frac{5}{8} - \frac{3}{8} \cdot \log \frac{3}{8} = 0.287;$$

$$H(V_1^{(c)} | V_2^{(c)}) = -\left[\frac{2}{8} \cdot \left(\frac{1}{2} \cdot \log \frac{1}{2} + \frac{1}{2} \cdot \log \frac{1}{2}\right) + \right.$$

$$\frac{2}{8} \cdot \left(\frac{1}{2} \cdot \log \frac{1}{2} + \frac{1}{2} \cdot \log \frac{1}{2}\right) +$$

$$\left.\frac{4}{8} \cdot \left(\frac{3}{4} \cdot \log \frac{3}{4} + \frac{1}{4} \cdot \log \frac{1}{4}\right)\right]$$

$$= 0.273;$$

$$g_{1|2}^{(c)} = H(V_1^{(c)}) - H(V_1^{(c)} | V_2^{(c)}) = 0.014_\circ$$

从公式（4-17）可以得到给定每个属性后的文本属性 a_k 的信息增益，进而可以将属性 a_k 依赖属性 a_j 的信息增益比定义为：

$$r_{k|l}^{(c)} = \frac{g_{k|l}^{(c)}}{\sum_{l=1, l\neq k}^{m} g_{k|l}^{(c)}}_\circ \tag{4-18}$$

根据公式（4-17），我们可以分别根据"教育"属性和"职业"属性来计算"性别"属性的信息增益，如下所示：

$$g_{1|2}^{(c)} = H(V_1^{(c)}) - H(V_1^{(c)} | V_2^{(c)}) = 0.014;$$

$$g_{1|3}^{(c)} = H(V_1^{(c)}) - H(V_1^{(c)} | V_3^{(c)}) = 0.061_\circ$$

然后，可以通过公式（4-18）来计算"性别"属性依赖"教育"属性和"职业"属性的信息增益比：

$$r_{1|2}^{(c)} = \frac{0.014}{0.014 + 0.061} = \frac{14}{75};$$

$$r_{1|3}^{(c)} = \frac{0.061}{0.014 + 0.061} = \frac{61}{75}。$$

上式的计算结果也是符合现实的，即"性别"与"职业"的相关性要高于其与"教育"的相关性。

因此，本书使用信息增益比 $r_{k|l}^{(c)}$ 代替公式（4-6）中的参数 $w_{k|l}$，基于信息增益的属性间相似度表示为：

$$S_k^{IIe}(v_{i,k}^{(c)}, v_{j,k}^{(c)}) = \sum_{l=1, l \neq k}^{m} r_{k|l}^{(c)} \cdot \varphi_{k|l}^{I}(v_{i,k}^{(c)}, v_{j,k}^{(c)})。 \quad (4-19)$$

式中：$\sum_{l=1, l \neq k}^{m} r_{k|l}^{(c)} = 1, r_{k|l}^{(c)} \in [0, 1]$。

根据上面的公式，可以计算"Female"和"Male"两个属性值之间基于信息增益的属性间相似度：

$$S_1^{IIe}(Female, Male) = \sum_{l=1, l \neq 1}^{3} r_{k|l}^{(c)} \cdot \varphi_{1|l}^{I}(Female, Male)$$

$$= \frac{14}{75} \cdot \frac{11}{15} + \frac{61}{75} \cdot \frac{3}{5} \approx 0.625。$$

4.3.3 数据对象在文本属性上的相似性度量

到目前为止，本书已经改进了 Wang 等（2015）开发的属性内相似度和属性间相似度学习方法。基于知识的属性内相似度强调从维基百科注入外部知识，以更多地关注文本属性值之间的语义相似度，其目的是提高文本属性值的相似度学习的准确性。基于信息增益的属性间相似度着眼于探索不同类别属性对属性间相似度的贡献，它更贴合实际。基于以上分析，本书将定义 4-6 中的属性值的耦合相似度重新表示为：

$$S_k^{(c)}(v_{i,k}^{(c)}, v_{j,k}^{(c)}) = S_k^{KIa}(v_{i,k}^{(c)}, v_{j,k}^{(c)}) \cdot S_k^{IIe}(v_{i,k}^{(c)}, v_{j,k}^{(c)})。 \quad (4-20)$$

考虑到所有属性的属性值 $v_{i,k}^{(c)}$ 和 $v_{j,k}^{(c)}$ 之间的相似度总和，我们可以通过下式计算对象 o_i 和 o_j 之间在文本属性部分的相似度：

$$S^{(c)}(o_i, o_j) = \frac{1}{m} \cdot \sum_{k=1}^{m} S_k^{(c)}(v_{i,k}, v_{j,k})。 \quad (4-21)$$

回到表 4-1，对象 o_5 和 o_7 之间在文本属性上的相似度为：

$$S^{(c)}(o_5, o_7) = \frac{1}{3} \cdot \sum_{k=1}^{3} S_k^{(c)}(v_{5,k}^{(c)}, v_{7,k}^{(c)})$$

$$= \frac{1}{3} \cdot (0.068 + 0.675 + 0.559) = 0.434_\circ$$

4.3.4 数据对象在数值属性上的相似性度量

有多种距离度量方法（如 Minkowski 距离、欧几里得距离、马氏距离）可用来反映仅包含数值属性的数据对象之间的差异性。通过转换可以很容易将相异度转换为相似度。因此，数值属性上的两个数据对象 o_i 和 o_j 之间的相似度可以通过下式计算：

$$S^{(z)}(o_i, o_j) = \exp(-d(o_i, o_j))_\circ \qquad (4-22)$$

式中：$d(o_i, o_j)$ 表示数据对象 o_i 和 o_j 之间在数值属性上的欧几里得距离，即 $d(o_i, o_j) = \sqrt{\sum_{k=1}^{m'} (v_{i,k}^{(z)} - v_{j,k}^{(z)})^2}$。

4.3.5 混合数据的统一相似性度量

与传统的相似性度量方法不同，本书将两个数据对象的文本属性部分上和数值属性部分上的相似性一起处理。如前所述，两个数据对象 o_i 和 o_j 之间在文本属性上的相似度为所有文本属性值 $v_{i,k}^{(c)}$ 和 $v_{j,k}^{(c)}$ 之间的相似度之和（$1 \leq k \leq m$）。数值属性部分的相似性可以视为文本属性中属性值的相似性。因此，用于学习具有混合属性的数据对象之间的统一相似性的维数为 $m + 1$。令 $S^{(c)}(o_i, o_j)$ 表示两个对象 o_i 和 o_j 之间在文本属性上的相似性，$S^{(z)}(o_i, o_j)$ 表示两个对象 o_i 和 o_j 之间在数值属性上的相似性，可如下计算两个数据对象之间的统一相似性：

$$(o_i, o_j) = \frac{1}{m+1} \cdot \left(\sum_{k=1}^{m} S_k^{(c)}(v_{i,k}, v_{j,k}) + S^{(z)}(o_i, o_j) \right)$$

$$= \frac{1}{m+1} \cdot \sum_{k=1}^{m} S_k^{(c)}(v_{i,k}, v_{j,k}) + \frac{1}{m+1} \cdot S^{(z)}(o_i, o_j)$$

$$= \frac{m}{m+1} \cdot \frac{1}{m} \cdot \sum_{k=1}^{m} S_k^{(c)}(v_{i,k}, v_{j,k}) + \frac{1}{m+1} \cdot S^{(z)}(o_i, o_j)_\circ$$

根据公式（4-21），最后得到混合数据的统一相似性度量方法：

$$S(o_i, o_j) = \frac{m \cdot S^{(c)}(o_i, o_j) + S^{(z)}(o_i, o_j)}{m+1}_\circ \qquad (4-23)$$

算法4-1总结了混合数据的统一相似性学习。

算法4-1　混合数据的统一相似性学习

Inputs：

The dataset O

Outputs：

Similarity matrix

Steps：

1. Calculate the knowledge-based intra-attribute similarity between categorical attribute values according to formula (4-12)
2. Calculate the information gain-based inter-attribute similarity between categorical attribute values according to formula (4-19)
3. Calculatethe similarity between objects o_i and o_j on categorical part according to formula (4-21)
4. Calculate the similarity between objects o_i and o_j on numeric part according to formula (4-22)
5. Calculate the unified similarity between objects o_i and o_j according to formula (4-23)

4.4　多样化搜索结果识别算法构建

4.4.1　算法描述

在本小节中，本书将开发一种增强型密度峰值聚类（Enhanced Density Peaks Clustering，EDPC）算法，用来根据相似度从整个数据集 O 中识别出多样化的数据对象。

正如本书在第4.3节中介绍的那样，基本的DPC算法采用传统的距离度量方法来计算 ρ_i 和 δ_i，它们无法从密度急剧变化的数据集中有效识别出个别聚类中心。图4-2为具有不同局部密度的数据集，显然，数据集 O 中存在两个具有相似数据分布的簇，并且数据对象 o_1 和 o_2 是聚类中心。区别在于簇2中的数据点比簇1中的数据点更稀疏。令截断距离 d_c 为 ε，根据公式（4-9），数据对象 o_1 的局部密度 ρ_1 为9，但是数据对象 o_2 的局部密度只有1。因此，基本的DPC算法无法将对象 o_2 识别为聚类中心。为了解决数据稀疏性带来的这一问题，本书基于共享近邻开发了新的局部密度 ρ_i 和距离 δ_i 的表达式，目标是可以更好地发现高维空间中稀疏数据的局部结构。

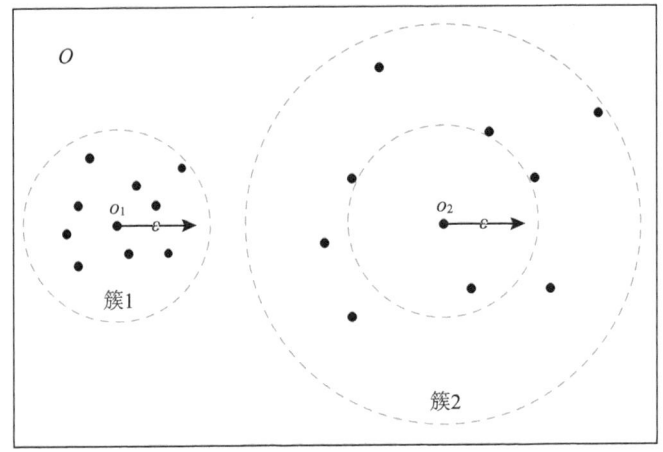

图 4-2 具有不同局部密度的数据集

共享近邻（SNN）的定义如下。

定义 4-8（共享近邻） 对象 o_i 和对象 o_j 的共享近邻是它们各自的 k 个最近邻居共享的数据对象的集合，其定义为：

$$SNN(i, j) = N_k(i) \cap N_k(j)。 \qquad (4-24)$$

式中：$N_k(i)$ 是对象 o_i 的 k 个最近邻居的集合，而 $N_k(j)$ 是对象 o_j 的 k 个最近邻居的集合。

两个数据点之间的共享近邻示意如图 4-3 所示。数据对象 o_1 和 o_2 各有 6 个最近邻居。这些邻居中的 3 个灰色数据点是数据对象 o_1 和 o_2 的共享近邻。

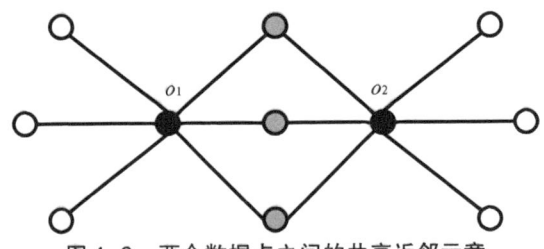

图 4-3 两个数据点之间的共享近邻示意

SNN 提供了一种基于以下原理的相似性度量方法：如果两个点与许多相同的点相似，则它们彼此相似（Tan et al., 2016）。

根据上述原理，基于 SNN 的 EDPC 算法的基本思想是：数据点与其 k 个最近邻居共享的点越多，则它越有可能成为聚类中心。

因此，本书基于 SNN 开发了一种新的局部密度测量方法，如下所示。

定义 4-9（基于 SNN 的局部密度） 基于数据对象 o_i 的共享近邻的局部密度定义为：

$$\rho_i = \sum_{j \in N_k(i)} |SNN(i, j)|_\circ \tag{4-25}$$

式中：$N_k(i)$ 是数据对象 o_i 的 k 个近邻的集合，$|\cdot|$ 表示集合中包含元素的数量。

图 4-4 以图 4-2 中的簇 2 为例，说明了基于 SNN 的局部密度计算示意。假设 $k=4$，则对象 o_2 的 4 个最近邻居用灰色标记。o_3 是对象 o_2 的 4 个最近邻居之一。从图 4-4 可以容易地获得 o_2 和 o_3 的 SNN 为 $\{o_4, o_5\}$，则 $|SNN(2, 3)|=2$。同样，我们可以分别获取 o_2 和其他最近邻居的 SNN：$SNN(2, 4) = \{o_3\}$，$SNN(2, 5) = \{o_3\}$，$SNN(2, 6) = \{o_4\}$。因此，对象 o_2 基于 SNN 的局部密度为：$\rho_2 = \sum_{j \in N_4(2)} |SNN(2, j)| = 5$。回到图 4-2，还可以基于对象 o_1 的 SNN 获得局部密度。令人兴奋的是 o_1 和 o_2 具有相同的局部密度，这是基本 DPC 算法无法获得的。同时，基于 SNN 的 o_3、o_4、o_5 和 o_6 的局部密度分别为 3、2、2、1，这表明基于 SNN 的局部密度可以将聚类中心与其他数据对象区分开。

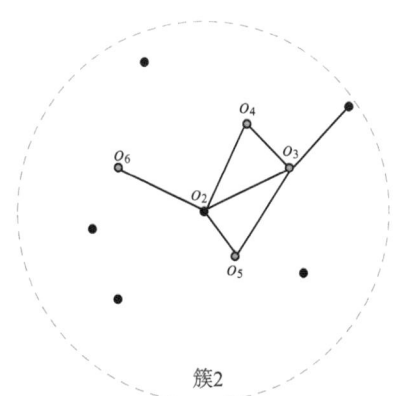

图 4-4 基于 SNN 的局部密度计算示意

通常，基于 SNN 的局部密度考虑了数据空间中对象的局部结构，从而使 EDPC 算法对空间密度和维度的变化相对不敏感。

除了局部密度 ρ_i 之外，对象 o_i 与任何其他具有较大局部密度的对象之间的

最小距离 δ_i 也是判断对象是否为聚类中心的另一个重要指标。但是，密度的变化可能会导致决策指标 $\gamma_i = \rho_i \cdot \delta_i$ 错误地识别聚类中心。例如，回到图 4-2，簇 2 中数据对象之间的距离远大于簇 1 中数据点之间的距离。簇 2 中边界点的局部密度可能很小，但是边界点与其他任何具有较高局部密度的点之间的距离都很大，这可能会导致 γ_i 变大。尽管 o_1 具有相对较大的局部密度，但其周围的点之间的距离非常小，这可能使决策指标 γ_1 几乎与簇 2 中边界点的决策指标一样大，甚至比其更小。这样，数据点 o_1 不能有效地识别为聚类中心。

为了解决这一问题，本书通过考虑邻域中数据对象之间的距离，在 δ_i 中引入一种惩罚机制。

定义 4-10（与具有较大局部密度的对象之间的最小距离） 通过考虑邻域中数据对象之间的距离，对象 o_i 与任何其他具有较大局部密度的对象之间的最小距离定义为：

$$\delta_i = \min_{j:\, \rho_j > \rho_i} \frac{k \cdot d_{ij}}{\sum_{l \in N_k(i)} d_{il} + \sum_{l \in N_k(j)} d_{jl}}。 \quad (4\text{-}26)$$

式中：d_{ij} 表示数据对象 o_i 和 o_j 之间的距离，$N_k(i)$ 表示数据对象 o_i 的 k 个最近邻居的集合。

总之，当整个数据集的密度发生巨大变化时，通过考虑点的邻居信息来计算与较大密度的数据对象之间的最小距离更为公平。

为了更好地自动区分聚类中心，本书提出了一种具有较高区分度的调整后的决策指标：

$$\widehat{\gamma_i} = \frac{\gamma_i - E(\gamma)}{\max(\gamma_i) - E(\gamma)}。 \quad (4\text{-}27)$$

式中：$E(\gamma)$ 和 $\max(\gamma_i)$ 分别是所有数据点的决策指标的平均值和最大值，$-1 \leq \widehat{\gamma_i} \leq 1$。一个对象调整后的决策指标越大，它越可能成为聚类中心。

算法 4-2 总结了本书提出的 EDPC 算法。

算法 4-2 EDPC 算法

Inputs：

The dataset O, the parameter k

Outputs：

The set of cluster centers O'

Steps：

1. Find the k-nearest neighbors of all data objects
2. Calculate the local density based on SNN, ρ_i, for each data object according to formula (4-25)
3. Calculate the minimum distance from larger density object, δ_i, for each data object according to formula (4-26)
4. Identify representative objects according to formula (4-27)

4.4.2 复杂度分析

为了与上述符号一致，N 表示数据集 O 中的对象数，k 表示最近邻居的数。在步骤 1 中，EDPC 需要花费 $O(N^2)$ 计算邻近度才能为每个数据对象创建 k 个最近邻居列表。因此，基于 SNN 为每个数据对象计算新的局部密度花费 $O(kN^2)$。但是，可以使用几种特殊技术（如 k-d 树）来更有效地构建 k 个最近邻居，而无须在某些类型的数据（如低维数据）上计算整个相似度矩阵。因此，EDPC 算法的时间复杂度可以从 $O(kN^2)$ 降低到 $O(kN\log N)$。通常，k 远小于 N，EDPC 算法的时间复杂度可以达到最佳 $O(N\log N)$，优于基本 DPC 算法的时间复杂度 $O(N^2)$ 和 FKNN-DPC 算法时间复杂度的 $O(N^2)$。EDPC 算法的空间复杂度仅为 $O(kN)$，因为它只需要存储每个数据对象的 k 个最近邻居，而不是数据集的整个相似性矩阵。

4.5 实验结果分析

在本节中，根据 UCI 数据集、人工数据集和从实际应用中获得的不同大规模真实数据集对本书提出方法的性能进行了实验，以评估从大型数据集提取代表性信息的数据驱动搜索框架（DDRep）的有效性。实验经过专门设计以验证以下几个方面：①第 4.3 节提出的混合数据的统一相似性度量的有效性；②第 4.4 节提出的 EDPC 算法的性能；③与其他方法相比，本书中提出的数据驱动搜索框架的有效性和优越性。本书中实验的所有算法均在具有 4.00 GB RAM 的 Intel Core i3-4150 3.50 GHz PC 上使用 Python 语言实现。

4.5.1 混合数据的统一相似性学习的性能评估

本小节中的第一个实验旨在验证由基于知识的属性内相似度和基于信息增益的属性间相似度组成的耦合对象相似度的有效性。

本小节选择了 3 个典型的对象相似性度量指标作为实验基准。

（1）SMC（Huang，1998）。SMC 仅使用 0 和 1 来分别测量不同和相同类别值之间的相似性。

（2）OF（Lin，1998）。OF 通过估计单词共现频率来衡量两个文本属性值之间的相似度。

（3）CASO（Wang et al.，2014）。CASO 集成了属性内相似度和属性之间值共现的属性间相似度来度量对象相似度。

通过与上述 3 个对象相似性指标进行比较，本小节研究了本书提出的数据对象在文本属性上的相似性学习（OSCP）的有效性。本小节采用 Wang 等（2015）使用的两个指数，即 Davies-Bouldin 指数（DBI）和 Dunn 指数（DI），来衡量 4 个对象相似性质量指标的性能优劣。DBI 和 DI 是两个常见的内部索引，在数据结构未知的情况下，它们可以很好地评估集群结构。更好的集群结构代表更好的相似性度量，并且集群结构越好，DBI 越低或 DI 越高。本节在 6 个不同大小的 UCI 数据集下进行实验。用于比较分类数据相似性度量性能的数据集如表 4-4 所示。

表 4-4 用于比较分类数据相似性度量性能的数据集

数据集	属性个数	大小/行	属性类型
Breast Cancer	9	286	Categorical
Soybean	35	307	Categorical
Car Evaluation	6	1728	Categorical
Chess	36	3196	Categorical
Nursery	8	12 960	Categorical
Connectionist Bench	4	20 008	Categorical

4个相似性度量指标在不同数据集上的性能对比如图4-5所示。从图4-5中，可以明显看出，在4个相似性度量指标中，SMC在6个数据集的表现最差。这是因为SMC的简单0-1匹配导致原始文本属性的大量信息丢失，从而无法产生更好的集群结构。OF通过考虑值共现来度量对象之间的相似性，这使OF的性能比SMC稍好。CASO产生的结果比OF和SMC更好，但仍落后于本书中提出的OSCP。事实证明，将领域知识注入到属性内相似性学习过程中及将信息增益比添加到属性间相似性学习过程中显著提高了数据对象之间相似度估计的准确性。

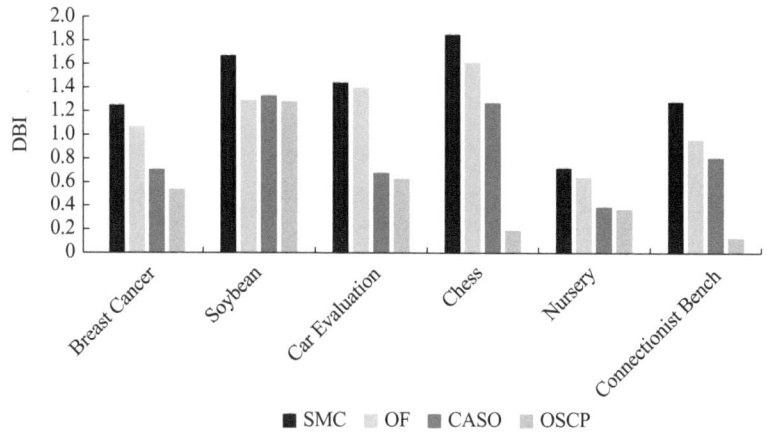

（a）4个相似性度量指标在不同数据集上的Davies-Bouldin指数

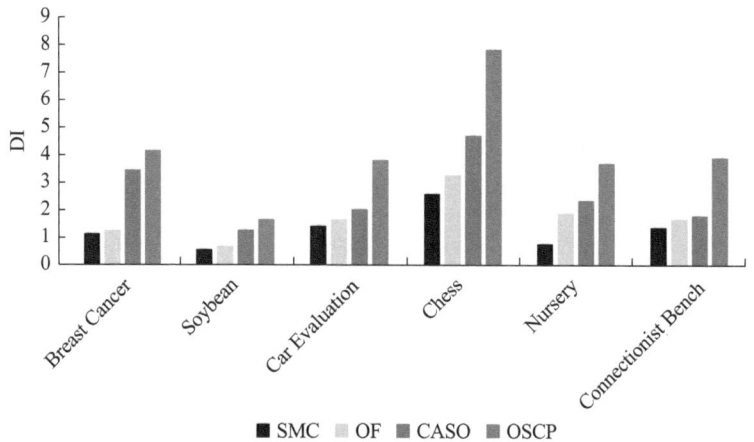

（b）4个相似性度量指标在不同数据集上的Dunn指数

图4-5　4个相似性度量指标在不同数据集上的性能对比

第二个实验旨在验证本书提出的统一相似性学习方法的优越性。本小节采用4种具有分类属性和数值属性的数据对象相似性学习的最新技术方法作为基准。

（1）k-prototype（Huang，1998）。k-prototype将质心定义为数值属性值的平均值和文本属性中频率最高的属性，并使用误差平方和SMC来测量质心和对象之间的差异。

（2）k-centers（Zhao et al.，2007）。k-centers通过考虑具有不同频率的属性值对聚类精度的影响，提出了一种质心更新的新方法。

（3）KL-FCM-GM（Chatzis，2011）。KL-FCM-GM结合均值和模糊质心来表示原型，有效地提高了边界数据对象分类的准确性。

（4）k-partitioning（Choi et al.，2017）。k-partitioning利用数据对象之间的随机距离来消除虚拟质心。

通过与上述4种处理混合数据的方法进行比较，本小节研究了本书提出的USL的有效性。

参考文献［161］中总结了3个用于验证聚类有效性的外部指标，即聚类准确性（CA）、调整兰德指数（ARI）和归一化互信息（NMI），以评估聚类结果的质量。CA计算正确聚类的数据对象的百分比，并且CA越大，聚类结果越好。ARI测量两个数据分布的匹配程度。ARI越大，聚类结果与实际情况越一致。NMI旨在测量两个随机变量之间的相关程度，并且较高的NMI表示较好的聚类性能。本小节在包含混合属性的6个UCI标记数据集上执行聚类质量比较实验。表4-5总结了用于比较混合数据相似性度量性能的数据集。k-prototype、k-centers、KL-FCM-GM和k-partitioning需要指定聚类数，本小节将每个数据集中的标签数设置为4种方法在每个数据集上测试时的聚类数。除了簇的数量，每种方法都有自己需要设置的特定参数。为了确保实验结果的可靠性，本书在每个数据集上测试各种参数，然后选择性能最佳的参数。对每个数据集的CA、ARI和NMI进行了50次测试。

表4-5 用于比较混合数据相似性度量性能的数据集

数据集	属性个数	大小/行	属性类型
Credit Approval	15	690	Categorical, Integer, Real
Annealing	38	798	Categorical, Integer, Real
Abalone	8	4177	Categorical, Integer, Real
Thyroid Disease	11	7200	Categorical, Real
Internet Usage	72	10 104	Categorical, Integer
Census Income	14	48 842	Categorical, Integer

图4-6显示了各种相似性度量方法在不同混合属性数据集上的性能对比。很明显，在大多数情况下，本书所提出的方法优于其他方法。此外，从图4-6中显示的标准偏差的误差线中，可以看到USL的性能变化幅度小于其他4种方法，这表明该方法在具有不同属性类型的数据集上表现更为稳定。

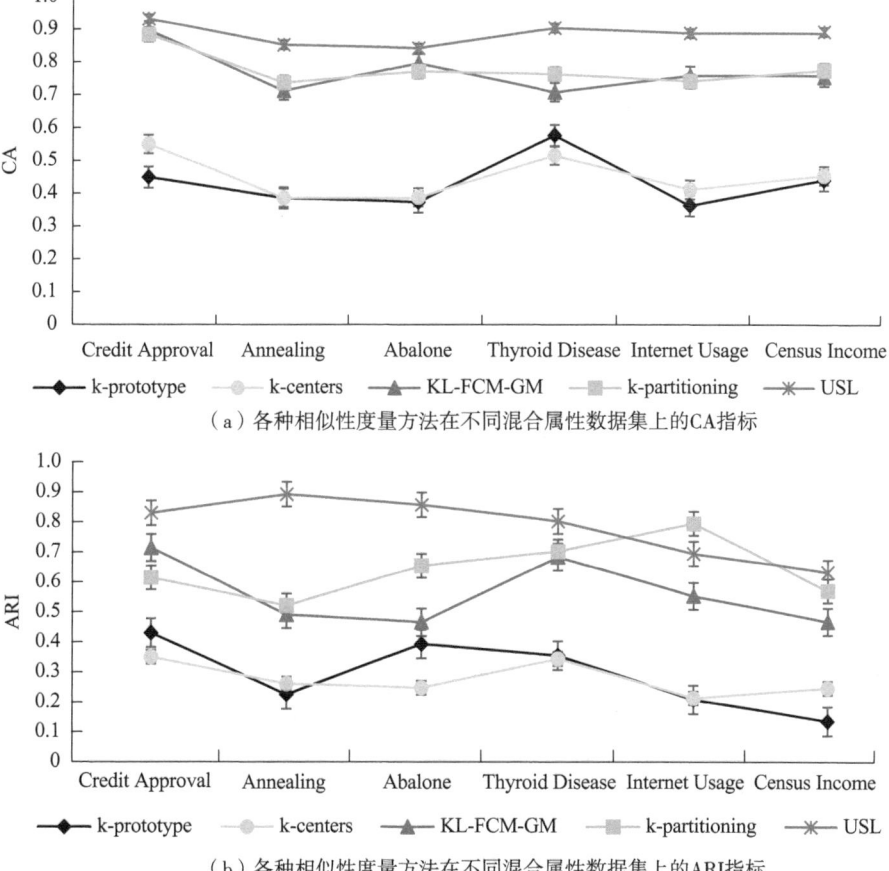

（a）各种相似性度量方法在不同混合属性数据集上的CA指标

（b）各种相似性度量方法在不同混合属性数据集上的ARI指标

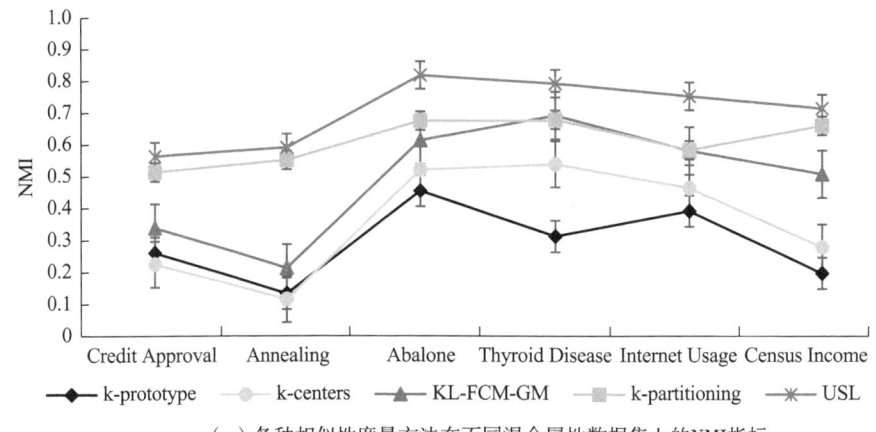

（c）各种相似性度量方法在不同混合属性数据集上的NMI指标

图 4-6　各种相似性度量方法在不同混合属性数据集上的性能对比

4.5.2　EDPC 算法的性能评估

在本小节中，第一个实验旨在检查 EDPC 算法识别具有不同密度的数据集上的聚类的能力。本小节选择第 4.2 节中介绍的 3 种基于密度的聚类算法作为比较基准。

（1）DBSCAN 算法（Ester et al.，1996）。DBSCAN 算法将特定点的密度定义为该点的指定半径 Eps 内的数据点数，然后根据密度将数据点分为核心点、边界点和背景点。此方法易于实现，但是很容易受到半径选择的影响。

（2）DPC 算法（Rodriguez et al.，2014）。DPC 算法以与 DBSCAN 算法相同的方式估算数据点的密度。DPC 算法构造了两个新颖的指标，即局部密度 ρ_i 和距较大密度点的最小距离 δ_i，以选择聚类中心。

（3）FKNN-DPC 算法（Xie et al.，2016）。FKNN-DPC 算法通过使用模糊加权的 k-近邻来改进 DPC 算法，有效消除了截断距离选择值对聚类结果的影响。

同样，本小节实验采用 CA、ARI、NMI 来验证提出的 EDPC 算法在 6 个具有不同聚类数目且分离良好的人工数据集上的性能。图 4-7 显示了具有不同聚类数目的 6 个人工数据集。每个数据集中的簇具有不同的大小和密度。各种算法在人工数据集上的聚类结果如表 4-6 所示。表 4-6 中的粗体字表示最佳结果。显然，EDPC 算法的性能比其他算法要出色。而且，通过 EDPC 算法获得的结果不受数据集大小和密度变化的影响。这是因为 EDPC 算法中采用的 SNN 仅取决于两个对象共享的最近邻居的数量,并且与这些邻居到每个对象的距离无关,这使 EDPC 算法对数据集密度的变化不敏感。由于 DBSCAN 算法和 DPC 算法使用距离直接测量相似度,因此它们无法适应数据集密度的变化。从所有数据集计算出的 CA、ARI 和 NMI 对比指标可以看出,FKNN-DPC 算法均优于 DBSCAN 算法和 DPC 算法,这表明 FKNN-DPC 算法中使用的模糊方法是有效的。显然,在大多数情况下,EDPC 算法比 FKNN-DPC 算法取得的结果更好,并且它可以正确识别 6 个合成数据集中的所有聚类。

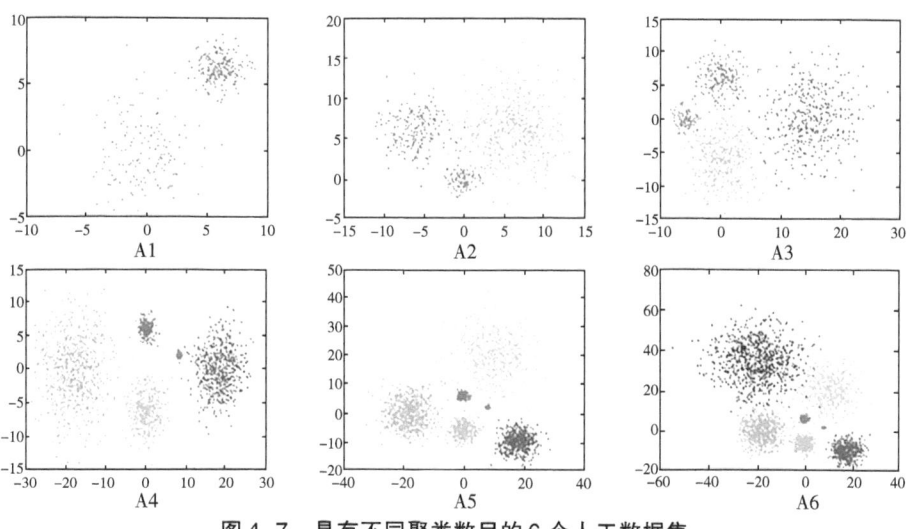

图 4-7　具有不同聚类数目的 6 个人工数据集

表 4-6　各种算法在人工数据集中的聚类结果

算法		数据集					
		A1	A2	A3	A4	A5	A6
DBSCAN	CA	0.718	0.865	0.819	0.714	0.695	0.636
	ARI	0.671	0.629	0.664	0.474	0.517	0.451
	NMI	0.573	0.403	0.418	0.364	0.313	0.304
	N_a/N_f	2/2	3/2	4/3	5/2	6/4	7/4
DPC	CA	0.524	0.417	0.663	0.541	0.368	0.416
	ARI	0.637	0.615	0.519	0.574	0.503	0.306
	NMI	0.415	0.436	0.318	0.349	0.425	0.362
	N_a/N_f	2/1	3/2	4/2	5/2	6/3	7/3

续表

算法		数据集					
		A1	A2	A3	A4	A5	A6
FKNN-DPC	CA	**1.000**	**0.985**	0.805	0.903	0.850	0.863
	ARI	0.947	0.889	0.927	**0.931**	0.911	0.899
	NMI	0.813	**0.948**	0.953	0.815	0.834	0.809
	N_a/N_f	2/2	3/3	4/3	5/4	6/4	7/7
EDPC	CA	**1.000**	0.983	**0.979**	**0.964**	**0.951**	**0.933**
	ARI	**0.958**	**0.942**	**0.953**	0.913	**0.936**	**0.905**
	NMI	**0.971**	0.930	**0.967**	**0.921**	**0.902**	**0.837**
	N_a/N_f	2/2	3/3	4/4	5/5	6/6	7/7

接下来，本小节将通过使用表4-4中的数据集来比较这4种算法的效率。这4种算法在不同数据集上的运行效率对比如图4-8所示。在处理实际数据集方面，DBSCAN、DPC和FKNN-DPC的效率均较差。当使用对数刻度来表示图4-8中的纵轴时，很明显，与DBSCAN、DPC和FKNN-DPC相比，EDPC的执行时间减少了近一个数量级，在数据集维度较低的数据集上（如Abalone、Thyroid Disease）甚至减少了两个数量级。这些结果表明，本书提出的EDPC算法的效率超过了其他算法，这与第4.3节的理论分析是一致的。

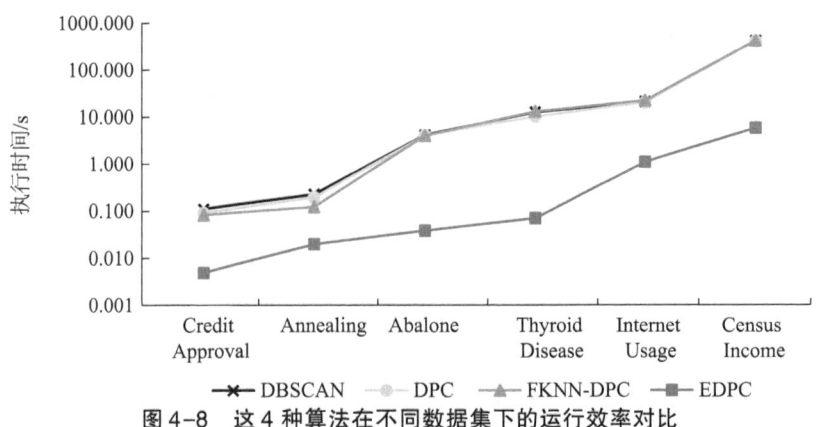

图4-8 这4种算法在不同数据集下的运行效率对比

总之，可以看出，从整体性能和效率上来说，本书提出的EDPC算法均优于其他算法。

4.5.3 数据驱动搜索框架的性能评估

在本小节中进行的实验的目的是验证从本书提出的数据驱动搜索框架中

提取的代表性搜索结果的质量。本书选取了最具代表性的 3 种信息检索方法作为比较实验基准算法。

（1）RanSam（Rezaei et al.，1995）。RanSam 是一种随机抽样技术，可以从整个集合中收集足够的样本以达到所需的概率准确性。

（2）Top-k（Bruno et al.，2002）。Top-k 通过根据所有搜索结果与查询的相关度返回最重要的前 k 个查询答案来解决信息过载问题。

（3）LamRep（Zhang et al.，2014）。LamRep 是一种代表信息检索方法，开发这种方法是为了检索代表信息的多样化子集，该方法考虑的是结果的高覆盖率和低冗余度。

本小节采用 Zhang 等（2014）定义的 coverage 和 redundancy$_1$ 作为评价指标，以衡量每种方法的有效性。coverage 反映了代表性子集在原始数据集的不同主题或内容上的覆盖范围。redundancy$_1$ 用基于代表性子集中的数据对象之间的相似性来测量冗余。

本小节使用从实际应用中获得的大量数据集作为基准数据，以验证本书提出的 DDRep 框架的优越性。本书从亚马逊公开数据集中获得了 16 个不同产品类别（Wireless、Watches、Video Games、Toys、Tools、Shoes、Pet Products、Jewelry、PC、Office Products、Mobile Electronics、Luggage、Furniture、Camera、Apparel、Books）的评论数据集。从爱彼迎公开数据集中获取了 16 个不同城市（Washington、Asheville、Austin、Boston、Clark County、Columbus、Denver、Los Angeles、Nashville、New Orleans、New York、Oakland、Pacific Grove、Portland、Rhode Island、Salem）的住客评论数据集。每个数据集都专注于一个特定主题。在线评论被预处理为包含关键字的向量。

图 4-9 给出了通过 4 种方法提取的结果的覆盖范围和冗余度。图 4-9 清楚地表明，DDRep 的覆盖度明显优于 RanSam 和 Top-k，这表明，Top-k 和随机采样方法返回的结果通常非常相似。尽管 LamRep 的性能与 DDRep 一样好，有时甚至比 DDRep 更好，但是 DDRep 的覆盖范围平均比 LamRep 大 25.04%。也就是说，与其他 3 种方法相比，DDRep 可以覆盖更多不同的内容。

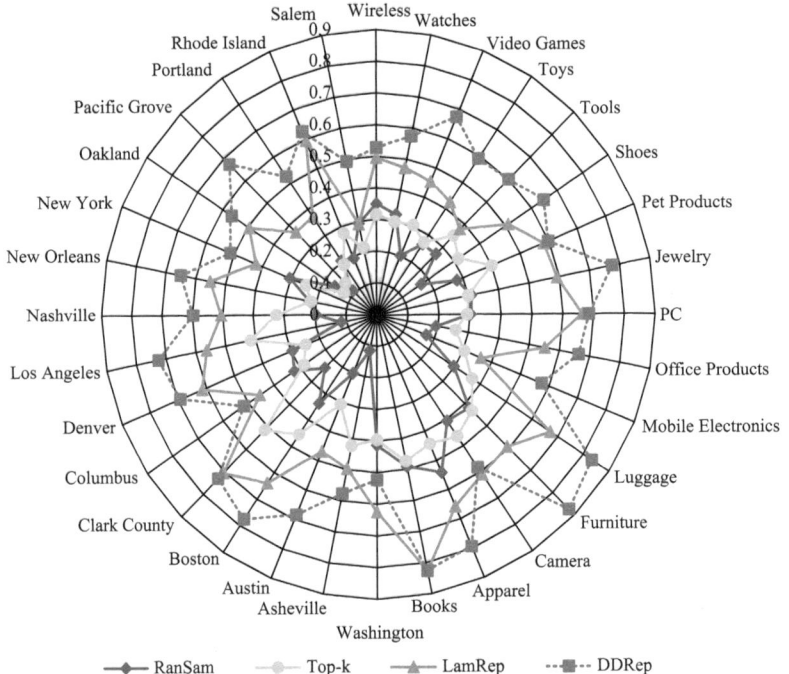

(a)通过4种方法提取的结果的主题覆盖度指标

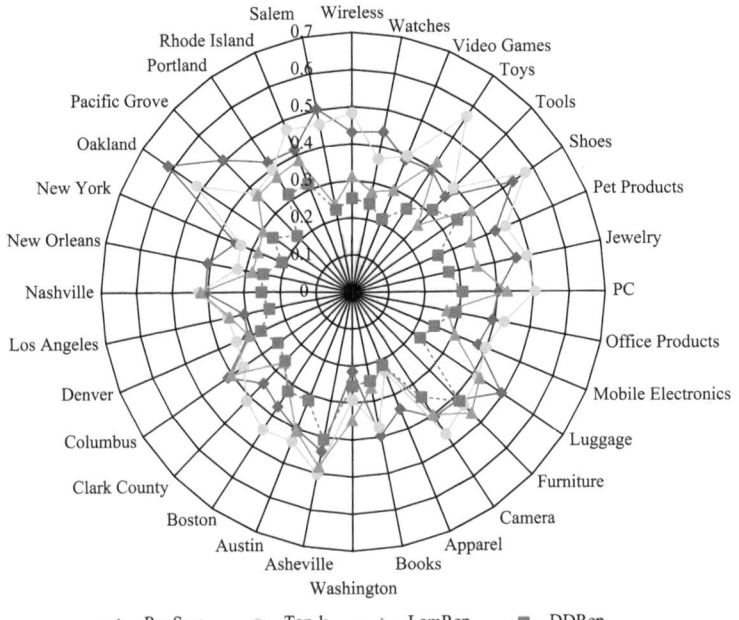

(b)通过4种方法提取的结果的冗余度指标

图4-9 通过4种方法提取的结果的覆盖范围和冗余度

4 种方法的冗余度之间的比较表明，DDRep 具有最低的冗余度，比 LamRep 低约 17.70%，比 RanSam 低约 30.64%，比 Top-k 低约 33.23%。

简而言之，广泛的实验测试证明，在平均覆盖范围和冗余度方面，DDRep 优于其他 3 种方法。

4.6 本章小结

本章提出了一种数据驱动的方法来自动识别可以覆盖更多主题和内容的原始搜索结果的子集。测量数据对象之间的相似性并找到代表性的搜索结果是所提出方法的两个主要步骤。首先，本章讨论混合数据的统一相似性度量学习方法，与许多现有方法相比，所提出的混合数据的统一相似性度量学习方法可以更好地捕获具有混合类型属性数据集的全局特征。与 k-prototype 和 k-partitioning 不同，本章所提出的相似性度量学习方法不需要手动选择反映数值属性或文本属性的偏好程度的调整参数。在新的相似性度量中，文本属性和数值属性之间没有转换，这可以最好地保留属性值的原始信息。与 CASO 不同，本书将从维基百科提取的外部知识注入到属性内相似性学习过程中，以更好地捕获文本属性值之间的语义相似度。此外，本书还提出了一种信息增益比，以反映不同类别属性对属性间相似度的贡献，从而可以捕获属性之间的全局交互关系。大量的实验结果证明，所提出的统一相似性度量方法优于其他现有相似性度量方法，并且在具有混合属性的大规模数据集上是有效和高效的。其次，本书开发了基于共享近邻的 EDPC 算法，该算法可自动识别代表性搜索结果。原始的 DPC 算法采用传统的距离测量来计算局部密度。它很容易受到截断距离的影响，并且无法从数据集中识别出密度急剧变化的某些聚类中心。尽管最近已经开发了一些基于模糊的 DPC 算法（如 FKNN-DPC、Fuzzy-CFSFDP），以减少对截断距离的依赖性，但是这些方法无法很好地探索高维空间中数据的局部结构。在现实世界中，消费者大数据往往更加复杂和稀疏。EDPC 算法考虑了整个数据空间中的局部结构，这使所提出的方法对数据集的密度和维数变化相对不敏感，并且它可以找到在稀疏数据空间中更多的不容易识别的代表性数据对象，这使识别出的代表性数据对象可以覆盖更多信息。理论分析表明,所提出的 EDPC 算法的时间复杂度可以达到最佳的 $O(N\log N)$。大量的对比实验结果表明,与现有的处理信息过载问题的方法相比,所提出的数据驱动方法在覆盖范围和冗余度方面更为出色。

实验结果表明:①将领域知识注入到属性内相似性学习过程中及将信息增益比添加到属性间相似性学习过程中显著提高了数据对象之间相似度估计的准确性;②本书提出的混合属性数据相似性度量方法在具有不同数据集上的表现更为稳定;③本章提出的 EDPC 算法识别的结果不受数据集大小和密度变化的影响,且识别出的类别数目更准确;④EDPC 算法的执行时间相比于其他基准算法减少了近一个数量级,在数据集维度较低的数据集上(如 Abalone、Thyroid Disease)甚至减少了两个数量级;⑤本章提出的搜索框架识别出的搜索结果可以覆盖更多的主题内容、冗余度更低,也就是说该方法识别出的搜索结果要比现有方法更具多样性。

本章的研究内容为基于地理位置的电子商务平台处理混合数据相似性学习和基于消费者的空间-文本搜索提供了理论基础,有利于现代电子商务企业帮助消费者通过在线评论和地理位置找到更多的产品兴趣点,以支持消费者的购买决策。

5 基于消费者动态偏好的多样化搜索结果识别研究

5.1 问题描述

第 3 章、第 4 章通过深度挖掘消费者在线评论中隐含的细粒度产品特征，更加详细、全面地分析了产品各个属性的消费者真实评价信息，从而构建出细化到产品属性层面的产品特征模型，并提供了一种通用性的为消费者提供多样化搜索结果的方法。通常不同消费者对产品的属性特征有不同的喜好，为消费者提供更加个性化和定制化的搜索服务已经成为搜索算法设计的趋势。要想为具有不同偏好的消费者提供更加个性化的搜索服务，还需要挖掘消费者对不同产品属性的偏好信息，因此，本章的工作主要包括以下两个方面：①消费者偏好模型的构建；②将多样性和个性化融合到统一的搜索框架中。

由于推断消费者的偏好是个性化搜索设计的重要基础，因此学术界和工业界对构建消费者偏好模型进行了广泛的研究。现有研究主要通过分析消费者行为来发现其偏好。比较常用的消费者行为包括消费者的评分、投票、点击和购买，现有研究通过将这些消费者行为进行离散形式的量化来得到消费者的偏好。例如，消费者对物品的评分通常会量化为 0～5，高分表示消费者喜欢该物品，低分表示消费者讨厌该物品；消费者的购买行为通常会被布尔量化，取值 0（消费者未发生购买行为）或 1（消费者发生购买行为），消费者发生购买行为说明其对购买商品产生兴趣。虽然，通过分析消费者的这些行为可以明确地找到其对物品的整体兴趣偏好，但很难细化消费者对不同物品属性的需求偏好。尽管基于文本的搜索行为（如输入查询关键词或语句）是当今消费者进行搜索的主要方式，但在现有文献中并未受到足够的重视。输入查询关键词或语句是消费者在大多数搜索平台上进行信息检索时首先发生的消费者行为，消费者键入的查询内容包含有关消费者偏好的有价值信息（Pirolli，2007）。然而，信息检索领域缺乏有效的工具和方法来利用查询数据，将基于搜索的模型扩展到在线搜索查询的语境中。利用基于文本的搜索行为对消费者兴趣偏好进行推断要求对消费者如何根据自身的偏好来制定搜索查询进行假设。Liu 等（2018）提出了这样一个假设；他们认为查询不是消费者偏好的直接表示，而是一种检索与消费者偏好匹配的内容的工具。该研究给出了一个消费者输入以下查询内容的示例——"美国制造的经济型轿车"，实际上，对于此消费者而言，最重要的属性是安全性、舒适性及在美国制造，而负担能力的重要性较低。该消费者可能决定使用此查询，因为该消费者认为在美国制造的汽车通常安全、舒适，但自己不一定负担得起。在这种情况下，消费者期望仅使查询中包括关键词"美国制造"和"经济型"，而不是"安全"或"舒适"，从而更有效地通过简短查询找到相关的搜索结果，尽管查询中没有消费者偏好的属性信息。换句话说，当制定查询时，消费者可能已经在策略上利用了查询和结果之间的语义关系。Liu 等（2018）使用现场数据举例说明了消费者从策略性地构造查询中受益匪浅，同时该研究的实验结果表明消费者具有一定的策略性地形成查询的能力。这种对基于文本的搜索行为的实证研究为消费者搜索什么及如何搜索内容提供了宝贵的见解。在这些实证研究基础上，Liu 等（2018）以 LDA 模型为基础，提出了一个新颖的分层双重潜在狄利克雷分配（Hierarchically Double Latent Dirichlet Allocation，HDLDA）模型来量化消费者的兴趣偏好，该模型可以联合估计消费者查询和点击网页中的主题概率分布，以及查询及其结果之间的映射，该模型假设消费者搜索查询中的主题在语义上是与搜索结果中的主题相关的。这一假设更符合现实。但 HDLDA 模型并没有考虑到消费者兴趣偏好的动态变化特性，而现实中，消费者的个人喜好会随着周围生活环境的影响而不断变化，研究消费者偏好的时态变化对开发个性化搜索引擎和推荐系统已经显得越来越重要。在文本挖掘领域一些时间动态主题模型被开发出来（Blei et al.，2006；Wang et al.，2008），应用到捕获时事新闻等时间敏感文档的话题变化，但这些模型所训练的文档中的所有单词都具有相同的时间戳，而在搜索查询环境下，消费者键入的查询关键词或语句及打开的网页（均可视为单词）都具有时间戳，因此很难应用现有的动态主题模型来挖掘基于文本的搜索行为的消费者动态偏好。Zheng 等（2015）通过将文档数据分为 N 个时间间隔，并将主题模型分别应用于这些数据子集，来捕获消费者的兴趣变化。然而将数据分为 N 个时间间隔会严重加剧数据的稀疏性，进而导致通过数据子集估计出的模型参数并不可靠。为了解决上述问题，本书在 Liu 等（2018）提出的 HDLDA 模型的基础上，提出了时态分层双重潜在狄利克雷分配（Temporal Hierarchically Double Latent Dirichlet Allocation，THDLDA）模型，将时间动态纳入到消费者偏好的推断中，THDLDA 将根据标记的时间戳为每个观测数据分配特定的权重，以解决将观测数据按时段划分所带来的数据稀疏问题。由于消费者兴趣变化与消费者的时间记忆存在一定联系，因此，不同于 Zhang 等（2018）使用简单线性函数来捕获消费者兴趣的逐渐转移，THDLDA 模型通过引入马尔科夫随机过程，假设消费者当前查询状态只依赖前一时刻的查询状态，来捕获消费者兴趣的转移特性。

本章的其余部分安排如下：第 5.2 节详细地对 THDLDA 模型的细节和参数推断进行了介绍；第 5.3 节对搜索结果最大相关-多样性问题进行了阐述；第 5.4 节对验证模型性能的实验设置和有关结果进行了分析；第 5.5 节对本章内容做了总结。

5.2 消费者动态偏好分析模型构建

本节主要介绍本书开发的 THDLDA 模型，该模型继承了 HDLDA 模型的优点，可以根据消费者键入的查询和点击的搜索结果即时估计出消费者的兴趣偏好，同时，该模型还允许消费者的兴趣偏好随时间平滑变化以适应时间跨度长的数据集。第 5.2.1 小节对模型的构造进行了详细描述，第 5.2.2 小节给出了可以从大规模数据集中快速推断消费者兴趣偏好的变分推断方法。

5.2.1 模型描述

HDLDA 模型是由 Liu 等（2018）提出的一种从在线搜索查询中估计消费者兴趣偏好的语义主题模型。该模型是专门为分析具有语义相关性的消费者搜索查询和点击网页这两类文档的主题分布而设计的。该模型假设消费者搜索查询及其对应的点击的网页共享相同的主题词分布，并通过分层结构允许消费者搜索查询的主题分布受到相应检索网页及检索到相同网页的其他搜索查询中包含的主题词信息的影响，这种通过对消费者搜索查询主题分布及其对应的网页主题强度进行双重建模的分层结构形式，不仅弱化了消费者搜索查询的稀疏性和新消费者搜索查询的冷启动问题，而且明确量化了从搜索查询到搜索结果的映射关系。图 5-1 给出了 HDLDA 模型的图形化表示。

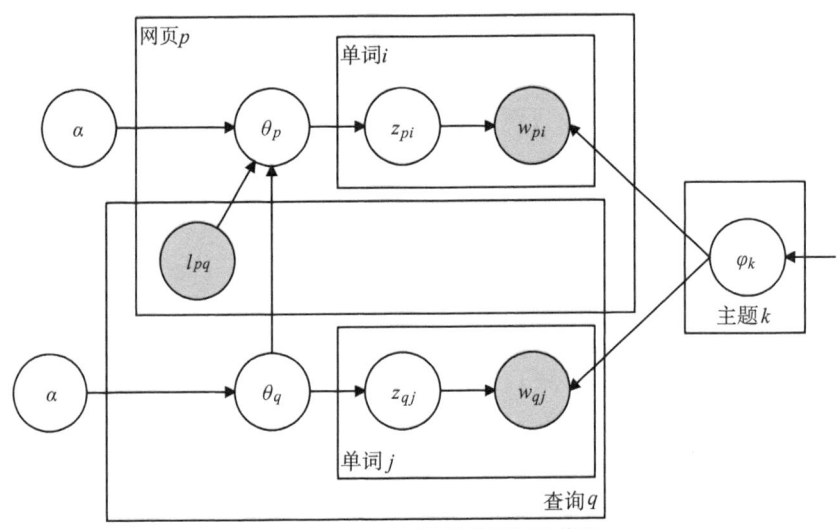

图 5-1　HDLDA 模型的图形化表示

HDLDA 模型的优势在于它为根据消费者的查询信息来估计不同类型消费者的兴趣偏好提供了灵活多变的内容基础。对于具有查询战略性的消费者，因为这类消费者在制定查询关键词之前已经依据自身的兴趣偏好对自己想要查询的信息有了一定的预判，所以这类消费者的兴趣偏好会通过其实际发生点击行为的网页反映出来，因此可以将搜索结果的预期主题强度设置为战略性消费者的兴趣偏好。而有的消费者对查询和结果缺乏战略性的思考，通常是想要检索什么就直接制定表达其兴趣偏好的查询内容，对这类消费者，则可以将其查询内容的主题分布作为对其兴趣偏好的估计。无论是哪种类型的消费者，HDLDA 模型都能通过搜索查询或搜索结果对其兴趣偏好进行即时估计。这对基于消费者查询来制定搜索结果或搜索广告都很有用。

但是 HDLDA 模型只能学习消费者的静态偏好，并没有考虑其兴趣偏好的时间动态特性。在实际生活中，消费者的兴趣偏好通常会随着时间的推移而发生改变。现实中的搜索查询文档和搜索结果文档通常都会包含时间标记，因此，随时间标记变化而变化的文档主题强度就反映出了消费者兴趣偏好的动态变化内容。为了弥补 HDLDA 模型只能捕捉消费者静态偏好的缺陷，本书提出了 THDLDA 模型，该模型通过考虑时间变量来改进 HDLDA。如图 5-2 所示，THDLDA 模型通过合并时间变量 t 来对消费者的时间偏好进行建模。

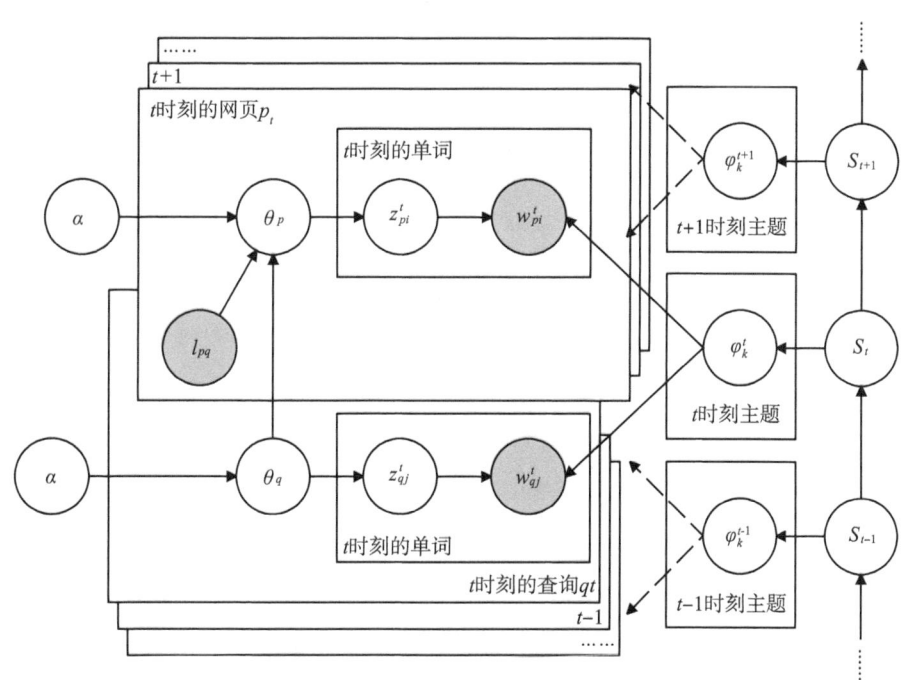

图 5-2 THDLDA 模型的图形化表示

假设消费者有一个时间戳为 $S = \{s_1, \cdots, s_t, \cdots, s_T\}$ 的时间序列查询数据集合 $Q = \{q_1, \cdots, q_t, \cdots, q_T\}$，这些查询在搜索引擎上对应检索出的各个时刻的网页集合为 $P = \{p_1, \cdots, p_t, \cdots, p_T\}$。$l_{pq}^t \in \{0, 1\}$ 表示在 t 时刻网页 p 是否被查询 q 检索，从输入查询到点击相应网页的时间忽略不计。J 表示词汇表中不同单词的总数，单词由 $j \in \{1, 2, \cdots, J\}$ 进行索引。w_{qj}^t 表示 t 时刻查询 q 中的第 j 个单词，w_q^t 表示 t 时刻发生的与查询相关联的 J_q^t 个单词的向量，其中 J_q^t 是 t 时刻查询 q 中的单词数。同样，w_{pi}^t 表示网页 p 中的第 i 个单词，w_p^t 表示 t 时刻与打开网页相关联的 J_p^t 个单词的向量，其中 J_p^t 是 t 时刻消费者打开的网页 p 中的单词数。以下符号是模型生成过程中的隐含变量和模型参数：

- s_t 表示查询 q_t 和网页 p_t 的时间戳观测变量；
- θ_q 表示查询 q 的主题分布；
- θ_p 表示网页 p 的主题分布；
- φ_k^t 表示 t 时刻主题 k 的词分布，其中 $t \in \{1, 2, \cdots, T\}$，$k \in \{1, 2, \cdots, K\}$；
- α 是 θ_q 和 θ_p 的狄利克雷先验分布的超参数；
- z_{qj}^t 表示 t 时刻查询 q 中第 j 个单词的主题分配，其中 $z_{qj}^t \in \{1, 2, \cdots, K\}$；
- z_{pi}^t 表示 t 时刻网页 p 中第 i 个单词的主题分配，其中 $z_{pi}^t \in \{1, 2, \cdots, K\}$。

下面将分别介绍 THDLDA 模型是如何模拟生成消费者的查询文档和网页文档的。

（1）主题。THDLDA 模型延续了 HDLDA 模型对于文档主题分布的假设，该假设认为查询文档和网页文档共享相同的主题词分布，主题强度通过这两类文档中的词语反映出来。HDLDA 模型将每个主题 $k \in \{1, 2, \cdots, K\}$ 建模为向量 φ_k，且 φ_k 服从词汇表中 J 个单词的狄利克雷分布 $\varphi_k \sim Dirichlet_J(\beta)$，其中 β 为狄利克雷分布的超参数。这种建模假设不能捕获消费者兴趣的动态变化特性。本书采用 Web 消费者的搜索查询行为表现为马尔科夫过程的基本假设（Cao et al., 2012），即消费者的下一步浏览行为取决于其当前的状态，而不受之前历史行为的影响，来对消费者的兴趣主题随时间的演变进行建模。t 时刻的主题 k 的概率分布服从以下正态分布形式：

$$\varphi_k^t \sim N(\varphi_k^{t-1}, \sigma^2 \boldsymbol{I})。 \tag{5-1}$$

式中：σ^2 为方差，$\boldsymbol{I}$ 为单位矩阵。

（2）查询。要对每一时刻发生的查询 q 中观测到的第 j 个单词 w_{qj}^t 进行建模，需要依次对 t 时刻发生的查询 q 的主题分布、t 时刻查询 q 中的第 j 个单词的主题分配进行采样。与 LDA 模型相似，消费者查询文档的生成过程如下所示。

①对于 t 时刻消费者发生的查询 q（$1 \leq t \leq T$），从超参数为 α 的 Dirichlet 分布中采样生成查询 q 的主题分布 θ_q：$\theta_q \sim Dirichlet(\alpha)$。

②对于每一个主题 k（$1 \leq k \leq K$），根据公式（5-1）生成 t 时刻主题 k 对应的词语分布。

③对于 t 时刻查询 q 中的每一个单词 w_{qj}^t（$1 \leq t \leq T$，$1 \leq j \leq J_q^t$）：

a. 从 t 时刻查询 q 的主题的多项式分布 θ_q 中采样生成 t 时刻查询 q 中的第 j 个单词的主题分配 z_{qj}^t：$z_{qj}^t \sim Mult(\theta_q)$；

b. 从主题 z_{qj}^t 对应词语的多项式分布 $\varphi_{z_{qj}^t}^t$ 中采样生成 t 时刻发生的查询 q 中观测到的第 j 个单词 w_{qj}^t：$w_{qj}^t \sim Mult(\varphi_{z_{qj}^t}^t)$。

（3）网页。网页在语义上与可以检索出它们的查询集相关。HDLDA 模型通过图 5-1 所示的层次结构来捕获查询与网页之间的语义关系。具体来说，HDLDA 模型将网页 p 的主题分布 θ_p 表示为检索出此网页的主题分布的函数，使用 $K \times K$ 矩阵 $\boldsymbol{R}$ 在主题级别上指定查询和结果之间的映射。在矩阵 $\boldsymbol{R}$ 中，每一个矩阵元素 $r_{kk'}$ 表示检索查询中的主题 k 对相应的搜索结果中的主题 k' 的影响。由于多个查询可以检索到同一网页，因此 HDLDA 模型使用这些查询的平均主题强度 $\bar{\theta}_q(p) = \dfrac{\sum_t \sum_q \theta_q l_{pq}^t}{\sum_t \sum_q l_{pq}^t}$ 对网页 p 的主题分布 θ_p 进行如下建模：

$$\theta_p \sim Dirichlet_K(\exp(R_{1:K,1}\bar{\theta}_q(p)), \cdots, \exp(R_{1:K,K}\bar{\theta}_q(p)))。 \quad (5-2)$$

矩阵 $\boldsymbol{R}$ 中的第 k 列与 $\bar{\theta}_q(p)$ 之间乘积的指数与搜索结果中主题 k 的期望强度成正比，即每个网页中每个主题的强度与检索出该网页的查询中所有主题的强度相关。与查询文档的生成过程类似，要对每一时刻被检索出的网页 p 中观测到的第 j 个单词 w_{pj}^t 进行建模，需要依次对 t 时刻被检索网页 p 的主题分布、t 时刻网页 p 中的第 j 个单词的主题分配进行采样。搜索结果文档的生成过程如下所示。

①对于 t 时刻被消费者检索出的网页 p（$1 \leq t \leq T$），根据公式（5-2）生成网页 p 的主题分布 θ_p。

②对于每一个主题 k（$1 \leq k \leq K$），根据公式（5-1）生成 t 时刻主题 k 对应的词语分布。

③对于 t 时刻网页 p 中的每一个单词 w_{pj}^t（$1 \leq t \leq T$，$1 \leq j \leq J_p^t$）：

a. 从 t 时刻网页 p 的主题的多项式分布 θ_p 中采样生成 t 时刻网页 p 中的第 j 个单词的主题分配 z_{pj}^t：$z_{pj}^t \sim Mult(\theta_p)$；

b. 从主题 z_{pj}^t 对应词语的多项式分布 $\varphi_{z_{pj}^t}^t$ 中采样生成 t 时刻检索出的网页 p 中观测到的第 j 个单词 w_{pj}^t：$w_{pj}^t \sim Mult(\varphi_{z_{pj}^t}^t)$。

5.2.2 模型参数推断

给定所有查询和网页的内容、所有查询和网页的时间戳标记及查询对网页的标记，本小节的目标是估计参数 θ_q、θ_p、φ_k^t 和隐变量 z_{qj}^t、z_{pi}^t。在给定观测数据的情况下，由于这些隐变量的条件概率分布通常是很难推断的（Blei et al.，2006），因此，多种近似推理方法被开发出来以用来估计主题模型参数，其中使用最为广泛的是变分推断方法（Hoffman et al.，2013）和折叠吉布斯采样算法（Porteous et al.，2008）。查询响应通常是实时的且需要对消费者兴趣偏好做出在线推断、更新，而变分推断方法更容易在现代大数据处理工具（如 Spark MLlib）管理的分布式计算集群上进行部署和扩展，因此本书将采用变分推断方法来估计模型参数。

变分推断方法背后的主要思想是在隐变量上建立一个由自由变分参数索引的简单分布族作为需要推断的真实分布的近似分布，并找到与真实分布距离最小的近似分布作为模型参数的估计值。通常采用 Kullback-Leibler 散度来度量真实分布和近似分布之间的距离。

HDLDA 模型考虑了两个关于消费者如何将其兴趣偏好转换为搜索查询的假设。第一个假设为"朴素假设"（Liu et al.，2018），该假设认为消费者在制定其查询时不会利用查询和结果之间的语义关系。也就是说，消费者制定直接反映其内容偏好的查询，而不是制定检索反映消费者偏好的搜索结果的查询。由于它假设消费者忽略了查询和结果之间的映射关系，因此被称为"朴素假设"。在这种假设下，消费者的兴趣偏好可以直接估计为搜索查询的主题强度。第二个假设为"战略性消费者假设"（Liu et al., 2018），该假设认为消费者能够预料到他们输入的查询所检索出的结果的类型，并且他们制定查询可以检索出与消费者期望的内容偏好相匹配的结果。因为假设消费者在查询形成中策略性地利用了语义关系，在这种假设下，消费者的兴趣偏好可以估计为该类消费者查询检索出的搜索结果的期望主题强度。因此，基于这两种假设，本书将会分别对搜索查询主题强度和搜索结果主题强度进行变分推断。

（1）根据查询估计消费者兴趣偏好

由于 θ_q、φ_k^t 和 z_{qj}^t 之间存在耦合关系，因此这些隐含变量的条件概率分布 $p(\varphi_k^t, z_{qj}^t, \theta_q \mid w, \alpha)$ 很难直接求解。因此，基于平均场理论的变分推断假设所要估计的隐含变量形成于相互独立的变分分布。假设查询 q 的主题分布 θ_q 的变分参数为 γ，每个单词的主题分配 z_{qj}^t 的变分参数为 ϕ。由于主题词分布 φ_k^t 是随时间推移而动态变化的，因此本书将变分卡尔曼滤波应用于连续时间设置（Wang et al., 2008）。令变分卡尔曼滤波的观测值 $\widehat{\varphi}$ 为主题词分布的变分参数，这样需要估计的隐含变量的变分分布可以表示成如下形式：

$$q(\varphi_{1:K}^{1:T}, z_{q,1:J_q}^{1:T}, \theta \mid \widehat{\varphi}, \phi, \gamma) = \\ \prod_{k=1}^{K} q(\varphi_k^1, \cdots, \varphi_k^T \mid \widehat{\varphi}_k^1, \cdots, \widehat{\varphi}_k^T) \times \\ \prod_{t=1}^{T} \left(q(\theta_q \mid \gamma) \prod_{j=1}^{J_q} q(z_{qj}^t \mid \phi_j^t) \right). \tag{5-3}$$

变分推断的目标就是找到最优的变分参数 $\widehat{\varphi}^*$、ϕ^*、γ^* 使变分分布 $q(\varphi_{1:K}^{1:T}, z_{q,1:J_q}^{1:T}, \theta \mid \widehat{\varphi}, \phi, \gamma)$ 最接近真实分布 $p(\varphi_k^t, z_{qj}^t, \theta_q \mid w, \alpha)$，等同于最小化 $q(\varphi_{1:K}^{1:T}, z_{q,1:J_q}^{1:T}, \theta \mid \widehat{\varphi}, \phi, \gamma)$ 与 $p(\varphi_k^t, z_{qj}^t, \theta_q \mid w, \alpha)$ 之间的 KL 散度，因此本小节研究的目标函数如下所示：

$$(\widehat{\varphi}^*, \varphi^*, \gamma^*) = \underset{\widehat{\varphi}, \phi, \gamma}{\mathrm{argmin}} D(q(\varphi_k^t, z_{qj}^t, \theta_q \mid \widehat{\varphi}, \phi, \gamma) \| p(\varphi_k^t, z_{qj}^t, \theta_q \mid w, \alpha)).$$

$$\tag{5-4}$$

3 个变分参数里面 $\widehat{\varphi}$ 是带有时间变量的，参数估计的关键和难点就在于 $\widehat{\varphi}$ 值的推断。因此，本书采用卡尔曼滤波方法来捕获主题词变分分布 $\widehat{\varphi}$ 中的连续时间特性。

首先，本书需要利用卡尔曼滤波方法对变分参数做一些预处理。变分卡尔曼滤波的中心思想是基于传统卡尔曼滤波器的状态空间表达式，本书将变

分参数 $\widehat{\varphi}_k^t$ 视为"系统外部观测值",而将真实参数 φ_k^t 视为"模型的内在状态"。使用卡尔曼滤波器,我们可以通过观测值有效地估计模型的内在状态。原则上,通过用马尔科夫过程代替状态空间模型,可以直接将变分卡尔曼滤波方法用于 THDLDA 模型。因此,THDLDA 模型的状态空间模型为:

$$\begin{cases} \varphi_k^t | \varphi_k^{t-1} \sim N(\varphi_k^{t-1}, \sigma^2 I) \\ \widehat{\varphi}_k^t | \varphi_k^t \sim N(\varphi_k^t, \widehat{\sigma}_t^2 I) \end{cases} \quad (5-5)$$

卡尔曼滤波器的关键问题是推导前向和后向方程的均值和方差。均值和方差可用于计算变分推断的下界。使用标准卡尔曼滤波器计算,变分后验的正向均值和方差由下面两个等式给出:

$$m_k^t = \mathrm{E}[\varphi_k^t | \widehat{\varphi}_k^{1:t}] = \left(\frac{V_k^{t-1} + \sigma^2}{V_k^{t-1} + \sigma^2 + \widehat{\sigma}^2}\right) \widehat{\varphi}_k^t + \left(\frac{\widehat{\sigma}^2}{V_k^{t-1} + \sigma^2 + \widehat{\sigma}^2}\right) m_k^{t-1};$$
$$(5-6)$$

$$V_k^t = \mathrm{E}[(\varphi_k^t - m_k^t) | \widehat{\varphi}_k^{1:t}] = \widehat{\sigma}^2 \left(\frac{V_k^{t-1} + \sigma^2}{V_k^{t-1} + \sigma^2 + \widehat{\sigma}^2}\right) \circ \quad (5-7)$$

其中,均值和方差的初始值分别设为 m^0 和 V^0。

而变分后验的后向均值和方差由下面两个等式给出:

$$\widetilde{m}_k^{t-1} = \mathrm{E}[\varphi_k^{t-1} | \widehat{\varphi}_k^{t:T}] = \left(\frac{\sigma^2}{V_k^{t-1} + \sigma^2}\right) m_k^{t-1} + \left(\frac{V_k^{t-1}}{V_k^{t-1} + \sigma^2}\right) \widetilde{m}_k^t; \quad (5-8)$$

$$\widetilde{V}_k^{t-1} = \mathrm{E}[(\varphi_k^{t-1} - \widetilde{m}_k^{t-1}) | \widehat{\varphi}_k^{t:T}] = V_k^{t-1} + \left(\frac{V_k^{t-1}}{V_k^{t-1} + \sigma^2}\right)^2 (\widetilde{V}_k^t - V_k^{t-1} - \sigma^2) \circ$$
$$(5-9)$$

公式 (5-6)、公式 (5-7)、公式 (5-8)、公式 (5-9) 是估计变分参数 $\widehat{\varphi}$ 的基础。

下面将详细介绍各个参数的推导过程。

首先通过展开观测数据的对数似然函数来获得一个可以通过参数迭代而不断调整的下界函数:

$$\log p(w | \alpha) = \log \iint \sum_z p(\theta, \varphi, z, w | \alpha) \mathrm{d}\theta \mathrm{d}\varphi$$

$$= \log \iint \sum_z \frac{p(\theta, \varphi, z, w | \alpha) q(\varphi, z, \theta | \widehat{\varphi}, \phi, \gamma)}{q(\varphi, z, \theta | \widehat{\varphi}, \phi, \gamma)} \mathrm{d}\theta \mathrm{d}\varphi$$

$$= \log E_q \frac{p(\theta, \varphi, z, w \mid \alpha)}{q(\varphi, z, \theta \mid \widehat{\varphi}, \phi, \gamma)} \geq E_q \log \frac{p(\theta, \varphi, z, w \mid \alpha)}{q(\varphi, z, \theta \mid \widehat{\varphi}, \phi, \gamma)}$$

$$= E_q \log p(\theta, \varphi, z, w \mid \alpha) - E_q \log q(\varphi, z, \theta \mid \widehat{\varphi}, \phi, \gamma)_{\circ}$$

(5-10)

显而易见,公式(5-10)是文档数据对数似然的一个下界,通常被称为证据下界(ELBO, Evidence Lower BOund)。公式(5-10)一般被记为:

$$L(\widehat{\varphi}, \phi, \gamma; \alpha) = E_q \log p(\theta, \varphi, z, w \mid \alpha) - E_q \log q(\varphi, z, \theta \mid \widehat{\varphi}, \phi, \gamma)_{\circ}$$

(5-11)

通过展开目标函数 Kullback-Leibler 散度可以发现证据下界和目标函数之间存在等价关系:

$$D(q(\varphi, z, \theta \mid \widehat{\varphi}, \phi, \gamma) \| p(\theta, \varphi, z \mid w, \alpha))$$

$$= E_q \log q(\varphi, z, \theta \mid \widehat{\varphi}, \phi, \gamma) - E_q \log p(\theta, \varphi, z \mid w, \alpha)$$

$$= E_q \log q(\varphi, z, \theta \mid \widehat{\varphi}, \phi, \gamma) - E_q \log \frac{p(\theta, \varphi, z, w \mid \alpha)}{p(w \mid \alpha)}$$

$$= -(E_q \log p(\theta, \varphi, z, w \mid \alpha) - E_q \log q(\varphi, z, \theta \mid \widehat{\varphi}, \phi, \gamma)) + \log p(w \mid \alpha)$$

$$= -L(\widehat{\varphi}, \phi, \gamma; \alpha) + \log p(w \mid \alpha)_{\circ} \quad (5-12)$$

从公式(5-12)可以清楚看出观测数据的对数似然对目标函数 Kullback-Leibler 散度没有影响,故可以看作常量。因此,求目标函数 Kullback-Leibler 散度最小值等价于求证据下界的最大值。

通过上面的分析,直接对证据下界进行整理,如下所示:

$$L(\widehat{\varphi}, \phi, \gamma; \alpha) = E_q \log p(\theta, \varphi, z, w \mid \alpha) - E_q \log q(\varphi, z, \theta \mid \widehat{\varphi}, \phi, \gamma)$$

$$= E_q[\log p(\varphi)] + E_q[\log p(z \mid \theta)] + E_q[\log p(\theta \mid \alpha)] + E_q[\log p(w \mid z)] -$$

$$E_q[\log q(\varphi \mid \widehat{\varphi})] - E_q[\log q(z \mid \phi)] - E_q[\log q(\theta \mid \gamma)]_{\circ}$$

(5-13)

证据下界展开后的第一项 $E_q[\log p(\varphi)]$ 是刻画时态主题模型的基础,并且使用卡尔曼滤波器作为时间建模工具。利用公式(5-6)、公式(5-7)、公式(5-8)和公式(5-9)中引入的正向和反向方程,对 $E_q[\log p(\varphi)]$ 展开如下:

$$E_q[\log p(\varphi)] = \sum_{t=1}^{T} E_q[\log p(\varphi^t \mid \varphi^{t-1})]$$

$$= \sum_{t=1}^{T} E_q \left[\log \prod_{k=1}^{K} \left(\frac{1}{\sqrt{2\pi}\sigma} e^{-\frac{(\varphi_k^t - \varphi_k^{t-1})^2}{2\sigma^2}} \right) \right]$$

$$= -TK(\log\sqrt{2\pi}\sigma) - \frac{1}{2\sigma^2} \sum_{t=1}^{T} \sum_{k=1}^{K} E_q \left[(\varphi_k^t - \varphi_k^{t-1})^2 \right]_\circ \quad (5-14)$$

公式（5-14）中的第二项还可以根据高斯二次型等式（Blel et al., 2006）的性质进一步转化为：

$$\frac{1}{2\sigma^2} \sum_{t=1}^{T} \sum_{k=1}^{K} E_q \left[(\varphi_k^t - \varphi_k^{t-1})^2 \right]$$

$$= \frac{1}{2\sigma^2} \sum_{t=1}^{T} \sum_{k=1}^{K} \| \widetilde{m}_k^t - \widetilde{m}_k^{t-1} \|^2 + \frac{1}{\sigma^2} \sum_{t=1}^{T} \sum_{k=1}^{K} Tr(\widetilde{V}_k^t) - $$

$$\frac{1}{2\sigma^2} \sum_{k=1}^{K} \left[Tr(\widetilde{V}_k^0) - Tr(\widetilde{V}_k^T) \right]_\circ \quad (5-15)$$

将公式（5-15）带入公式（5-14）得：

$$E_q [\log p(\varphi)] = -TK(\log\sqrt{2\pi}\sigma) - \frac{1}{2\sigma^2} \sum_{t=1}^{T} \sum_{k=1}^{K} \| \widetilde{m}_k^t - \widetilde{m}_k^{t-1} \|^2 - $$

$$\frac{1}{\sigma^2} \sum_{t=1}^{T} \sum_{k=1}^{K} Tr(\widetilde{V}_k^t) + \frac{1}{2\sigma^2} \sum_{k=1}^{K} \left[Tr(\widetilde{V}_k^0) - Tr(\widetilde{V}_k^T) \right]_\circ \quad (5-16)$$

以此类推，对公式（5-13）中的剩余 6 项依次进行如下展开：

$$E_q [\log p(z|\theta)] = \sum_{t=1}^{T} \sum_{j=1}^{J_t} \sum_{k=1}^{K} \phi_{qj}^t \left[\Psi(\gamma_k) - \Psi\left(\sum_{k=1}^{K} \gamma_k\right) \right]; \quad (5-17)$$

$$E_q [\log p(\theta|\alpha)] = \sum_{t=1}^{T} \left[\log\Gamma\left(\sum_{k=1}^{K} \alpha_k\right) - \sum_{k=1}^{K} \log\Gamma(\alpha_k) \right] + $$

$$\sum_{t=1}^{T} \sum_{k=1}^{K} (\alpha_k - 1) \left[\Psi(\gamma_k) - \Psi\left(\sum_{k=1}^{K} \gamma_k\right) \right]; \quad (5-18)$$

$$E_q [\log p(w|z)] = \sum_{t=1}^{T} \sum_{j=1}^{J_t} \sum_{k=1}^{K} \phi_{qj}^t \left(\widetilde{m}_k^{t-1} - \sum_{k=1}^{K} \widetilde{m}_k^{t-1} \right); \quad (5-19)$$

$$E_q [\log q(\varphi|\widehat{\varphi})] = \frac{KT^2}{2} \log 2\pi + \frac{1}{2} \sum_{t=1}^{T} \sum_{k=1}^{K} \log \widetilde{V}_k^t; \quad (5-20)$$

$$E_q [\log q(z|\phi)] = \sum_{t=1}^{T} \sum_{j=1}^{J_t} \phi_{qj}^t \log \phi_{qj}^t; \quad (5-21)$$

$$E_q [\log q(\theta|\gamma)] = \sum_{t=1}^{T} \left[\log\Gamma\left(\sum_{k=1}^{K} \gamma_k\right) - \sum_{k=1}^{K} \log\Gamma(\gamma_k) \right] + $$

$$\sum_{t=1}^{T} \sum_{k=1}^{K} (\gamma_k - 1) \left[\Psi(\gamma_k) - \Psi\left(\sum_{k}^{K} \gamma_k\right) \right]_\circ \quad (5-22)$$

式中：$\Psi(x) = \dfrac{d}{dx}\log\Gamma(x) = \dfrac{\Gamma'(x)}{\Gamma(x)}$。

在得到公式（5-16）到公式（5-22）后，证据下界 $L(\hat{\varphi}, \phi, \gamma; \alpha)$ 的完整展开形式就被表达了出来，进而可以很容易对 $L(\hat{\varphi}, \phi, \gamma; \alpha)$ 函数的各个变分参数进行求导，得到当前迭代过程下的最优变分参数，各个变分参数的表达式如下：

$$\gamma^t = \alpha + \sum_{j=1}^{J_s^t} \phi_{qj}^t ; \quad (5\text{-}23)$$

$$\phi_{qj}^t \propto \exp\left\{\Psi(\gamma_k) - \Psi\left(\sum_{k=1}^{K}\gamma_k\right) + \widetilde{m}_k^{t-1} - \sum_{k=1}^{K}\widetilde{m}_k^{t-1}\right\} ; \quad (5\text{-}24)$$

$$\hat{\varphi}_k^t = \sum_{j=1}^{J_s^t}\left(\phi_{qj}^t + \exp\left(\widetilde{m}_{kj}^t + \dfrac{\widetilde{V}_{kj}^t}{2}\right)\right) 。 \quad (5\text{-}25)$$

在得到变分参数之后，将其固定，利用梯度下降对模型参数 α 进行求解，迭代公式如下所示：

$$\alpha = \alpha + \eta \nabla L(\alpha) 。 \quad (5\text{-}26)$$

式中：η 为步长，$\nabla L(\alpha)$ 为证据下界函数 $L(\hat{\varphi}, \phi, \gamma; \alpha)$ 对参数 α 的梯度。变分推断方法的伪代码如算法 5-1 所示。

算法 5-1　变分推断方法

Input：Document collection D、The number of topic K
Output：$\hat{\varphi}, \phi, \gamma, \alpha$

1. Initialize the variational parameters $\hat{\varphi}, \phi, \gamma$
2. E step
   for $t = 1$ to T do
   　for $j = 1$ to J^t do
   　　for $k = 1$ to K do
   　　　Update $\hat{\varphi}, \phi, \gamma$ accoding to Equations (5-23)、(5-24)、(5-25)
3. M step
   Update α according to Equation (5-26) by using gradient descent
4. Until the convergence of all parameters, else back to step 2

因此，根据"朴素假设"，消费者的兴趣偏好 ρ^{naive} 可以估计为搜索查询本身的主题强度：

$$\rho^{naive} = \gamma_\circ \qquad (5-27)$$

(2) 根据网页估计消费者兴趣偏好

根据 HDLDA，搜索引擎将对主题强度为 $\theta_p \sim Dirichlet_K(\exp(R_{1:K,1}\bar{\theta}_q(p)), \cdots, \exp(R_{1:K,K}\bar{\theta}_q(p)))$ 的网页进行检索。因此，在"战略性消费者假设"下，消费者的兴趣偏好 $\rho^{strategic}$ 可以估计为搜索结果中期望主题强度的平均值：

$$\rho^{strategic} \triangleq \left(\frac{\exp(R_{1:K,1}\gamma)}{\sum_{k=1}^{K}\exp(R_{1:K,k}\gamma)}, \frac{\exp(R_{1:K,2}\gamma)}{\sum_{k=1}^{K}\exp(R_{1:K,k}\gamma)}, \cdots, \frac{\exp(R_{1:K,K}\gamma)}{\sum_{k=1}^{K}\exp(R_{1:K,k}\gamma)} \right)_\circ$$

(5-28)

5.3 搜索结果最大相关-多样性问题研究

第3章构建的产品特征提取模型、第4章提出的相似度度量及第5.2节开发的消费者兴趣偏好动态分析方法，为衡量产品属性特征与消费者偏好特征之间的匹配程度奠定了基础。本小节提出了一种新的查询推荐方法，即同时具备个性化和多样性的搜索结果推荐方法 MRD（Maximal Relevant Diversity）。在消费者查询过程中，MRD 不仅可以为消费者提供与其个人喜好相匹配的定制化搜索结果，而且可以有效地检索出主题更多样的结果以覆盖输入查询的不同方面。

5.3.1 搜索结果最大相关-多样性问题建模

假设候选搜索结果集合 O 中包含 N 个搜索结果（文档或产品），即 $O = \{o_1, o_2, \cdots, o_N\}$。$\rho(o_i)$ 表示第 i 个搜索结果与消费者兴趣偏好的匹配程度，可以通过使用第4章提出的相似性度量计算产品特征和消费者特征的相似度得到 $\rho(o_i)$ 的值，$\rho(o_i)$ 的值越大说明该搜索结果越能匹配消费者的个人喜好。$d(o_i, o_j)$ 表示搜索结果 o_i 和 o_j 之间的相异程度，可以通过转换相似性度量得到 $d(o_i, o_j)$ 的值，$d(o_i, o_j)$ 的值越大表明两个搜索结果之间的差异度越大。搜索结果最大相关-多样性问题的目标就是找到搜索结果集合 O 的一个子集 $O' = \{o_1, o_2, \cdots, o_{N'}\}$（其中 N' 为一个给定整数且 $2 \leq N' \leq N$），使子集 O' 中的搜索结果与消费者的兴趣偏好最接近且保证搜索结果之间的差异度最大。此时找到的搜索结果不仅满足消费者的个性化需求，而且能保证覆盖有关消费者查询的不同主题。搜索结果最大相关-多样性问题的数学形式定义如下：

$$O'^{*} = \underset{O'}{\operatorname{argmax}} \sum_{o_i \in O'} \rho(o_i) + \frac{1}{2} \sum_{o_i, o_j \in O'} d(o_i, o_j)。 \quad (5-29)$$

假定各个搜索结果之间的差异度都相同，则公式（5-29）所描述的搜索结果最大相关-多样性问题转化为经典的最大权团问题（Maximum Weight Clique，MWC）。在给定图中搜索最大权团是一个 NP-hard 问题。近年来，随着 GPU 计算在深度学习领域展现了强大的并行处理能力，很多基于邻域结构的 CPU-GPU 局部搜索方法被应用到求解大规模图优化问题（Nogueira et al.，2020）。因此，本小书提出了一个贪心近邻算法来求解本小节提出的搜索结果最大相关-多样性问题。

5.3.2 贪心近邻算法

本小节主要详细描述了用于生成近似最优解的贪心近邻算法，并对算法的复杂度进行了分析，以证明贪心近邻算法在处理大规模数据集时的有效性。

贪心近邻算法的主要思想是通过递增选取当前搜索结果集合中最符合消费者兴趣偏好的结果，并通过剔除当前选取的搜索结果的近似邻居来更新搜索结果集合，从而迭代产生既能符合消费者个人喜好又能覆盖更多内容的搜索结果子集。

下面给出贪心近邻算法的详细步骤：

①给定候选搜索结果集合 $O = \{o_1, o_2, \cdots, o_N\}$，给定目标检索结果数 N'，将目标搜索结果集合 O' 初始化为空集，将目标函数值 f 初始化为 0；

②从候选搜索结果集合 $O = \{o_1, o_2, \cdots, o_N\}$ 中将最符合消费者查询兴趣偏好的对象 o_i 加入到目标搜索结果集合 O' 中，计算当前集合 O' 中各元素的 $\rho(o_i)$ 值和元素间的 $d(o_i, o_j)$ 值，并累计更新到目标函数值 f 中；

③将候选搜索结果集合 O 更新为 o_i 的 k-近邻对于集合 O 的补集；

④重复步骤②和步骤③直到目标搜索结果集合 O' 中的元素个数为 N'。

贪心近邻算法的伪代码由算法 5-2 给出。

算法 5-2 贪心近邻算法

Input: Candidate search results collection $O = \{o_1, o_2, \cdots, o_N\}$、The number of retrieved query results N'、The similarity between product and user preference $\rho(o_i)$、The distance between search results $d(o_i, o_j)$、The k-nearest neighbors of object o_i: O_i^k

Output: The retrieved query results collection O'

1. Initialize the retrieved query results collection $O' \leftarrow \varnothing$, and the value of the objective function $f \leftarrow 0$
2. While $|O'| \leq N'$ do
   Select o_i with the maximum $\rho(o_i)$ from O;
   Add o_i to the retrieved query results collection O';
   Remove the k-nearest neighbors of object o_i from O: $O \leftarrow C_O O_i^k$;
   Accumulate the value of the objective function $f \leftarrow f + f(o_i)$。
3. Return O' and f

贪心近邻算法在步骤②中将和消费者查询兴趣偏好最匹配的结果放入到输出结果集合中,保证了输出结果与消费者查询及消费者个人喜好的相关性。同时,贪心近邻算法在步骤③中剔除了被选中结果的近似邻居,确保了后续迭代中选中的搜索结果和当前选中的搜索结果之间存在一定的差异性,从而去除了搜索结果中的冗余信息,扩大了搜索结果整体的内容覆盖范围。在步骤③中,需要从候选搜索结果集合 $O = \{o_1, o_2, \cdots, o_N\}$ 中剔除与新选中的搜索结果 o_i 相邻的数据点,计算集合 O 与 o_i 的 k-近邻之间的交集是贪心近邻算法的关键,并在很大程度上决定了该算法的时间复杂度。最朴素的方法就是逐一对集合 O 中的元素和 o_i 的 k-近邻中的元素进行成对比较,这将花费 $\Theta(kN)$ 的时间。本书利用 Sun 等(2019)提出的线性扫描算法来计算 o_i 的 k-近邻对于集合 O 的补集,这将花费 $O(k+N)$ 的时间,由于 $k \ll N$,因此贪心近邻算法步骤③的时间复杂度为 $O(N)$。

引理 5-1 使用贪心近邻算法生成目标搜索结果集合的时间复杂度为 $O(N \log N)$。

证明:为了与上述符号一致,N 表示候选搜索结果集合 O 的对象个数,N' 表示目标检索结果个数,k 表示邻居的个数。在步骤 2 中,贪心近邻算法需要 $O(N^2)$ 的时间复杂度才能计算出最符合消费者兴趣偏好的数据点,而快速排序（HOARE，1962）等排序算法可以将该步骤的时间复杂度降到 $O(N\log N)$。在步骤 3 中，贪心近邻算法首先需要创建数据点的 k 个最近邻居，时间复杂度为 $O(N^2)$，k-d 树等特殊技术可以有效地将计算最近邻居的时间复杂度降到 $O(N\log N)$。步骤 3 中的另一个关键操作在于剔除被选中数据对象的最近邻居，也就是计算选中数据对象的 k 个最近邻居在候选搜索结果集合 O 中的相对补集，这一操作可以通过线性扫描算法（Sun et al.，2021）实现 $O(N)$ 的时间复杂度。因此，步骤 3 的时间复杂度为 $O(N\log N + N)$。因为整体算法要不断循环步骤 2、步骤 3 两步，直到检索出的结果个数达到 N'，所以贪心近邻算法的整体时间复杂度为 $O(N'(N\log N + N))$。由于 $N' \ll N$，因此贪心近邻算法的整体时间复杂度为 $O(N\log N)$。

5.4 实验结果分析

在本节中，我们在 AOL 搜索查询日志数据集和 Retailrocket 电子商务网站行为数据集上进行了实验，以验证本书提出的基于消费者动态偏好的个性化-多样化搜索框架（aPersonalization - Diversification search framework with considering Dynamic user preference，PD-Dyn）相较于其他先进搜索查询方法所展现出来的卓越性能。本节的其余部分安排如下：第 5.4.1 小节对实验数据集进行了描述；第 5.4.2 小节对 THDLDA 模型估计动态消费者偏好的有效性进行了评估；第 5.4.3 小节对本书提出的 PD-Dyn 搜索框架进行了效果和效率分析。本书提出的所有算法都是在具有 4.00 GB RAM 的 Intel Core i3-4150 3.50 GHz PC 上使用 Python 语言实现的。

5.4.1 实验数据集

本章的实验设计使用的是以下两个现实世界中的公开数据集：AOL 搜索查询日志数据集[①]和 Retailrocket 电子商务网站行为数据集[②]。

AOL 搜索查询日志数据集存储了 65 万个真实消费者在 3 个月内发生的

---

① http://www.gregsadetsky.com/_aol-data。

② https://www.kaggle.com/retailrocket/ecommerce-dataset。

2000万个网络查询日志。AOL 搜索查询日志数据集被广泛用于个性化搜索（Chen et al., 2020）、查询重组（Chen et al., 2019）等搜索引擎优化研究。搜索查询日志记录了网络消费者的互联网浏览轨迹，这些消费者的浏览轨迹真实反映了消费者在进行查询检索时的需求或兴趣偏好。搜索查询日志通常包含三方面的信息，即消费者提交的文本查询、查看搜索结果后点击的 URL 及点击的时间戳。搜索查询日志由会话组成，会话由文本查询、消费者在输入该查询后单击的所有 URL 和时间信息组成。THDLDA 模型的双层结构设计的初衷就是利用搜索查询日志的这些信息识别消费者的兴趣偏好及兴趣偏好随时间推移的变化趋势。例如，很多消费者的查询都和"苹果"手机相关，这就表明了消费者对"苹果"手机信息的喜好，但不同的消费者对"苹果手机"感兴趣的方面可能存在着较大差异。有些消费者可能对购买新款"苹果"手机感兴趣，有些消费者可能对购买"苹果"手机的配件感兴趣，有些消费者则可能对购买二手"苹果"手机感兴趣，因此，不同的消费者会使用不同的查询检索自己感兴趣的信息，THDLDA 通过挖掘与同一实体相关的所有查询，就可以学习到消费者的个人喜好。为了增强 THDLDA 模型从搜索查询日志中学习消费者不同兴趣方面的效果，我们对原始查询日志进行了预处理。搜索引擎日志由会话组成，每个会话都包含文本查询、点击的 Web 页面 URL 信息及消费者进行点击的时间。但是，此信息是有限的，因为仅 URL 不能提供足够的信息使 THDLDA 模型能准确学习所提交查询的预期含义。为了收集丰富的信息，我们使用点击的网页的所有标题、摘要和 URL 内容来丰富每个 URL。我们仅保留了次数在4次以上且关键字中仅包含正规英文字母（a~z）及空格的格式良好的频繁查询。

  Retailrocket 电子商务网站行为数据集存储了来自真实世界电子商务网站上的消费者行为数据、产品属性数据和产品分类关系数据。行为数据文件收集了 1 407 580 个消费者在真实电子商务网站上持续 4.5 个月的 2 756 101 次互动行为，其中包含消费者发生的 2 664 312 次产品浏览行为、22 457 次购买行为和 69 332 次添加购物车行为。属性文件包含了 417 053 个产品的不同属性描述信息。我们对 Retailrocket 电子商务网站行为数据集做了 4 个步骤的预处理。步骤1：由于产品的属性会随时间变化（如产品的价格波动），因此属性文件的每一行都标记了相应的时间戳。为减少数据量,我们合并了连续的常量属性值,将数据形式更改为类似于查询的日志形式。因此,常数值在文件中只会出现一次。这一操作将数据量大大减少了90%左右。步骤2:将数据集按时间戳标记进行分类,前3.5个月的数据用于训练模型,后1个月的数据用于测试。步骤3:将训练数据进一步分为7个部分,每个部分的时间跨度为15天左右。步骤4:将测试数据集中只包含消费者或只包含产品的项删除。

5.4.2 THDLDA 模型性能评估

由于THDLDA模型的本质是一个动态概率主题模型,并且本书构建THDLDA模型的目的在于依据消费者的历史查询日志估计消费者的兴趣偏好变化,因此,我们选取了经典的和最新的动态主题模型、兴趣偏好估计模型进行了实验对比。

(1) TOT 模型(Wang et al., 2006)。TOT 模型是一种基于 LDA 的主题模型,该模型不仅捕获数据的低维结构,还捕获随时间变化的结构特征。不同于传统的离散时态主题模型,TOT 模型的每个主题都与时间戳上的连续分布相关联,并且对于每个生成的文档,主题的混合分布都受到单词共现和文档时间戳的影响。因此,TOT 模型可以捕获主题的出现和相关性的时态变化。

(2) PTM1 模型和 PTM2 模型(Carman et al., 2010)。不同于 LDA 模型只对两个观测变量(文档 d、单词 w)进行建模,PTM1 模型考虑了3个观测变量(文档 d、消费者 u、单词 w),新增加的消费者变量对应提交相应查询的日志中消费者的唯一标识符。和 PTM1 模型不同,PTM2 模型假设查询主题依赖消费者,而不是点击的文档。

(3) cDTM 模型(Wang et al., 2012)。cDTM 模型是一个连续时间动态主题模型,该模型使用布朗运动对时序文档集合中的潜在主题进行建模。

(4) MWM 模型、TUM 模型和 CTM 模型(Jing et al., 2013)。MWM 模型通过元词来统一查询术语和 URL 的共现关系。TUM 模型分别捕获查询术语和 URL 的特征。CTM 模型可以显式地捕获点击行为,并对搜索查询、查询术语和 URL 之间的三元关系进行建模。

(5) UPM 模型(Jiang et al., 2015)。UPM 模型可以捕获存在耦合关系的多种类型的查询日志信息(单词、URL 和时间戳)之间的潜在关系。

(6) T-LDA-OCCF 模型（Zhang et al.，2018）。T-LDA-OCCF 模型仅使用观测到的评分数据来预测消费者的兴趣，并有效避免数据偏斜的问题。

为了比较基准模型与本书提出的 THDLDA 模型的性能优劣，需要比较这些模型在观察到一部分查询日志数据之后对消费者未来查询预测的准确度。由于信息论中的困惑度是一种经常被用来评判概率模型或概率分布预测样本的衡量指标（Jing et al.，2015），因此本书采用困惑度来评估各个模型的性能。困惑度越小代表模型估计消费者兴趣偏好动态变化的性能越好。困惑度的计算公式如下所示：

$$Perplexity_{portion}(\mathcal{M}) = \Big(\sum_{d=1}^{D} \sum_{d_i=P+1}^{N} p(w_i \mid \mathcal{M},\ w_{1:P})\Big)^{-\frac{1}{\sum_{d=1}^{D}(N_d - P)}} \qquad (5-30)$$

式中：$\mathcal{M}$ 为从训练集中学习到的模型参数集合，d 表示文档，N_d 表示文档中的单词数量。

为了使实验结果更具说服力，我们分别从 AOL 和 Retailrocket 实验数据集中随机采集 10 个样本，并使用 THDLDA 模型一次性运行在每个数据集的 10 个样本中，最后取在各个样本下计算出的困惑度之和的平均值。图 5-3 给出了各个模型在不同比例观测数据下的困惑度。从图中我们可以看到，PTM1 模型和 PTM2 模型在两个数据集上的表现是最差的，这也和我们的预期相符合。因为 PTM1 模型和 PTM2 模型分别对依赖文档的主题和依赖消费者的主题进行建模，而消费者输入的查询和其点击的文档通常是具有耦合关系的，PTM1 模型和 PTM2 模型的查询和文档相互独立的假设显然不能很好地反映实际中的查询和文档的关联性，因此依据 PTM1 模型和 PTM2 模型预测的消费者兴趣偏好并不可靠。另外，PTM1 模型和 PTM2 模型并没有考虑到查询日志的时态属性，因此这两个模型在本书中带有时间戳的数据集上表现出的性能远远落后于其他模型。TOT 模型在传统 LDA 模型的基础上加入了连续时间变量，因此 TOT 模型的性能优于 PTM1 模型和 PTM2 模型。由于查询日志包含的信息相当丰富，而 TOT 模型仅简单考虑了查询日志数据中的消费者点击行为，因此，和考虑了更多查询日志特征（搜索查询、查询术语和 URL）的 MWM 模型、TUM 模型和 CTM 模型相比而言，TOT 模型对消费者偏好的预测还不够准确。而按照 MWM 模型、TUM 模型和 CTM 模型考虑的查询关系数量，这 3 个模型之间的性能优劣关系应该是：CTM 模型优于 TUM 模型，TUM 模型优于 MWM

模型，但是，由于 MWM 模型、TUM 模型和 CTM 模型并没有显式地对搜索查询、查询术语和 URL 之间的层次关系进行建模，因此这 3 个模型之间的性能并不稳定。图 5-3（b）更能说明 MWM 模型、TUM 模型和 CTM 模型性能的不稳定性。得益于 HDLDA 模型表示出的查询输入和点击网页之间的层次结构关系，THDLDA 模型在仅考虑查询术语和点击文档的情况下，模型性能远远优于 MWM 模型、TUM 模型和 CTM 模型。由于现实中消费者的偏好会随着时间的推进而发生变化，而通常情况下，消费者最新发生的查询和点击的网页更能反映出其最近的兴趣喜好，因此，T-LDA-OCCF 模型将这种时态转移过程嵌入 LDA 模型，从图 5-3 中可以看出，这一操作使 T-LDA-OCCF 模型的性能超越了之前的模型。不同于 T-LDA-OCCF 模型使用简单的线性函数来捕获消费者兴趣的渐进式转移，cDTM 模型使用布朗运动对时序文档集合中的潜在主题进行建模，因此 cDTM 模型收获了比 T-LDA-OCCF 模型更好的消费者动态偏好预测结果。UPM 模型不仅考虑了消费者兴趣的动态变化，而且刻画出了查询术语、URL 之间的耦合关系，因此 UPM 模型的性能也是最接近 THDLDA 模型的。尽管如此，THDLDA 模型的性能仍比 UPM 模型平均提高了 29% 左右，而且 THDLDA 模型仅考虑了查询术语和点击网页之间的层次关系，相比于 UPM 模型计算起来更加简单。综上所述，THDLDA 模型在预测消费者兴趣偏好变化上要优于其他现有模型。

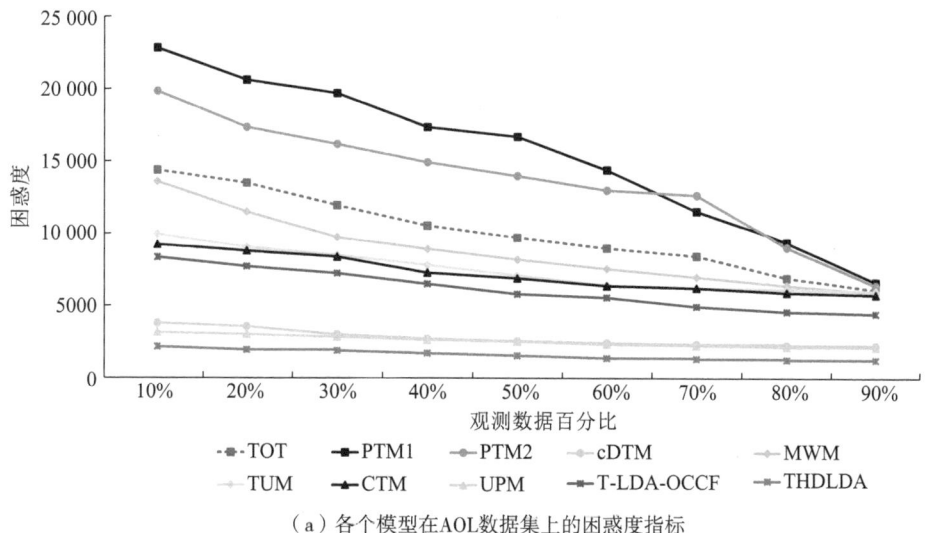

（a）各个模型在AOL数据集上的困惑度指标

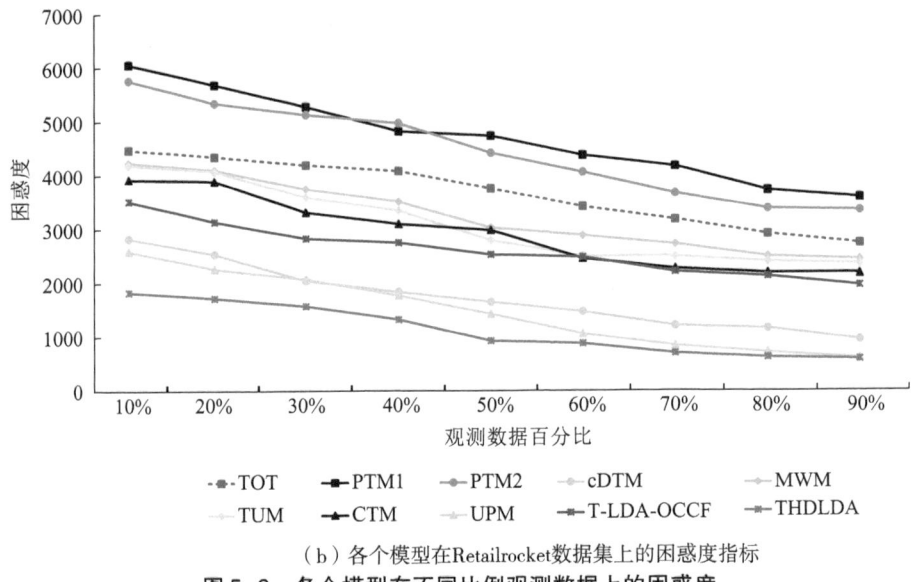

(b) 各个模型在Retailrocket数据集上的困惑度指标

图 5-3　各个模型在不同比例观测数据上的困惑度

为了进一步验证 THDLDA 模型的性能,我们进一步考察了各个模型识别出的消费者偏好主题的稳定性和连贯性。主题稳定性(Rde et al., 2015)测量的是主题词分布的平均值和各个样本估计出的主题词分布的相似度。主题稳定性的计算方法由公式(5-31)给出,公式计算出的值越大,说明模型提取的主题越稳定。主题连贯性衡量的是主题内的词是否可以相互支撑,同一主题内的词之间联系紧密,不同主题间的词区别较大。主题连贯性的计算方法由公式(5-32)给出,公式中 PMI 的值越大,主题词之间的连贯性越好。

$$stability(\Phi_k) = \frac{1}{|\Phi_k|} \sum_{\varphi_i \in \Phi_k} sim(\varphi_k, \bar{\varphi}_k) \, 。 \quad (5-31)$$

式中:k 为主题个数,Φ_k 为各个样本计算出的主题词分布的集合,φ_k 为单个样本计算出的主题词分布,$\bar{\varphi}_k$ 为所有样本计算出的主题词分布的平均值。

$$PMI(w_i, w_j) = \log \frac{p(w_i, w_j) + \epsilon}{p(w_i) \cdot p(w_j)} \, 。 \quad (5-32)$$

式中:w_i、w_j 为主题词,ϵ 为随机扰动项。

图 5-4 显示了各个模型在不同数据集上的主题稳定性对比。考虑到 $stability(\Phi_k)$ 的数值越高,模型的主题稳定性越好,从图 5-4 可以明显地看出,通过 THDLDA 模型获得的主题质量明显优于其他模型。这是由于

THDLDA 模型将消费者查询、检索网页和时间戳之间的耦合关系通过层次结构显式地表示了出来，利用消费者的浏览和点击行为很好地解决了新消费者的冷启动问题，这就使 THDLDA 模型所识别出来的消费者兴趣主题呈现出很高的稳定性。

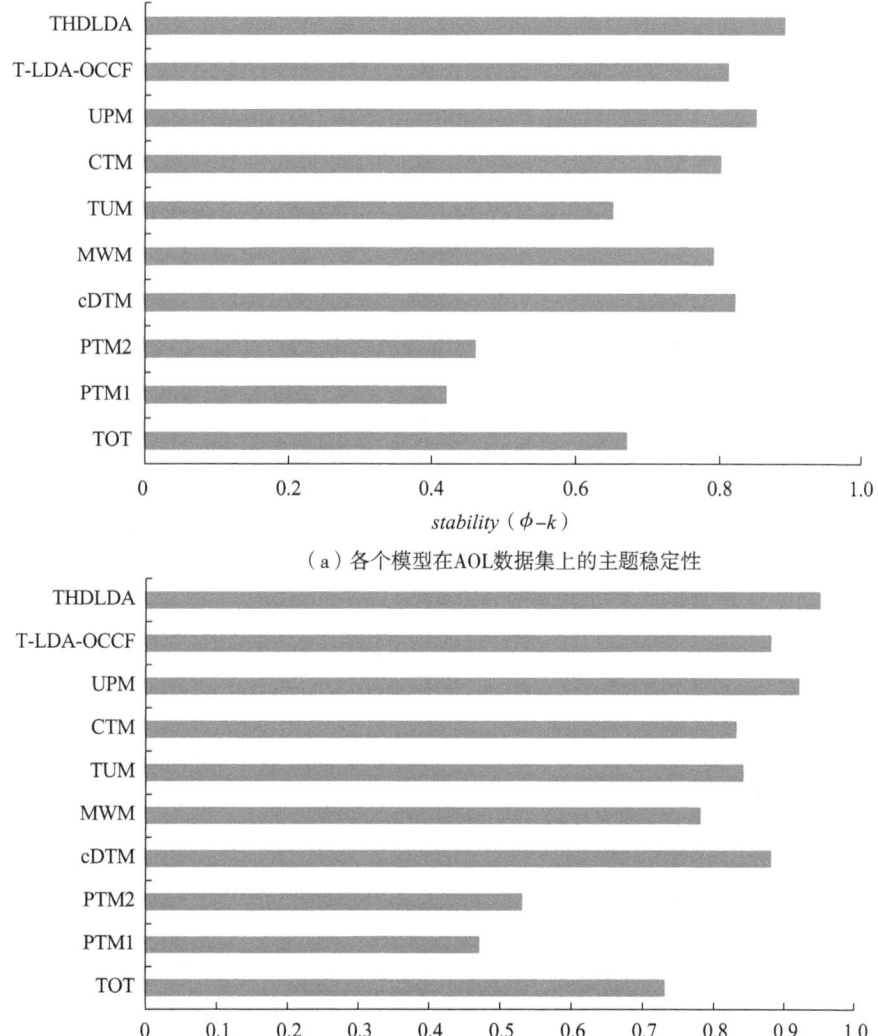

(a) 各个模型在AOL数据集上的主题稳定性

(b) 各个模型在Retailrocket数据集上的主题稳定性

图 5-4　各个模型在不同数据集上的主题稳定性对比

由于 PMI 使用外部文本数据集来衡量主题的连贯性，因此它是一种相对公平的评估主题模型性能的指标。根据 AOL 数据集和 Retailrocket 数据集的 PMI，各个模型在不同数据集上的主题连贯性对比如图 5-5 所示。我们分别选取了各个主题中排名前 5、排名前 10 和排名前 20 的单词来计算 PMI。显而易见，THDLDA 模型识别出的消费者偏好主题词之间的连贯性始终优于其他模型。从图中我们还观察到，随着选取的单词个数的增加，各个模型的主题连贯性呈现下降趋势，这是因为选取的主题词越多，该主题下混入不相关单词的可能性越高。但有一个有趣的现象，即随着选取单词个数的增加，THDLDA 模型识别出的主题词的连贯性下降的速度要明显低于其他模型。以图 5-5（a）为例，我们可以清楚地看到，当选取主题中排名前 5 的单词时，表现次好的 UPM 模型的主题连贯性几乎接近 THDLDA 模型，但随着选取单词个数的增加，UPM 模型与 THDLDA 模型之间的主题连贯性差距显著增大，到选取排名前 20 的单词时，UPM 模型的 PMI 几乎只有 THDLDA 模型的一半。同样的现象在 Retailrocket 数据集也能明显地观察到。这也表明，本书提出的 THDLDA 模型识别出的主题词的连贯性不会因为主题词数目的变化而出现很大的波动。也就是说，相比于其他现有模型，THDLDA 模型识别出的消费者偏好主题词在连贯性指标上的表现更稳定。

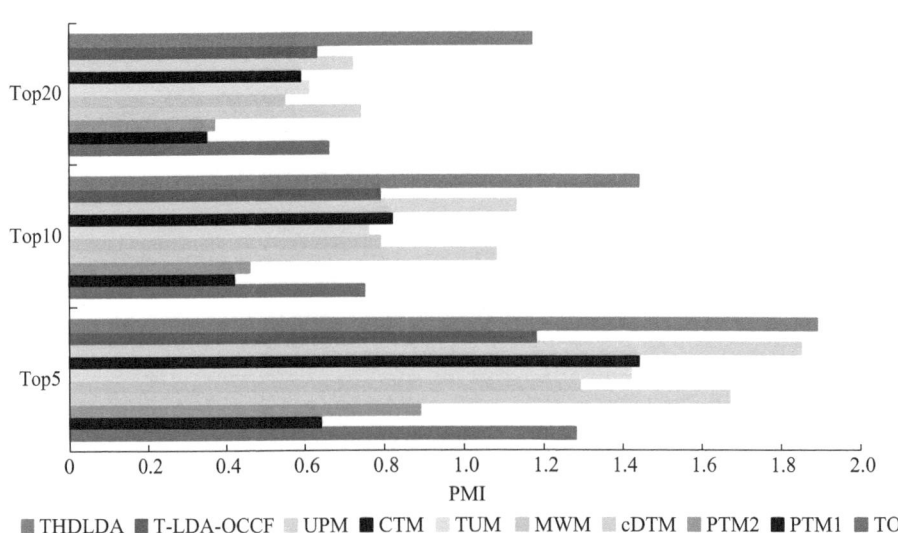

（a）各个模型在AOL数据集上的PMI

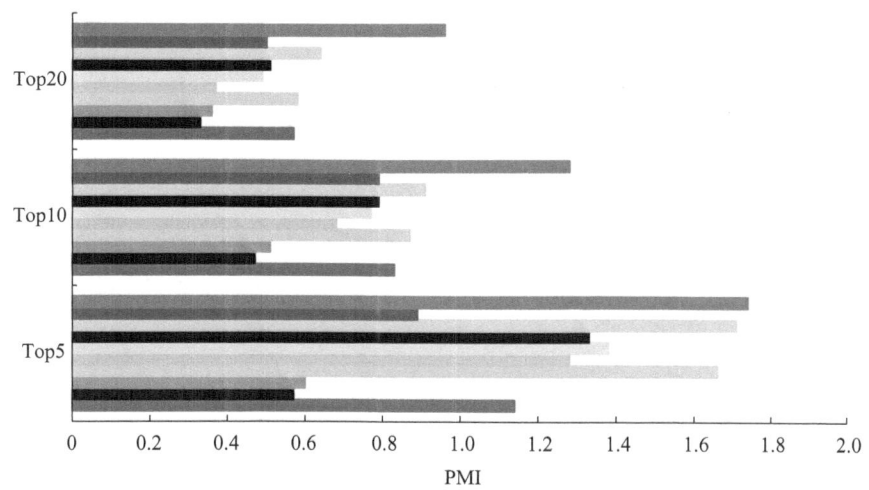

（b）各个模型在Retailrocket数据集上的PMI

图5-5 各个模型在不同数据集上的主题连贯性对比

5.4.3 PD-Dyn搜索框架性能评估

PD-Dyn搜索框架同时考虑了搜索结果的个性化和多样化，目的在于为消费者提供更符合其兴趣偏好且覆盖内容主题范围更广的查询响应结果。因此，为了验证PD-Dyn搜索框架个性化和多样化两方面的检索性能，本小节选取最新的个性化搜索方法和多样化搜索方法进行实验对比。

（1）DQS（Ma et al.，2010）。DQS通过马尔科夫随机游走和对查询-URL二分图的击中时间分析，有效降低了搜索结果在语义上的冗余度，进而增加了搜索结果的多样性。

（2）PSN（Bordogna et al.，2012）。PSN首先对搜索结果进行聚类，然后通过权衡搜索结果与查询之间的内容相似性和新颖性，对聚类结果进行排序，最后从每个簇识别出能突出显示该簇主要内容的搜索结果。

（3）QS-DP（Jing et al.，2015）。QS-DP首先通过三级二分图从查询日志中识别出多样化的候选搜索结果，然后通过消费者画像分析模型，从候选搜索结果中识别出更符合消费者个性化需求的推荐结果。

（4）ESL-PD（Jiang et al.，2016）。ESL-PD有监督地学习文档的文档特征和消费者兴趣特征，从而生成符合消费者兴趣的多样化搜索结果。

（5）PQSD（Chen et al.，2020）。PQSD将从消费者长期搜索行为中提取

的长期偏好注入消费者当前会话的搜索上下文中,通过融合长期偏好和当前偏好来增加个性化搜索结果的多样性。

为了比较基准方法与本书提出的 PD-Dyn 搜索框架的性能优劣,本小节首先对各种方法检索出的搜索结果的多样性进行了实验测量。本小节使用 QS-DP 框架中采用的多样性指标来衡量所研究方法的性能。假设 q_i 和 q_j 是两个建议的查询。令 $P(q_i)$ 和 $P(q_j)$ 表示查询 q_i 和 q_j 对应点击的网页集合,则 q_i 和 q_j 的多样性 $d(q_i, q_j)$ 定义为:

$$d(q_i, q_j) = 1 - \frac{\sum_{m=1}^{M} \sum_{n=1}^{N} sim(p_{im}, p_{jn})}{M \times N} \quad (5-33)$$

式中:$p_{im} \in P(q_i)$,$p_{jn} \in P(q_j)$,M 和 N 分别为集合 $P(q_i)$ 和 $P(q_j)$ 的大小,$sim(p_{im}, p_{jn})$ 度量的是 p_{im} 和 p_{jn}。

因此,一个查询建议列表 L 的多样性进一步定义为:

$$D(L) = \frac{\sum_{i=1}^{|L|} \sum_{j=1, i \neq j}^{|L|} d(q_i, q_j)}{|L| \times (|L| - 1)} \quad (5-34)$$

为了使实验结果能更加客观可靠地证明各种搜索方法在多样性指标上的性能优劣,我们分别在搜索结果数目设定为 4、6、8、10 的情况下在 AOL 数据集和 Retailrocket 数据集上各进行了 32 次实验。每次实验随机选取 5000 个测试查询,并对 5000 个测试结果的多样性度量取平均值。图 5-6 和图 5-7 分别给出了 AOL 数据集和 Retailrocket 数据集上不同方法在不同搜索结果数目下的多样性对比。我们可以看到,与 DQS、PSN、QS-DP、ESL-PD 和 PQSD 相比,本书提出的 PD-Dyn 产生的搜索结果列表始终保持着很高的多样性。该结果证明了贪心近邻算法在识别多样性的搜索结果方面的优越性。这是因为贪心近邻算法每次都要剔除与已选结果最相近的 k 个邻居,这就保证了后续选择的结果与已选结果永远都不相似,因此这样选出来的结果可以覆盖查询内容的更多主题。与 DQS、PSN、QS-DP、ESL-PD 和 PQSD 直接识别多样性结果不同,本书提出的贪心近邻算法更像是一种通过删除相似结果而间接找到多样性结果的反向方法,实验结果也证实了这种反向策略确实简单有效。

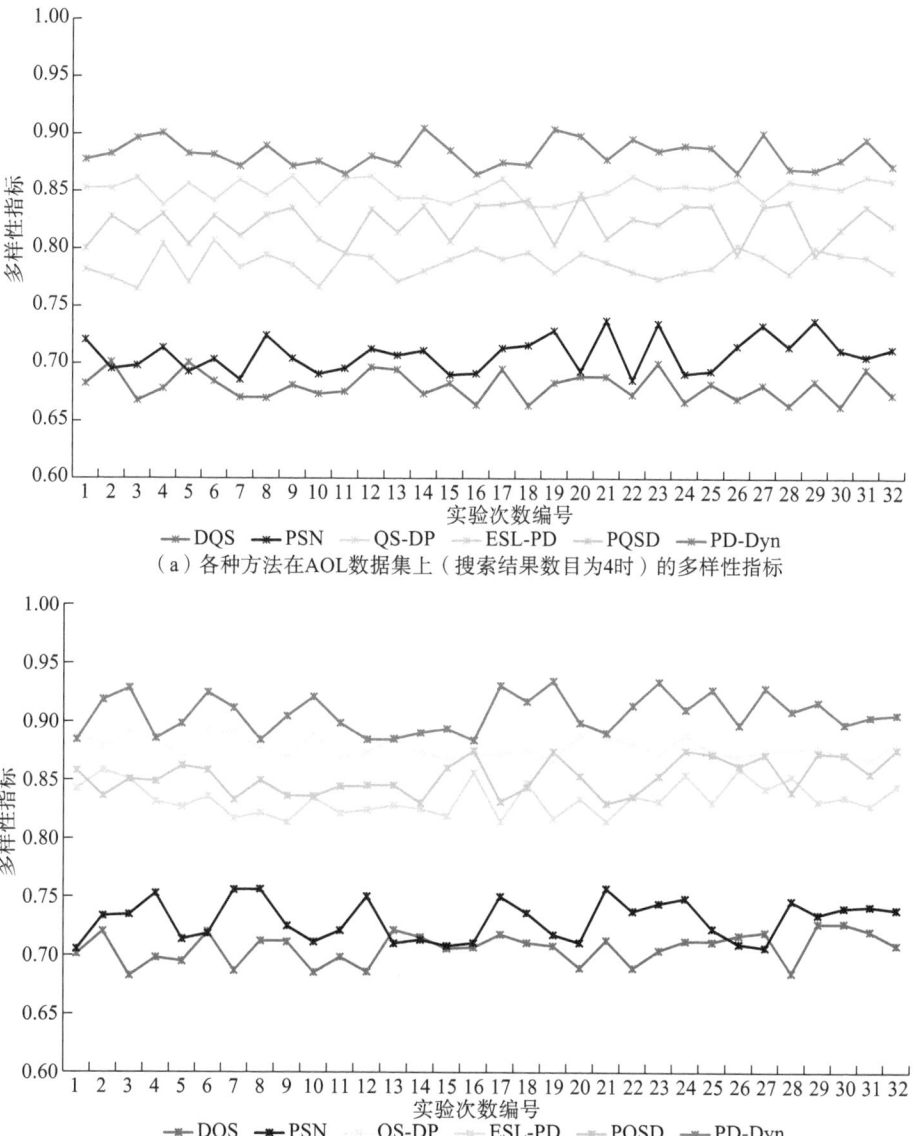

(a) 各种方法在AOL数据集上（搜索结果数目为4时）的多样性指标

(b) 各种方法在AOL数据集上（搜索结果数目为6时）的多样性指标

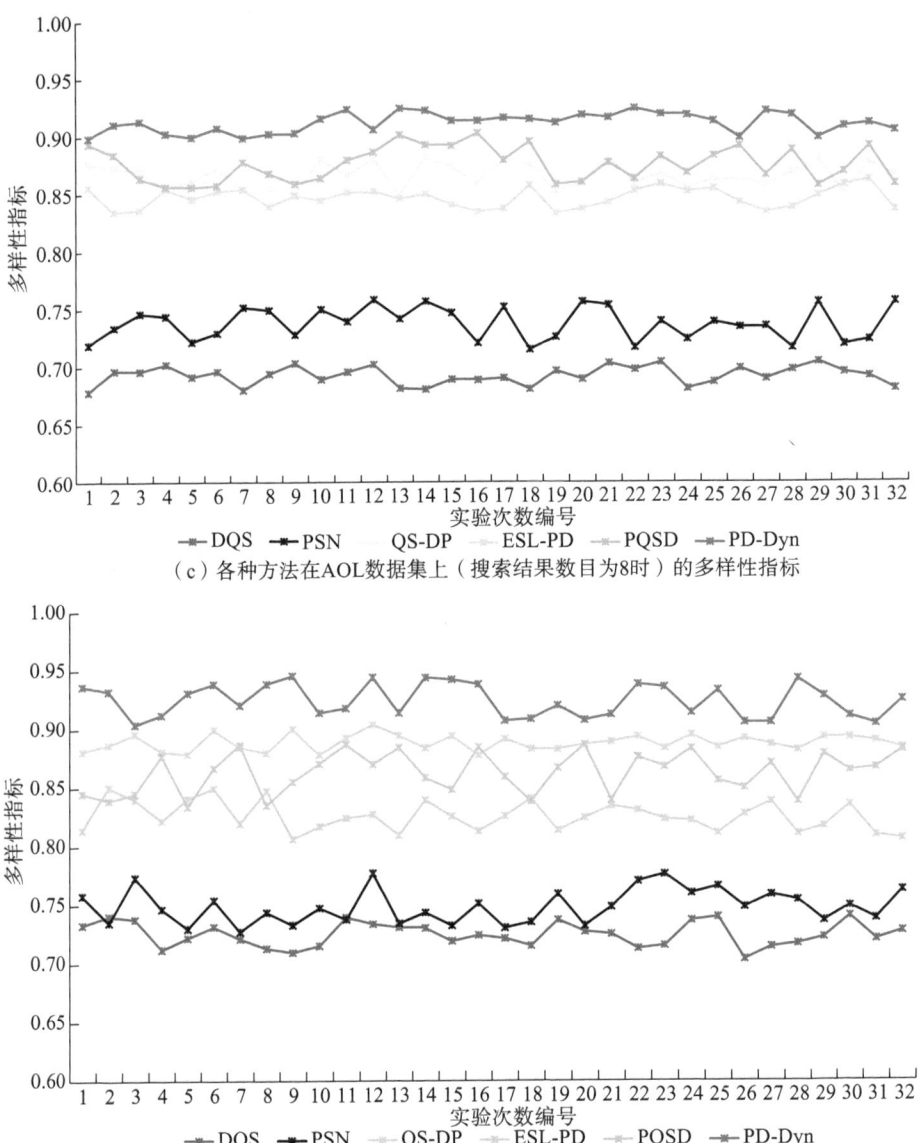

(c) 各种方法在AOL数据集上（搜索结果数目为8时）的多样性指标

(d) 各种方法在AOL数据集上（搜索结果数目为10时）的多样性指标

图 5-6 AOL 数据集上不同方法在不同搜索结果数目下的多样性对比

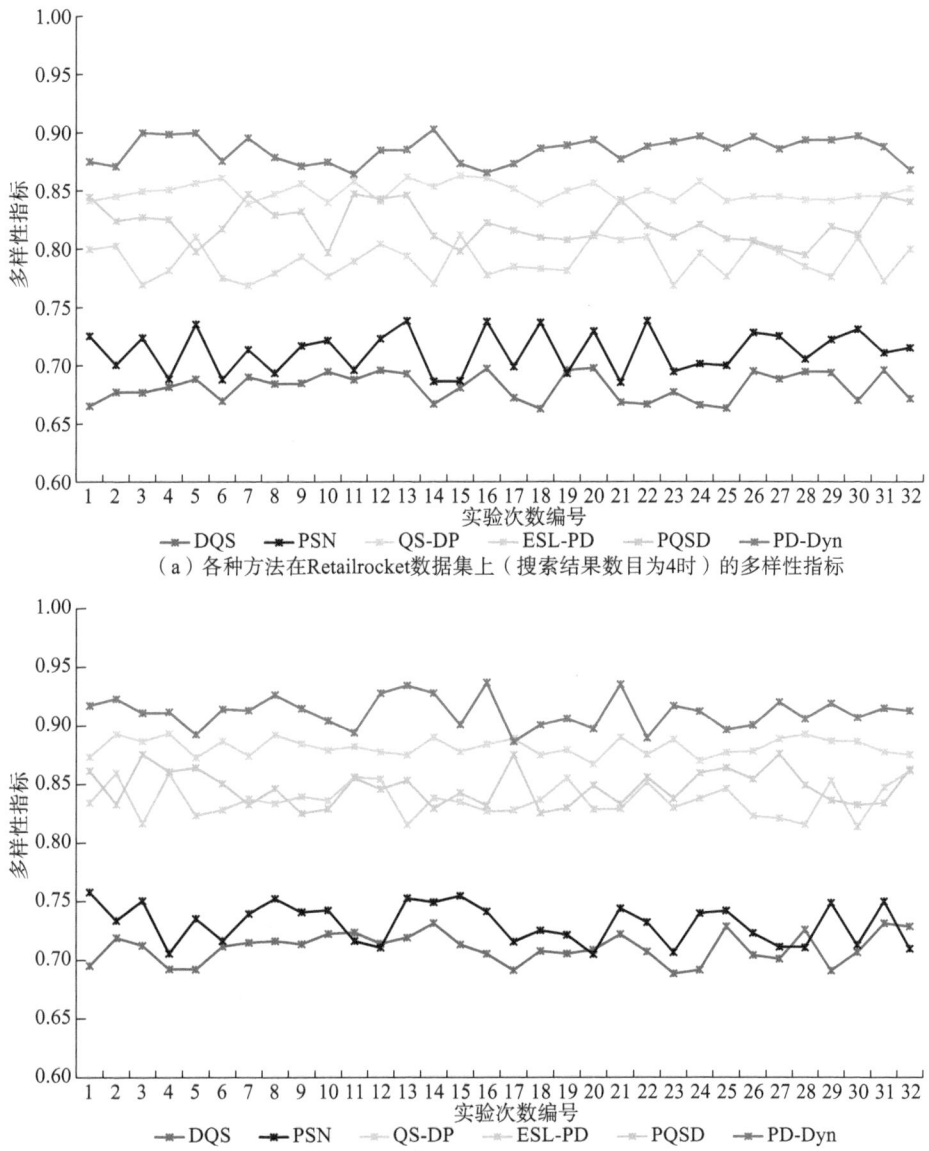

(a) 各种方法在Retailrocket数据集上（搜索结果数目为4时）的多样性指标

(b) 各种方法在Retailrocket数据集上（搜索结果数目为6时）的多样性指标

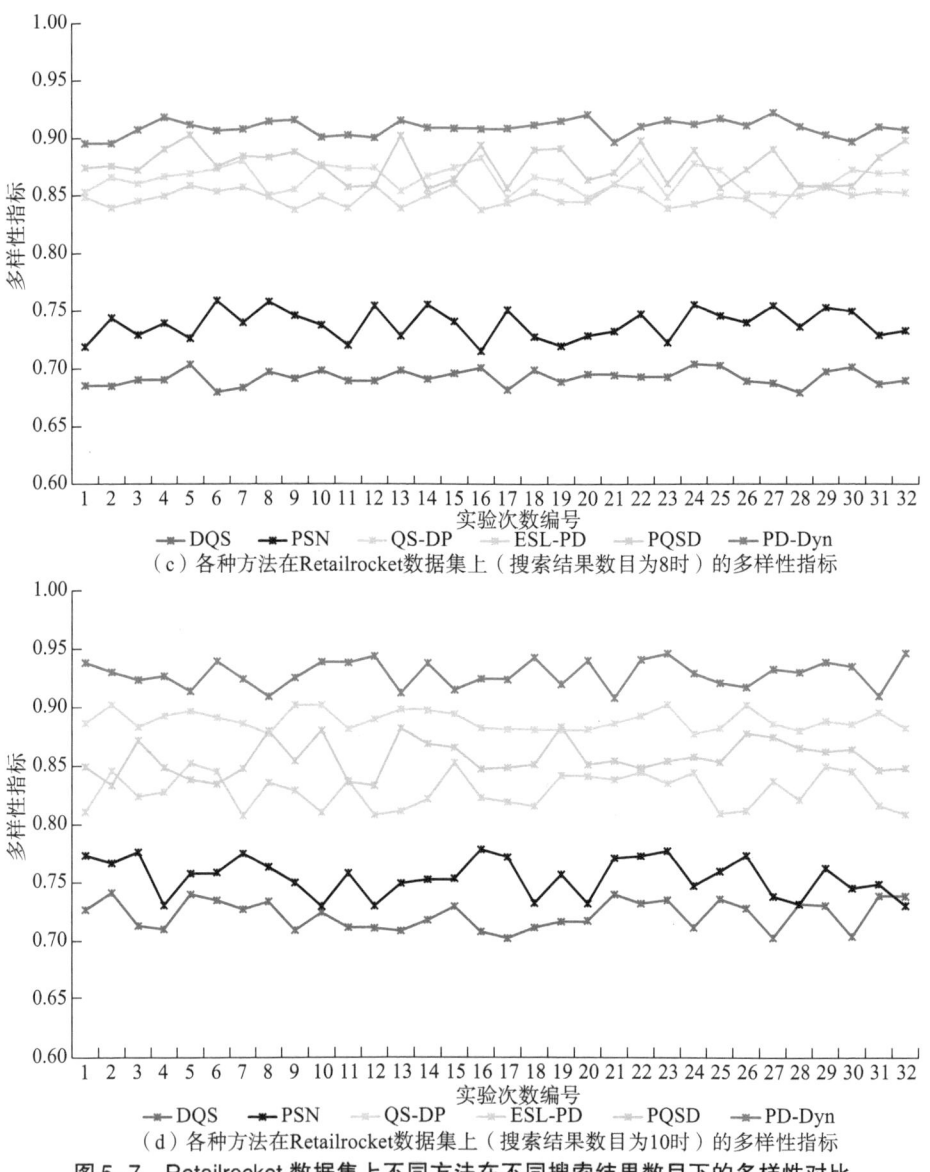

(c) 各种方法在Retailrocket数据集上（搜索结果数目为8时）的多样性指标

(d) 各种方法在Retailrocket数据集上（搜索结果数目为10时）的多样性指标

图 5-7 Retailrocket 数据集上不同方法在不同搜索结果数目下的多样性对比

在定量验证了 PD-Dyn 识别出的搜索结果在多样性指标上优于其他现有方法之后，我们还需要评估贪心近邻算法给出的搜索查询结果是否更符合消费者的个性化需求。因此，接下来我们将对各种搜索方法识别出的结果列表的个性化进行详细评估。传统的查询检索方法中使用相关性指标主要是为了衡量搜索结果与输入查询的相关程度，不同于传统的相关性度量，本小节进行的个性化评估是要衡量搜索结果是否符合消费者的兴趣偏好感知。现有的一些测度搜索结果个性化的方法通常都是基于个案研究，通过设计小型的信息检索系统，通过小规模消费者参与来验证个性化方法的有效性。但通过个案研究个性化搜索方法的外在效度很低，因此，本书设计了一个简单有效的可以在无人为干预的情况下准确度量搜索结果与消费者兴趣偏好相关程度的个性化相关度量（Personalized Relevant Metric，PRM）。对于 PRM 的具体细节讨论如下。

对消费者的搜索查询日志数据进行划分：选定时间戳 T'，按照时间戳对查询数据进行划分，将 T' 之前的数据集划为训练集，将 T' 之后的数据集划为测试集。

根据训练集生成预测搜索结果列表：基于训练数据集，使用 THDLDA 模型学习消费者兴趣偏好的动态变化，使用第 3 章提出的 MaxEnt-BTM 模型对文档/产品的特征进行提取，使用第 4 章提出的混合属性相似性度量方法对文档/产品间的相似性、消费者偏好和产品特征间的相似性进行计算，最后通过贪心近邻算法给出测试数据集中消费者发生查询的搜索结果的候选集合。

将预测的搜索结果和测试数据集中消费者实际点击的网页进行对比：通过计算预测搜索结果主题词向量和消费者实际点击网页的主题词向量之间的余弦相似度来度量搜索结果与消费者兴趣偏好的相关程度。

同样，我们从 AOL 和 Retailrocket 数据集中随机选取了 5000 名消费者进行 PRM 平均值的计算。每个数据集上的实验分 4 组进行，每组实验的搜索结果数目不同，分别为 4、6、8、10，每组实验进行 32 次。AOL 和 Retailrocket 数据集上不同方法在不同搜索结果数目下的个性化相关度对比如图 5-8 和图 5-9 所示。我们可以观察到，DQS 和 PSN 在搜索结果的个性化相关性方面的表现是最差的，这是因为这两种方法着重从消费者点击文档中学习消费者的兴趣偏好，忽略了消费者输入的查询语句也是反映消费者内容偏好的重要方面。因此，相比于其他考虑了更多查询日志信息的 QS-DP、ESL-PD、PQSD 和 PD-Dyn，DQS 和 PSN 学习到的消费者画像略显粗糙，并不能准确反映消费者的个人喜好，也就是说 DQS 和 PSN 检索到的个性化搜索结果并不能很好地匹配消费者的真实兴趣偏好。虽然 ESL-PD 和 PQSD 都将消费者查询和查询文档考虑进了个性化搜索结果识别中，但它们忽略了消费者查询和查询文档之间的耦合关系，因此，它们在个性化搜索上的表现不如 QS-DP 和 PD-Dyn。

QS-DP 和 PD-Dyn 都将消费者查询和查询文档之间的耦合关系进行了刻画，图 5-8 和图 5-9 的结果也证明了这一点。本书提出的 PD-Dyn 识别出的个性化结果要优于 QS-DP 产生的结果，这是因为 PD-Dyn 将个性化和多样性构建到了统一的最大相关-多样性问题模型中，而 QS-DP 分开对个性化和多样性进行建模，QS-DP 首先通过它的多样性组件生成候选搜索结果，之后再将候选搜索结果输入到个性化组件中进行个性化搜索结果筛选。实验结果也表明，本书提出的 PD-Dyn 通过同时捕获消费者的偏好特征和搜索结果的多样性，从整体上既保证了搜索结果的多样性，又保证了搜索结果与消费者偏好有较高的相关性。

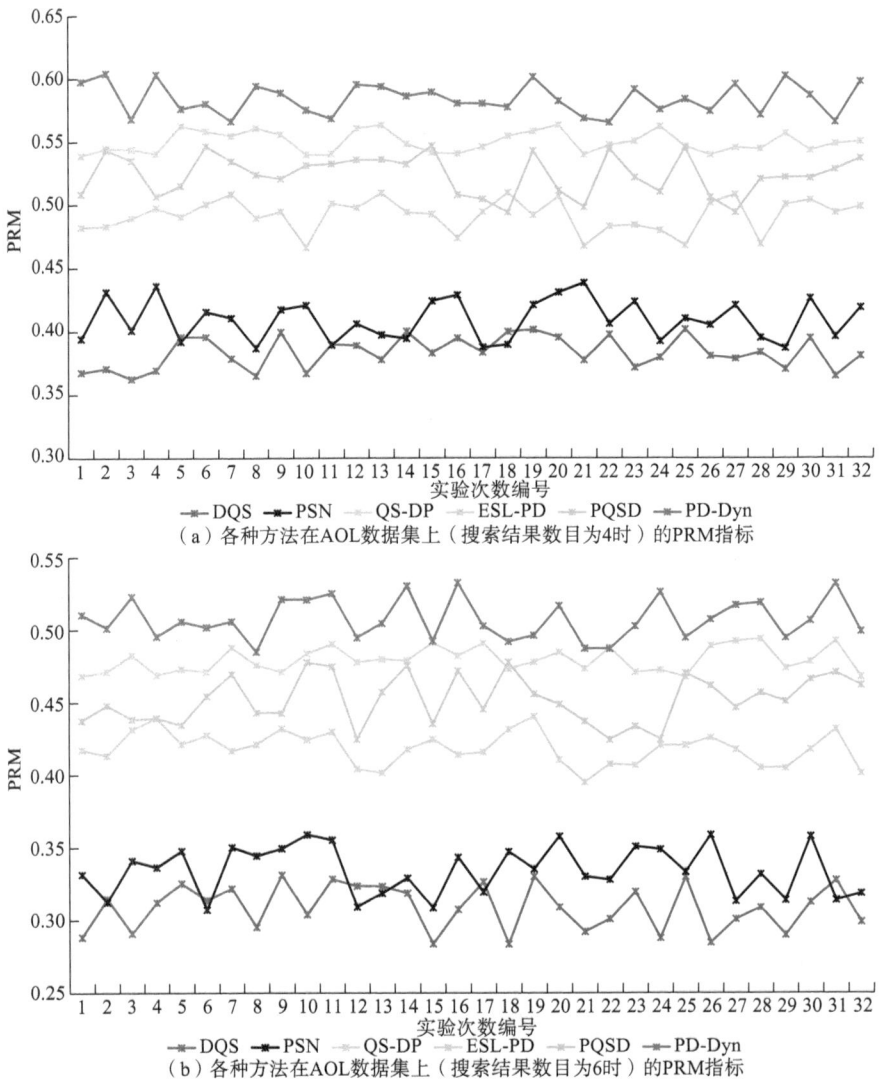

(a) 各种方法在AOL数据集上（搜索结果数目为4时）的PRM指标

(b) 各种方法在AOL数据集上（搜索结果数目为6时）的PRM指标

5 基于消费者动态偏好的多样化搜索结果识别研究

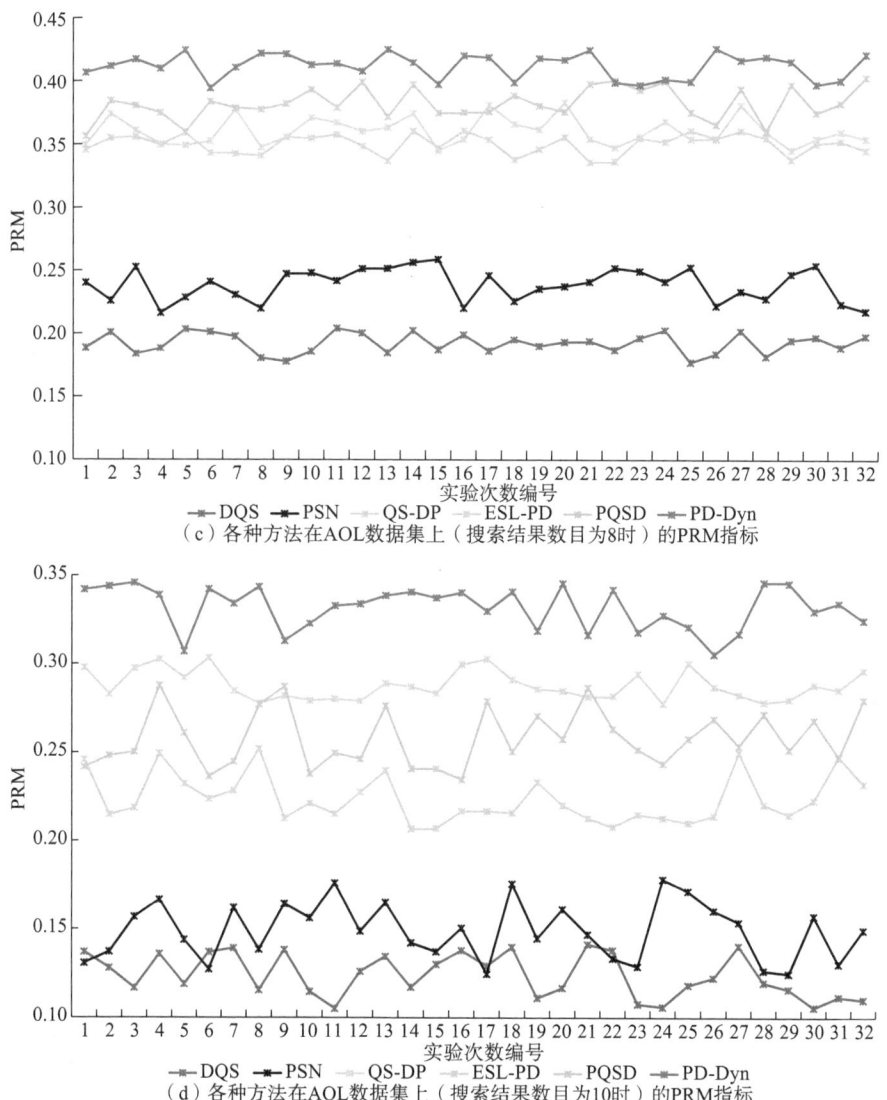

(c) 各种方法在AOL数据集上（搜索结果数目为8时）的PRM指标

(d) 各种方法在AOL数据集上（搜索结果数目为10时）的PRM指标

图 5-8　AOL 数据集上不同方法在不同搜索结果数目下的个性化相关度对比

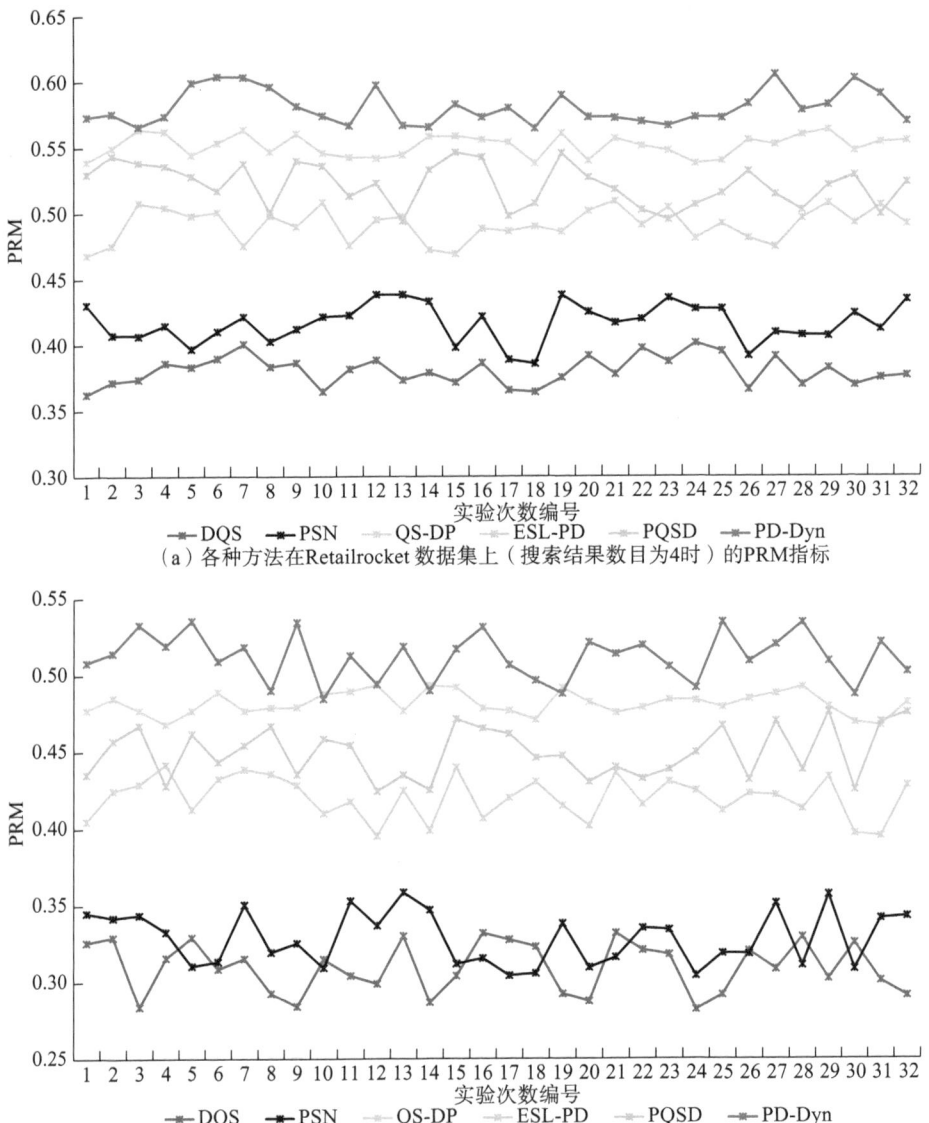

(a) 各种方法在Retailrocket数据集上（搜索结果数目为4时）的PRM指标

(b) 各种方法在Retailrocket数据集上（搜索结果数目为6时）的PRM指标

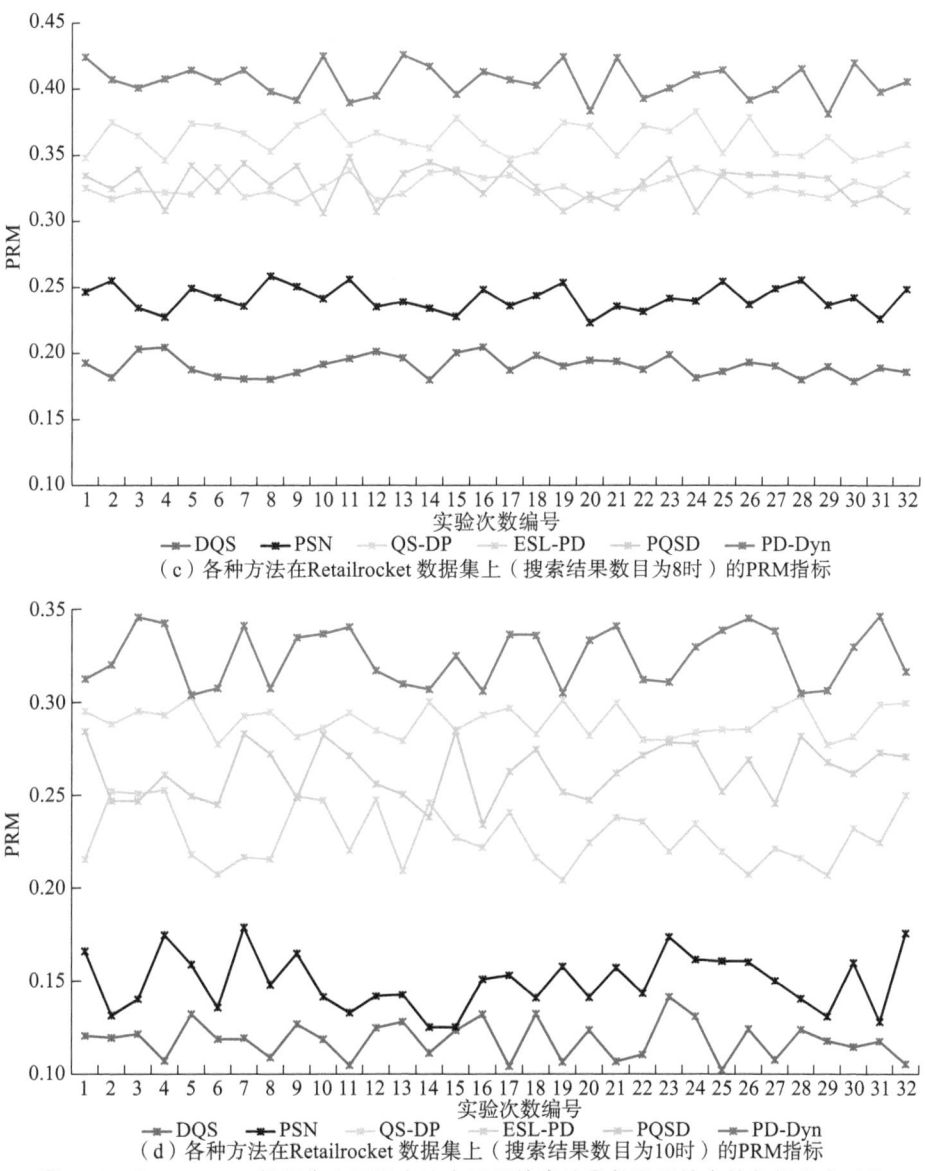

（c）各种方法在Retailrocket数据集上（搜索结果数目为8时）的PRM指标

（d）各种方法在Retailrocket数据集上（搜索结果数目为10时）的PRM指标

图5-9 Retailrocket数据集上不同方法在不同搜索结果数目下的个性化相关度对比

搜索查询通常需要很强的在线处理能力，因此，我们不仅要评估各个搜索框架识别出来的搜索结果的质量，而且需要评估各个搜索框架在不同查询规模下的运行时间。图5-10显示了各个搜索框架在不同查询规模下的运行时间对比。

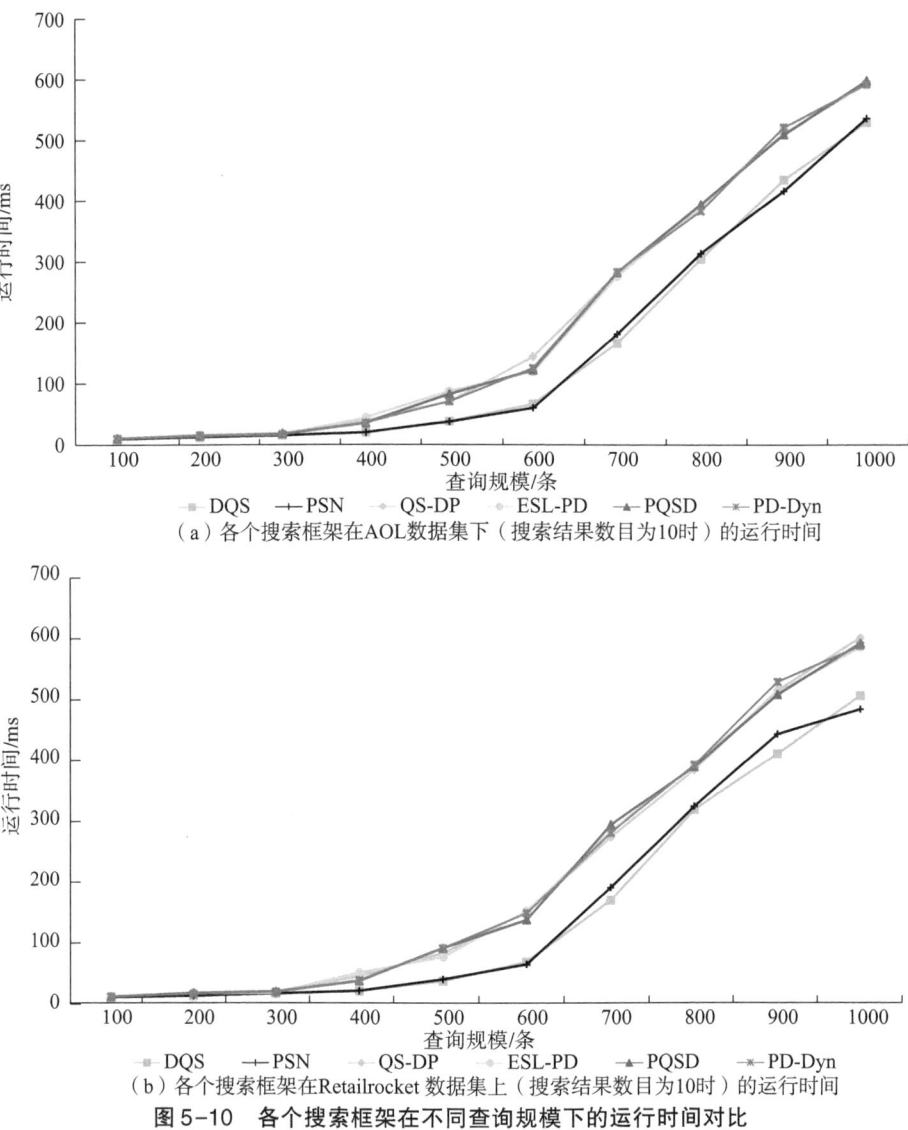

(a)各个搜索框架在AOL数据集下（搜索结果数目为10时）的运行时间

(b)各个搜索框架在Retailrocket数据集上（搜索结果数目为10时）的运行时间

图 5-10　各个搜索框架在不同查询规模下的运行时间对比

实验结果表明，虽然本书提出的 PD-Dyn 的查询处理时间并不明显优于现有方法，但 PD-Dyn 的运行效率基本和现有方法处在一个水平线上，且随着查询规模的增大，运行时间并没有显著增加。从图 5-10 中还可以观察到，DQS 和 PSN 的运行时间要优于其他方法，这是因为 DQS 和 PSN 考虑的查询日志信息少于其他方法。但在牺牲查询效率相对很低的情况下，其他方法识别的个性化搜索结果质量要远远优于 DQS 和 PSN 给出的搜索结果。因此，总体来说，本书提出的 PD-Dyn 搜索框架在与现有方法查询处理效率相当的情况下，产生更好的搜索查询结果。

5.5 本章小结

在本章中，我们提出了一种新的将多样性和个性化集成到一起的搜索框架——PD-Dyn。该框架主要包含两个部分。第一部分是对消费者兴趣偏好进行分析。为此，本书提出了时态分层双重潜在狄利克雷（THDLDA）模型。针对消费者个人偏好随时间推移而不断变化的问题，THDLDA 模型将变分卡尔曼滤波应用于连续时间设置，以解决将观测数据按时段划分所带来的数据稀疏问题，通过引入马尔科夫随机过程，刻画了消费者偏好动态变化的机制，即消费者当前查询状态只依赖前一时刻的查询状态，以此捕获消费者兴趣的转移特性，并采用变分推断方法，通过观测值有效地估计模型的内部状态，并将其部署在分布式计算集群上对消费者兴趣偏好进行实时在线推断。PD-Dyn 搜索框架的第二部分工作就是根据 THDLDA 模型识别出的消费者个人喜好，检索出符合消费者查询偏好的多样化搜索结果。为此，本书对搜索结果最大相关-多样性问题进行了建模，并提出了贪心近邻算法对模型进行求解，贪心近邻算法通过递增选取当前搜索结果集合中最符合消费者兴趣偏好的结果，并通过剔除当前选取的搜索结果的近似邻居来更新搜索结果集合，从而迭代产生既能符合消费者个人喜好又能覆盖更多内容的搜索结果子集。

本章最后设计了基于大规模查询日志的对比实验。实验结果明确表明：

（1）THDLDA 模型在预测消费者兴趣偏好变化上要优于其他现有模型：因为 THDLDA 模型考虑了查询术语和点击文档的耦合关系，所以其推测消费者偏好的性能远远优于其他模型。由于现实中消费者的偏好会随着时间的推进而发生变化，而通常情况下，消费者最新发生的查询和点击的网页更能反映出其最近的兴趣喜好，因此，THDLDA 模型使用马尔科夫过程对时序文档集合中的潜在主题进行建模，收获了比现有时态模型更好的消费者动态偏好预测结果。

（2）THDLDA 模型获得的主题质量明显优于其他模型，这是由于

THDLDA 模型将消费者查询、检索网页和时间戳之间的耦合关系通过层次结构显式地表示了出来，利用消费者的浏览和点击行为很好地解决了新消费者的冷启动问题，这就使得 THDLDA 模型所识别出来的消费者兴趣主题呈现出很高的稳定性。

（3）THDLDA 模型识别出的主题词的连贯性不会因为主题词数目的变化而出现很大的波动。

（4）贪心近邻算法识别出的搜索结果要比现有方法识别出的结果覆盖的主题内容更广泛，这是因为贪心近邻算法每次都要剔除与已选结果最相近的 k 个邻居，这就保证了后续选择的结果与已选结果永远都不相似，因此这样选出来的结果可以覆盖查询内容的更多主题。

（5）本书提出的 PD-Dyn 框架通过同时捕获消费者的偏好特征和搜索结果的多样性，从整体上既保证了搜索结果的多样性又保证了搜索结果与消费者偏好有较高的相关性，这是因为 PD-Dyn 在将个性化和多样化构建到了统一的最大相关-多样性问题模型中，而 QS-DP 框架分开对个性化和多样化进行建模，QS-DP 框架首先通过它的多样性组件生成候选搜索结果，之后再将候选搜索结果输入到个性化组件中进行个性化搜索结果筛选。

（6）PD-Dyn 框架在与现有方法查询处理效率相当的情况下，产生更好的查询搜索结果，PD-Dyn 框架的查询处理时间并不明显优于现有方法，但 PD-Dyn 框架的运行效率基本和现有方法处在一个水平线上，且随着查询规模的增大，运行时间并没有显著增加。

从本章中获得的知识为刻画消费者偏好动态变化提供了理论基础，可以根据消费者偏好的变化动态地更改搜索结果，为电子商务企业向消费者提供符合其动态偏好的搜索结果列表提供了技术支撑。

6 基于消费者在线查询的产品推荐问题研究

6.1 问题描述

为了向消费者做出有效的推荐,推荐系统需要解决两个问题。一是预测消费者的产品评分,即向目标消费者推荐预测分数较高的产品。二是对推荐结果的解释,即以适当的方式向消费者解释推荐系统的工作机制及向消费者推荐产品的具体原因。由于推荐过程对于大多数消费者来说仍然是一个比较神秘的过程,因此需要对推荐结果进行合理解释,以提高消费者对推荐系统的信任度,这极大地影响了消费者对推荐结果的感知、接受与否。现有的推荐算法一般直接依赖消费者对产品的整体评分,得到的推荐结果受评分矩阵的稀疏性和冷启动问题的影响较大。本书认为,这种情况主要是由于消费者对产品评分的信息粒度较粗造成的。也就是说,任何一个产品都不可能完全满足消费者的所有需求,消费者也不可能对一个产品的所有属性有相同的偏好程度。直接依靠消费者的综合评分产生的推荐结果并不能反映消费者对产品各种属性的偏好,也很难解释消费者对产品产生偏好的真正原因。

消费者很有可能在做出购买决策之前向搜索引擎提交在线搜索词组以收集信息,他们输入关键字以明确表达他们对产品属性的偏好。例如,消费者提出诸如"最适合编程的笔记本电脑"之类的查询,直接反映了他们对产品配置的内容偏好。解释消费者的搜索词组可以更好地了解他们的购买意图和对产品属性的偏好,这对于开发有效的个性化推荐系统至关重要。

在本章中,我们介绍了一种基于从在线查询会话中推断消费者偏好的可持续推荐系统架构,该架构可以更准确地预测其购买意图。图6-1显示了基于在线查询会话学习消费者偏好的推荐系统体系框架。如图6-1所示,框架中有两个主要组件以灰色标示。第一个组件是聚合潜在狄利克雷分配(ALDA)模型,这是一种新颖的主题模型,可以同时学习消费者查询主题和相应点击网页的主题。ALDA模型将查询和网页的联合主题分布视为消费者偏好的主题分布。通过聚合相应的网页来辅助学习消费者的内容偏好,避免了在线查询数据的稀疏性。第二个组件是基于概率空间学习消费者偏好和产品特征之间的相似性。由于ALDA模型识别的消费者内容偏好是一个主题词分布,本节试图从概率密度分布的角度计算消费者和项目之间的相似度。我们采用基于Kullback-Leibler散度的两个概率空间的相似度度量来计算消费者偏好和产品特征之间的相似度,然后用相似度来预测他们的购买意愿。

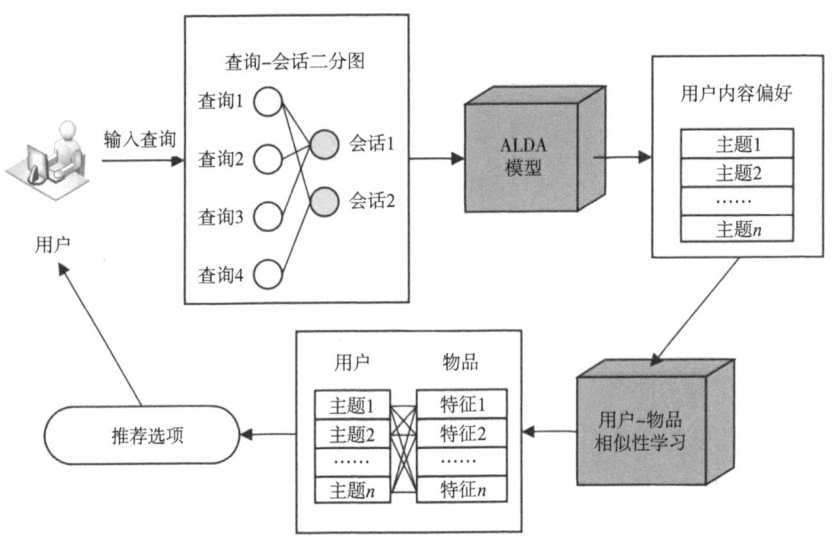

图6-1 基于在线查询会话学习消费者偏好的推荐系统体系框架

6.2 基于在线查询的推荐框架构建

尽管从在线查询会话中推断消费者偏好很重要,但很少有研究关注这一领域。Roscoe等(2016)揭示在线搜索查询侧重于肤浅的产品功能,而不是关键知识。信息搜索行为是评估消费者购买模式和偏好差异的一个重要因素

（Park et al.，2018）。Kim 等（2019）验证新产品传播与互联网搜索量之间存在显著关系。互联网搜索量是预测新产品需求的重要指标。Liu 等（2020）建议营销人员将精力集中在反映内容偏好的关键字和查询上，这些偏好与他们试图推广的内容完全一致。Codignola 等（2021）发现这些浏览数据可以与 cookie 一起保存，并可用于向消费者展示潜在的合适商品。尽管已经进行了大量研究验证在线查询可以明确表达消费者的内容偏好或可将其用于预测产品需求，但缺乏以可解释的方式从在线查询中估计内容偏好的量化研究。因此，对于可持续的电子零售商来说，基于从在线查询会话中学习消费者动态偏好来开发智能推荐在管理上很重要。

因此，笔者开发了一种面向消费者在线查询场景的可持续推荐系统架构，该架构可以更准确地从消费者查询中预测消费者的购买意图。如图 6-1 所示，该框架通过将嵌入在消费者在线查询中的潜在主题与他们对商品的评论行为联系起来，来预测其短期偏好。首先，笔者通过开发聚合潜在狄利克雷分配（ALDA）模型来刻画消费者查询与会话之间的交互关系，以预测消费者的短期消费偏好。由于学习到的消费者偏好和产品特征属于概率空间，因此笔者采用基于 Kullback-Leibler 散度的两个概率空间的相似度度量来计算消费者偏好主题和项目特征之间的相似度。然后，笔者用概率空间相似度来预测物品特征与消费者偏好之间的匹配程度。

6.2.1 ALDA 模型描述

在本小节中，我们将详细介绍聚合潜在狄利克雷分配（ALDA）模型。ALDA 模型是一个词袋模型，它描述了消费者偏好与其在线查询会话之间的语义关系。ALDA 模型不是对查询会话中的主题强度和网页中的主题强度进行分层建模（Liu et al.，2018），而是将查询会话中的主题强度和网页中的主题强度联合建模到同一文档层中。

消费者的网络购物行为通常是一个学习过程。首先，消费者可能会输入不准确的关键字来表达他们的需求。其次，消费者通过浏览搜索结果，调整输入的关键字，加深对商品的了解。消费者将重复这个学习过程，直到找到合适的商品。也就是说查询关键字的主题和搜索结果的主题是语义相关的。Liu 等（2018）假设网页中的主题强度受查询关键字的影响，而忽略了网页反过来会影响查询关键字中的主题强度。因此，我们在 ALDA 模型中对查询和网页之间的交互关系进行建模。本书提出的 ALDA 模型的图形表示如图 6-2 所示。本书中的主要符号列于表 6-1。

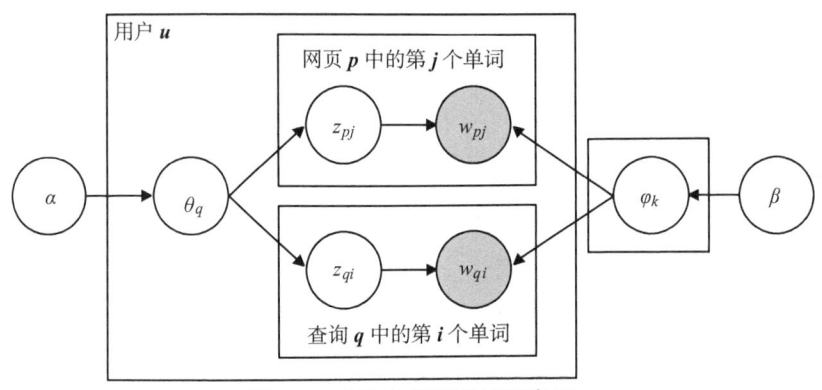

图 6-2　ALDA 模型的图形表示

表 6-1　主要符号

符号	含义
$u \in \{1, 2, \cdots, U\}$	消费者集合
$q \in \{1, 2, \cdots, Q\}$	消费者查询集合
$p \in \{1, 2, \cdots, P\}$	网页集合
θ_u	消费者 u 偏好中的主题概率分布
α	θ_u 的对称狄利克雷先验超参数
φ_k	第 k 个主题的单词概率分布
φ_k^q	查询 q 中第 k 个主题的单词概率分布
φ_k^p	网页 p 中第 k 个主题的单词概率分布
β	φ_k^q 和 φ_k^p 的对称狄利克雷先验超参数
z_{qi}	查询 q 中第 i 个单词的主题
z_{pj}	网页 p 中第 j 个单词的主题
w_{qi}	查询 q 中的第 i 个单词
w_{pj}	网页 p 中的第 j 个单词

首先，我们介绍 ALDA 模型的符号。假设某电商平台有 U 个消费者集合：

$u \in \{1, 2, \cdots, U\}$。消费者 u 针对特定搜索域输入了不同的查询:$q \in \{1, 2, \cdots, Q\}$。在特定查询 q 下有 P 个网页:$p \in \{1, 2, \cdots, P\}$。消费者 u 感兴趣的主题有 K 个:$k \in \{1, 2, \cdots, K\}$。词汇表中有 V 个主题词。w_{qi} 表示查询 q 中的第 i 个单词。w_{pj} 表示网页 p 中的第 j 个单词。

- θ_u 表示消费者 u 偏好中的主题概率分布。
- φ_k 表示第 k 个主题的单词概率分布。
- α 是 θ_u 的对称狄利克雷先验超参数。
- β 是 φ_k^q 和 φ_k^p 的对称狄利克雷先验超参数。
- z_{qi} 表示查询 q 中第 i 个单词的主题。
- z_{pj} 表示网页 p 中第 j 个单词的主题。
- w_{qi} 表示查询 q 中的第 i 个单词。
- w_{pj} 表示网页 p 中的第 j 个单词。

形式上,基于 ALDA 模型的查询会话和网页的生成过程描述如下。

(1) 主题。我们继续使用 Liu 等(2018)提出的假设。Liu 等(2018)假设搜索查询文档和网页文档遵循相同的主题分布。文档中的主题强度由文档中显示的单词反映,每个文档具有不同的主题强度。与 LDA 模型类似,每个主题 $k \in \{1, 2, \cdots, K\}$ 表示为主题词分布向量 $\boldsymbol{\varphi}_k$。向量 $\boldsymbol{\varphi}_k$ 在词汇表中的 V 个主题词上遵循 Dirichlet 分布:

$$\boldsymbol{\varphi}_k \sim Dirichlet(\beta)。$$

(2) 查询。为了对查询 q 中观察到的第 i 个词 w_{qi} 建模,ALDA 模型对查询 q 的主题分布和查询 q 中第 i 个词的主题分配顺序进行采样。消费者在线查询的生成过程如下。

① 对于每个查询 q($q \in \{1, 2, \cdots, Q\}$),从超参数为 α 的 Dirichlet 分布中采样生成查询 q 的主题分布 θ_u:$\theta_u \sim Dirichlet(\alpha)$。

② 对于每一个主题 k($k \in \{1, 2, \cdots, K\}$),从超参数为 β 的 Dirichlet 分布中采样生成主题 k 的主题词分布 φ_k:$\varphi_k \sim Dirichlet(\beta)$。

③ 对于查询 q 中的每一个单词 w_{qi}:

a. 从查询 q 的主题的多项式分布 θ_u 中采样生成查询 q 中的第 i 个单词的主题分配 z_{qi}:$z_{qi} \sim Multinomial(\theta_u)$;

b. 从主题 z_{qi} 对应词语的多项式分布 φ_k 中采样生成查询 q 中观测到的第 i 个单词 w_{qi}：$w_{qi} \sim Multinomial(\varphi_k)$。

(3) 网页。为了对网页 p 中观察到的第 j 个词 w_{pj} 建模，ALDA 模型对网页 p 的主题分布和网页 p 中第 j 个词的主题分配顺序进行采样。在线查询相关网页的生成过程如下。

①对于每个网页 p（$p \in \{1, 2, \cdots, P\}$），从超参数为 α 的 Dirichlet 分布中采样生成网页 p 的主题分布 θ_u：$\theta_u \sim Dirichlet(\alpha)$。

②对于每一个主题 k（$k \in \{1, 2, \cdots, K\}$），从超参数为 β 的 Dirichlet 分布中采样生成主题 k 的主题词分布 φ_k：$\varphi_k \sim Dirichlet(\beta)$。

③对于网页 p 中的每一个单词 w_{pj}

a. 从网页 p 的主题的多项式分布 θ_u 中采样生成网页 p 中的第 j 个单词的主题分配 z_{pj}：$z_{pj} \sim Multinomial(\theta_u)$；

b. 从主题 z_{pj} 对应词语的多项式分布 φ_k 中采样生成网页 p 中观测到的第 j 个单词 w_{pj}：$w_{pj} \sim Multinomial(\varphi_k)$。

精确估计参数 θ_u、φ_k 是一项棘手的任务。与 LDA 模型类似，我们使用 Gibbs 采样来近似推断参数。首先，我们需要对 $P(z_{qi} \mid w_{qi}, w_{pj})$ 和 $P(z_{pj} \mid w_{qi}, w_{pj})$ 进行采样，得到查询文档中的主题分配 z_{qi} 和网页文档中的主题分配 z_{pj}。因此，导出了以下条件概率分布：

$$P(z_{qi} = k, z_{pj} = k \mid z_{-qi}, z_{-pj}, w_{qi}, w_{pj})。$$

$P(z_{qi} = k, z_{pj} = k \mid z_{-qi}, z_{-pj}, w_{qi}, w_{pj})$
$\propto P(z_{qi} = k, z_{pj} = k, w_{qi} = t_1, w_{pj} = t_2 \mid z_{-qi}, z_{-pj}, w_{-qi}, w_{-pj})$
$= \int P(z_{qi} = k, z_{pj} = k, w_{qi} = t_1, w_{pj} = t_2, \theta_u, \theta_u, \varphi_k \mid z_{-qi}, z_{-pj}, w_{-qi}, w_{-pj}) \mathrm{d}\theta_u \mathrm{d}\theta_u \mathrm{d}\varphi_k$
$= \int P(z_{qi} = k, \theta_u \mid z_{-qi}, z_{-pj}, w_{-qi}, w_{-pj}) \cdot P(z_{pj} = k, \theta_u \mid z_{-qi}, z_{-pj}, w_{-qi}, w_{-pj}) \cdot$
$\quad P(w_{qi} = t_1, \varphi_{k, w_{qi}} \mid z_{-qi}, z_{-pj}, w_{-qi}, w_{-pj}) \cdot$
$\quad P(w_{pj} = t_2, \varphi_{k, w_{pj}} \mid z_{-qi}, z_{-pj}, w_{-qi}, w_{-pj}) \mathrm{d}\theta_u \mathrm{d}\theta_u \mathrm{d}\varphi_{k, w_{qi}} \mathrm{d}\varphi_{k, w_{pj}}$
$= \int P(z_{qi} = k \mid \theta_u) P(\theta_u \mid z_{-qi}, z_{-pj}, w_{-qi}, w_{-pj}) \cdot P(z_{pj} = k \mid \theta_u) P(\theta_u \mid z_{-qi}, z_{-pj}, w_{-qi}, w_{-pj}) \cdot$
$\quad P(w_{qi} = t_1 \mid \varphi_{k, w_{qi}}) P(\varphi_{k, w_{qi}} \mid z_{-qi}, z_{-pj}, w_{-qi}, w_{-pj}) \cdot$
$\quad P(w_{pj} = t_2 \mid \varphi_{k, w_{pj}}) P(\varphi_{k, w_{pj}} \mid z_{-qi}, z_{-pj}, w_{-qi}, w_{-pj}) \mathrm{d}\theta_u \mathrm{d}\theta_u \mathrm{d}\varphi_{k, w_{qi}} \mathrm{d}\varphi_{k, w_{pj}}$

$$= \int P(z_{qi} = k \mid \theta_u) Dir(\theta_u \mid n_{q,\,-qi} + \alpha) \cdot P(z_{pj} = k \mid \theta_u) Dir(\theta_u \mid n_{p,\,-pj} + \alpha) \cdot$$

$$P(w_{qi} = t_1 \mid \varphi_{k,\,w_{qi}}) Dir(\varphi_{k,\,w_{qi}} \mid n^q_{k,\,-qi} + \beta) \cdot$$

$$P(w_{pj} = t_2 \mid \varphi_{k,\,w_{pj}}) Dir(\varphi_{k,\,w_{pj}} \mid n^p_{k,\,-pj} + \beta) \mathrm{d}\theta_u \mathrm{d}\theta_u \mathrm{d}\varphi_{k,\,w_{qi}} \mathrm{d}\varphi_{k,\,w_{pj}}$$

$$= \int \theta_u^{(k)} Dir(\theta_u \mid n^{(k)}_{q,\,-qi} + \alpha) \cdot \theta_u^{(k)} Dir(\theta_u \mid n^{(k)}_{p,\,-pj} + \alpha) \cdot \varphi_k^{(t_1)} Dir(\varphi_{k,\,w_{qi}} \mid n^{q(t_1)}_{k,\,-qi} + \beta) \cdot$$

$$\varphi_k^{(t_2)} Dir(\varphi_{k,\,w_{pj}} \mid n^{p(t_2)}_{k,\,-pj} + \beta) \mathrm{d}\theta_u \mathrm{d}\theta_u \mathrm{d}\varphi_{k,\,w_{qi}} \mathrm{d}\varphi_{k,\,w_{pj}}$$

$$= \mathrm{E}(\theta_u^{(k)})^2 \cdot \mathrm{E}(\varphi_k^{(t_1)}) \cdot \mathrm{E}(\varphi_k^{(t_2)})$$

$$= \frac{n^{(k)}_{q,\,-qi} + \alpha}{\sum\limits_{k=1}^{K} n^{(k)}_{q,\,-qi} + K\alpha} \cdot \frac{n^{(k)}_{p,\,-pj} + \alpha}{\sum\limits_{k=1}^{K} n^{(k)}_{p,\,-pj} + K\alpha} \cdot \frac{n^{q(t_1)}_{k,\,-qi} + \beta}{\sum\limits_{v=1}^{V} n^{q(v)}_{k,\,-qi} + V\beta} \cdot \frac{n^{p(t_2)}_{k,\,-pj} + \beta}{\sum\limits_{v=1}^{V} n^{p(v)}_{k,\,-pj} + V\beta} \,\circ \quad (6-1)$$

其中，$w_{qi} = t_1$ 表示查询 q 中的第 i 个单词是 t_1；$w_{pj} = t_2$ 表示网页 p 中的第 j 个单词是 t_2；z_{-qi} 表示除了查询 q 中的第 i 个单词之外的所有单词的主题分配；z_{-pj} 表示网页 p 中除第 j 个单词之外的所有单词的主题分配；w_{-qi} 表示查询 q 中除第 i 个单词之外的所有单词；w_{-pj} 表示网页 p 中除第 j 个单词之外的所有单词；$n^{(k)}_{q,\,-qi}$ 表示查询 q 中主题 k 生成的词数，不包括查询 q 中的第 i 个单词；$n^{(k)}_{p,\,-pj}$ 表示主题 k 在网页 p 中产生的词数，不包括网页 p 中的第 j 个单词；$n_{q,\,-qi} = (n^{(1)}_q, n^{(2)}_q, \cdots, n^{(k)}_q - 1, \cdots, n^{(K)}_q)$ 表示主题 k 在查询 q 中不包括第 i 个单词产生的词数；$n_{p,\,-pj} = (n^{(1)}_p, n^{(2)}_p, \cdots, n^{(k)}_p - 1, \cdots, n^{(K)}_p)$ 表示网页 p 中主题 k 生成的词数，不包括第 j 个单词；$n^{q(t)}_{k,\,-qi}$ 表示单词 t 分配给主题 k 的次数，不包括查询 q 中的第 i 个单词；$n^q_{k,\,-qi} = (n^{q(1)}_k, n^{q(2)}_k, \cdots, n^{q(t)}_k - 1, \cdots, n^{q(V)}_k)$；$n^{p(t)}_{k,\,-pj}$ 表示除了网页 p 中的第 j 个单词之外单词 t 分配给主题 k 的次数，$n^p_{k,\,-pj} = (n^{p(1)}_k, n^{p(2)}_k, \cdots, n^{p(t)}_k - 1, \cdots, n^{p(V)}_k)$。

算法 6-1 总结了估计参数 θ_u、φ_k 的吉布斯采样的整个过程。首先，根据均匀分布对每个单词的主题分配进行初始化；其次，通过检查公式（6-1）来更新每个单词的主题分配；最后，$n^{(k)}_q$、$n^{(k)}_p$、$n^{q(v)}_k$、$n^{p(v)}_k$ 可以在足够的迭代次数后进行计数。$n^{(k)}_q$ 表示主题 k 在查询 q 中出现的次数，$n^{(k)}_p$ 表示主题 k 在网页 p 中出现的次数，$n^{q(v)}_k$ 表示将单词 v 作为查询词分配给主题 k 的次数，$n^{p(v)}_k$ 表示将单词 v 作为网页词分配给主题 k 的次数。

这里只给出参数 θ_u 的推导，其他参数的推导同理。

$$P(\theta_u \mid n_u, \alpha) = \frac{P(n_u \mid \theta_u)P(\theta_u \mid \alpha)}{\int P(n_u \mid \theta_u)P(\theta_u \mid \alpha)d\theta_u}$$

$$= \frac{Mult(n_u \mid \theta_u)Dir(\theta_u \mid \alpha)}{\int Mult(n_u \mid \theta_u)Dir(\theta_u \mid \alpha)d\theta_u}$$

$$= Dir(\theta_u \mid \alpha + n_u)_\circ$$

式中：$n_u = n_q + n_p$。

算法 6-1　ALDA 模型的吉布斯采样

Input：topic number K，vocabulary number V，document sets，α，β
Output：θ_u，φ_k

1. Initialization
   Sample z_{qi}，z_{pj} according to the uniform distribution
   $n_q^{(k)} = n_q^{(k)} + 1$，$n_q = n_q + 1$，$n_p^{(k)} = n_p^{(k)} + 1$，$n_p = n_p + 1$，$n_k^{q(t)} = n_k^{q(t)} + 1$，$n_k^q = n_k^q + 1$，$n_k^{p(t)} = n_k^{p(t)} + 1$，$n_k^p = n_k^p + 1$。

2. Gibbs sampling
   For each query q and webpage p do：
     For each word w_{qi} in query q do：
     1) $z_{qi} = k \rightarrow n_q^{(k)} = n_q^{(k)} - 1$，$n_q = n_q - 1$，$n_k^{q(t)} = n_k^{q(t)} + 1$，$n_k^q = n_k^q + 1$。
     2) Sample $z_{qi} = \widehat{k} \sim P(z_{qi} = k \mid z_{-qi}, w_{qi})$ according to equations（6-1）
     $n_q^{(\widehat{k})} = n_q^{(\widehat{k})} - 1$，$n_q = n_q - 1$，$n_k^{q(t)} = n_k^{q(t)} + 1$，$n_k^q = n_k^q + 1$。
     For each word w_{pj} in webpage p do：
     1) $z_{pj} = k \rightarrow n_p^{(k)} = n_p^{(k)} - 1$，$n_p = n_p - 1$，$n_k^{p(t)} = n_k^{p(t)} + 1$，$n_k^p = n_k^p + 1$。
     2) Sample $z_{pj} = \widehat{k} \sim P(z_{pj} = k \mid z_{-pj}, w_{pj})$ according to equations（6-1）
     $n_p^{(\widehat{k})} = n_p^{(\widehat{k})} - 1$，$n_p = n_p - 1$，$n_k^{p(t)} = n_k^{p(t)} + 1$，$n_k^p = n_k^p + 1$。

3. Parameter estimation
   Estimating θ_u，φ_k according to equations（6-2）~ equations（6-3）

每个参数的估计值为：

$$E(\theta_u) = \left(\frac{n_q^{(1)} + n_p^{(1)} + \alpha}{\sum_{k=1}^{K} n_q^{(k)} + n_p^{(k)} + K\alpha}, \cdots, \frac{n_q^{(k)} + n_p^{(k)} + \alpha}{\sum_{k=1}^{K} n_q^{(k)} + n_p^{(k)} + K\alpha}, \cdots, \right.$$

$$\left. \frac{n_q^{(K)} + n_p^{(K)} + \alpha}{\sum_{k=1}^{K} n_q^{(k)} + n_p^{(k)} + K\alpha} \right);\tag{6-2}$$

$$E(\varphi_k) = \left(\frac{n_k^{q(1)} + n_k^{p(1)} + \beta}{\sum_{v=1}^{V} n_k^{q(v)} + n_k^{p(v)} + V\beta}, \cdots, \frac{n_k^{q(v)} + n_k^{p(v)} + \beta}{\sum_{v=1}^{V} n_k^{q(v)} + n_k^{p(v)} + V\beta}, \cdots, \right.$$

$$\left. \frac{n_k^{q(V)} + n_k^{p(V)} + \beta}{\sum_{v=1}^{V} n_k^{q(v)} + n_k^{p(v)} + V\beta} \right) 。 \quad (6-3)$$

6.2.2 个性化产品推荐

在本小节中,我们将介绍如何应用 ALDA 模型捕获的消费者偏好来预测消费者的潜在购买需求并向其推荐合适的商品。由于 ALDA 模型识别的消费者内容偏好是一个主题词分布,本小节试图从概率密度分布的角度计算消费者偏好主题和产品特征之间的相似度,采用基于 Kullback-Leibler 散度的两个概率空间的相似度度量来计算消费者偏好主题和产品特征之间的相似度。

在比较特定消费者偏好中的主题和产品特征中的主题之前,我们需要计算它们之间的相似度。传统的几何距离无法识别对象概率分布的差异,而 Kullback-Leibler 散度可以区分两个对象的分布差异。令 $P(x)$、$Q(x)$ 为随机变量上的两个概率分布,则在离散和连续随机变量的情况下,Kullback-Leibler 散度定义为:

$$KL(P \parallel Q) = \sum P(x) \log \frac{P(x)}{Q(x)};$$

$$KL(P \parallel Q) = \int P(x) \log \frac{P(x)}{Q(x)} dx 。$$

对于消费者 u 和项目 d ($d \in \{1, \cdots, d, \cdots, D\}$),消费者偏好主题和产品特征的多项分布分别为 θ_u 和 θ_d。消费者偏好 θ_u 中的主题强度可以从提出的 ALDA 模型中推断出来。产品特征的主题强度可以通过 MG-LDA 模型从产品描述文档和在线评论中提取(Titov et al., 2008)。为了向消费者推荐一组合适的商品,我们需要衡量消费者偏好主题与产品特征之间的相似度。主题之间的相似度定义为:

$$sim(z_u = k, z_d = k) = \frac{1}{\sum_{t=1}^{V} p(t \mid z_u) \log \frac{p(t \mid z_u)}{p(t \mid z_d)} + \sum_{t=1}^{V} p(t \mid z_d) \log \frac{p(t \mid z_d)}{p(t \mid z_u)}} 。$$

$$(6-4)$$

式中:t 表示出现在消费者画像和产品画像中的单词。

消费者偏好主题与产品特征之间的相关度可以通过公式（6-4）得到，这并不能反映每个主题在消费者偏好中的重要性。主题之间的平均语义距离是加权的。我们假设消费者查询关键字中的主题对于反映消费者偏好同样重要。因此，我们使用 $\frac{1}{K}$ 来加权消费者偏好和产品特征中主题之间的平均语义距离。因此，消费者偏好和产品特征之间的相似度计算如下：

$$sim(u, d) = \frac{1}{K} \sum_{k=1}^{K} sim(z_u = k, z_d = k)。 \quad (6-5)$$

根据公式（6-5）对推荐的商品进行降序排列，将 top-k 的潜在商品推荐给消费者。

6.3 实验结果分析

为了测试所提出的推荐框架，我们基于从实际应用中获得的不同数据集进行实验。实验旨在验证所提出的推荐框架的两个方面：①由 ALDA 模型识别的在线查询会话中的主题质量；②基于显式学习的个性化推荐方法的推荐准确性的提高；③在线查询会话中的消费者偏好。

本书中的所有实证评估均在配备 Xeon W-2102 CPU、8.00 GB RAM 的 Dell Precision T5820 工作站上实施。我们选择用 Python 语言来实现程序。

6.3.1 数据描述

本章实验验证使用的是真实世界中公开的 AOL 查询日志数据集。该集合由 2006 年 3 个月内从 65 万名消费者收集的 2000 万个 Web 查询组成。数据按匿名消费者 ID 排序。数据集包括 {AnonID, Query, QueryTime, ItemRank, ClickURL}，其中 AnonID 表示匿名消费者 ID 号。Query 表示消费者发出的查询；QueryTime 表示提交查询以供搜索的时间。如果消费者点击了某个搜索结果，则会列出他们点击的商品的排名，被标记为 ItemRank。如果消费者点击了一个搜索结果，那么点击结果中的 URL 的域部分会被列出，并被标记为 ClickURL。

在进行实验之前，我们对 AOL 查询日志数据集进行了预处理。首先，我们先后移除了包含 URL 字符串的查询词、包含特殊字符的查询词和不包含点击 URL 的查询词。其次，我们利用"15 分钟间隔"（He et al., 2000）推导出在线查询中合理的会话中断，以便更好地研究 ALDA 模型的有效性。最后，我们将每个消费者的搜索记录划分为训练集和测试集，其比例分别为 80%、20%。部分 AOL 查询日志数据集格式如表 6-2 所示。

表 6-2　部分 AOL 查询日志数据集格式

AnonID	Query	QueryTime	ItemRank	ClickURL
479	car decals	2006-03-03 23:20:12	4	http://www.decaljunky.com
479	car decals	2006-03-03 23:20:12	1	http://www.modernimage.net
479	car decals	2006-03-03 23:20:12	5	http://www.webdecal.com
479	car window decals	2006-03-03 23:24:05	9	http://www.customautotrim.com
479	car window sponsor decals	2006-03-03 23:27:17	3	http://www.streetglo.net
1020	slot machine tips	2006-04-18 12:43:46	1	http://www.slotadvisor.com
1020	slot machine tips	2006-04-18 12:43:46	4	http://www.thegamblersedge.com
1020	slot machine tips	2006-04-18 12:43:46	8	http://www.gambling.jaxworld.com
1020	slot machine tips	2006-04-18 13:06:52	11	http://www.licensed4fun.com

6.3.2　ALDA 模型性能评估

为了验证本书中提出的 ALDA 模型识别的在线查询会话中主题的质量，我们选择了 5 种用于推断消费者偏好分布的典型模型作为基准方法。

（1）LDA 模型。LDA 模型是一种生成概率模型，其中每个文档都被建模为一组基础主题的有限混合，每个主题被建模为一组基础单词分布的无限混合（Blei et al., 2003）。

(2) Twitter-BTM 模型。Twitter-BTM 模型通过聚合基于消费者的双项主题模型来学习消费者特定的主题分布,并结合背景主题来区分消费者对背景词和主题词的偏好(Chen et al.,2015)。

(3) UCIT 模型。UCIT 模型根据关注者的主题分布、当前短文本的内容及之前估计的分布来了解消费者的短期和长期偏好(Liang et al.,2018)。

(4) HDLDA 模型。HDLDA 是一种分层对偶潜在 Dirichlet 分配,它假设搜索查询文档和搜索结果文档之间存在语义关系,它定量地描述了消费者如何将他们的内容偏好转化为搜索查询(Liu et al.,2018)。

(5) UATM 模型。UATM 模型通过学习消费者偏好中的主题强度和关注者偏好中的主题强度来推断消费者偏好中的主题强度,这可以有效地缓解稀疏问题(Shi et al.,2020)。

通过比较上述模型的参数设置,我们得到超参数 $\alpha = 50/K$,$\beta = 0.01$,$\gamma = 0.5$。

主题连贯性主要用来衡量一个主题内的词是否连贯。那么如何认定这些词是连贯的呢?如果这些词相互支持,那么这组词是连贯的。换句话说,如果你把来自多个主题的词放在一起并用一个完美的类别将它们聚类,那么来自同一个主题的词应该属于同一类别。PMI 使用外部文本数据集来衡量主题的连贯性,这是评估每个模型提取的主题质量的公平指标。PMI 可以通过下式计算:

$$PMI(w_i, w_j) = \log \frac{p(w_i, w_j) + \epsilon}{p(w_i) \cdot p(w_j)}$$

式中:w_i 和 w_j 是主题词,ϵ 是随机干扰项。PMI 值越大,主题词之间的连贯性越好。

为了进一步评估随机选择主题的 PMI,实验使用从维基百科官方网站下载的维基百科文章作为辅助语料库。我们在每个主题中选择排在前 5、前 10 和前 20 的单词并计算平均 PMI。图 6-3 为各个模型的 PMI 对比,显示了每个模型学习到的选定主题的一致性结果。在 6 个模型的比较中,可以清楚地看出 ALDA 模型的 PMI 明显优于其他模型。结果表明,ALDA 模型提取的主题比其他模型更连贯。这是因为 ALDA 模型将查询会话中的主题强度和网页中的主题强度联合建模到同一层文档中。通过聚合相应的网页来辅助学习消费者感兴趣的话题，避免了在线查询数据的稀疏性。由于 Twitter-BTM 模型和 LDA 模型只能分别对查询文档和网页文档进行建模，因此这两个模型的性能最差。Twitter-BTM 模型优于 LDA 模型，因为 Twitter-BTM 模型继承了 BTM 处理短文本的出色能力。UCIT 模型和 UATM 模型的表现明显优于 Twitter-BTM 模型和 LDA 模型。这是因为 UCIT 模型和 UATM 模型不仅从消费者自己生成的内容中提取主题，而且从与它相似的消费者集群生成的内容中提取主题。HDLDA 模型可以生成比 UATM 模型、UCIT 模型、Twitter-BTM 模型和 LDA 模型更连贯的主题。这是因为 HDLDA 模型在两个层次化的 LDA 过程中对查询文档和网页文档进行建模。HDLDA 模型可以更好地捕捉查询和网页之间的语义关系。与对查询会话中的主题强度和网页中的主题强度进行分层建模的 HDLDA 模型不同，ALDA 模型将查询会话中的主题强度和网页中的主题强度联合建模到同一层文档中。因此，ALDA 模型比 HDLDA 模型获得了更好的结果。

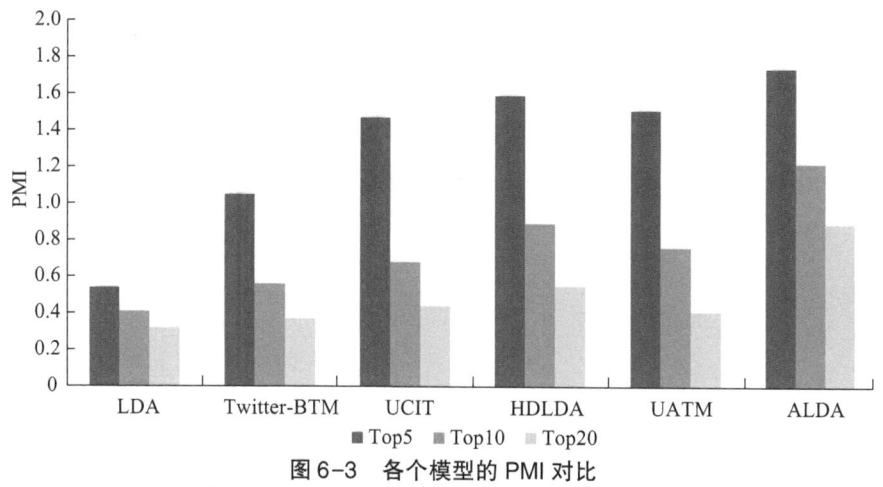

图 6-3 各个模型的 PMI 对比

为进一步验证 ALDA 模型识别消费者兴趣偏好的能力，我们利用困惑度来比较这些模型估计的消费者内容偏好转移的准确性。由于信息论中的困惑度是一种经常用于判断概率模型或概率分布预测样本的度量指标，因此我们利用困惑度来评估每个模型推断出的消费者兴趣偏好的效果。困惑度能够预测未观察到的新文档上的单词。perplexity 越小，模型在挖掘消费者意图方面的性能越好。困惑度可以计算如下：

$$Perplexity_{portion}(\mathcal{M}) = \Big(\sum_{d=1}^{D}\sum_{i=P+1}^{N_d} p(w_i \mid \mathcal{M}, w_{1:p})\Big)^{-\frac{1}{\sum_{d=1}^{D}(N_d - p)}}。$$

式中：$\mathcal{M}$ 是从训练集中学习到的模型参数集，d 表示文档，N_d 是文档中的单词数。

为了使实验结果更加可靠，我们在 AOL 数据集中以不同的比例（10% ~ 90%）对观察到的数据进行采样。从图 6-4 可以看出，每个模型的 Perplexity 值随着观测数据百分比的增大而逐渐降低。这表明随着观察到的数据的增长，每个模型在预测消费者兴趣偏好方面都变得更好。与其他 5 个模型相比，ALDA 模型的困惑度最小，从 1100 到 2500，这表明 ALDA 模型在识别消费者兴趣偏好的 6 个模型中表现最好。这是因为 ALDA 模型对查询和网页之间的交互关系进行建模。在现实中，消费者的购物过程实际上是一个了解和评价产品的过程。消费者可能会先输入不准确的关键字来表达他们的需求，然后通过浏览搜索结果，调整输入的关键字，加深对产品的了解。消费者将重复这个学习过程，直到找到合适的产品。也就是说，查询关键字的主题和搜索结果的主题在语义上是相互关联的。因此，对查询和网页之间的这种交互进行建模有助于我们更准确地捕捉消费者兴趣偏好的变化。这就是 ALDA 模型在识别消费者购买意愿方面优于其他模型的根本原因。

由于 LDA 模型和 Twitter-BTM 模型没有模拟搜索查询中的主题如何与相

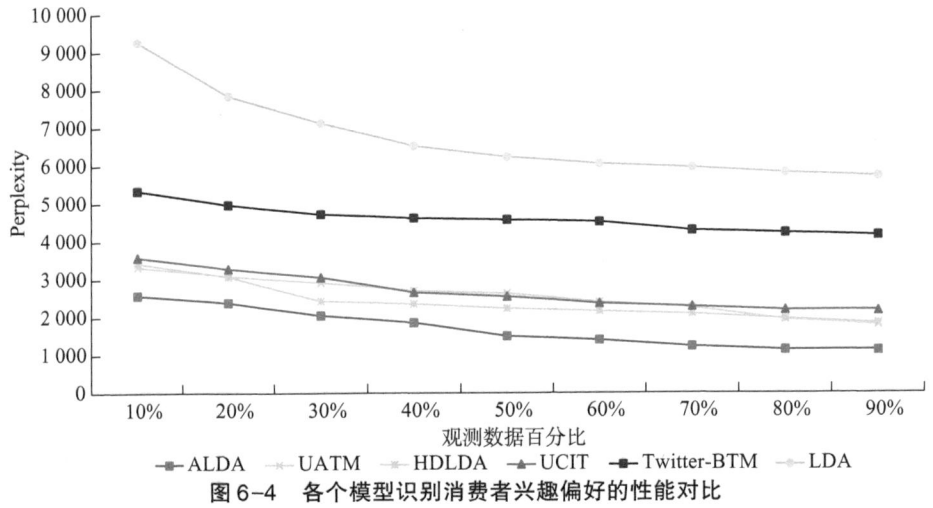

图 6-4　各个模型识别消费者兴趣偏好的性能对比

应搜索结果中的主题相关,因此它们在理解消费者兴趣偏好方面的表现最差。UCIT 模型和 UATM 模型都学习消费者内容和关注者内容中的主题分布,从而可以广泛挖掘和了解消费者的偏好和意图,并且实验结果也证实了 UCIT 模型和 UATM 模型明显优于 LDA 模型和 Twitter-BTM 模型。HDLDA 模型在两个层次化的 LDA 过程中对查询文档和网页文档进行建模,并假设查询文档在语义上与网页文档相关,这有助于理解它在消费者兴趣方面略微领先于 UCIT 模型和 UATM 模型。虽然 HDLDA 模型也产生了不错的结果,但它的表现比 ALDA 模型差。这是由于 HDLDA 模型未能捕获查询和网页之间的交互关系。总之,ALDA 模型在预测消费者购买意愿方面始终优于其他模型。

6.3.3 推荐结果质量评估

为了检验 ALDA 模型识别的消费者偏好是否能够实现更好的个性化推荐,我们利用精度和多样化来详细评估推荐结果,选择了 5 种典型的基于主题模型的推荐技术作为基准。

(1) CTR 模型。该模型结合传统协同过滤和概率主题建模的优点,为消费者和项目提供可解释的潜在结构(Wang et al., 2011)。

(2) SVD-LDA 模型。该模型通过对文本内容的主题建模改进了基于 SVD 的文本内容项目推荐(Nikolenko, 2015)。

(3) CoAWILDA 模型。该模型依赖自适应在线潜在狄利克雷分配来模拟作为文档流到达的新可用项目和用于协同过滤的增量矩阵分解(Al-Ghossein et al., 2018)。

(4) AR-LDA 模型。该模型使用主题建模和顺序关联规则挖掘来捕捉消费者对产品随时间变化的偏好(Kang et al., 2020)。

(5) EUU-CF 模型。该模型利用 LDA 模型提取维基百科中的主题,然后使用消费者浏览历史中的主题来提取消费者偏好(Rajendran et al., 2021)。

我们采用两个常用的指标 Precision 和 Recall 来评估每种推荐方法获得的推荐结果的准确性。Precision 和 Recall 被定义为:

$$Precision = \frac{\sum_{u \in U} |R(u) \cap T(u)|}{|R(u)|};$$

$$Recall = \frac{\sum_{u \in U} |R(u) \cap T(u)|}{|T(u)|} \circ$$

式中：$R(u)$ 表示基于训练数据集的推荐列表，$T(u)$ 表示基于测试数据集的推荐列表。

为了评估每种推荐方法获得的推荐结果的准确性，我们将推荐数量设置为 Top10 到 Top100。图 6-5 显示了各个模型的推荐结果准确性对比。我们可以观察到，CTR 模型、SVD-LDA 模型、CoAWILDA 模型和 AR-LDA 模型生成的推荐结果的准确性非常接近，并且明显低于 EUU-CF 模型和 ALDA 模型。这是因为 CTR 模型、SVD-LDA 模型、CoAWILDA 模型和 AR-LDA 模型专注于对带有文本内容的项目的推荐。它们根据消费者的购买行为来推断消费者的兴趣，很难细化消费者对不同产品属性的偏好。与 CTR 模型、SVD-LDA 模型、CoAWILDA 模型和 AR-LDA 模型不同，EUU-CF 模型和 ALDA 模型从在线搜索查询中推断出消费者的偏好。结果表明，挖掘隐藏在查询日志中的消费者行为特征可以更好地发现消费者对产品特征的偏好。虽然 EUU-CF 模型也能产生很好的准确推荐，但它的表现比 ALDA 模型差。这是因为 EUU-CF 模型只挖掘消费者的浏览内容，忽略了消费者的查询内容在语义上与消费者的浏览内容相关。而 ALDA 模型模型同时学习隐藏在消费者在线搜索查询和相应网页中的潜在主题。由于在线查询短语数据稀疏，ALDA 模型聚合了消费者查询对应的点击文档，以帮助更准确地学习消费者的内容偏好。综上所述，在线查询可以明确表达消费者的内容偏好，有助于为消费者提供更个性化的推荐。

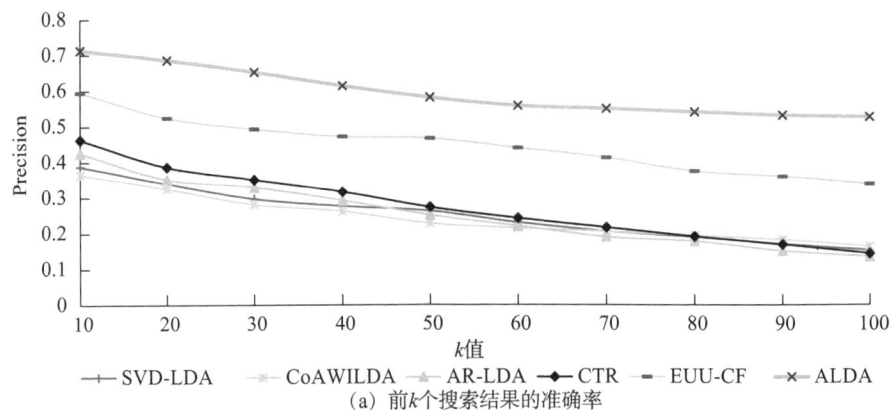

(a) 前 k 个搜索结果的准确率

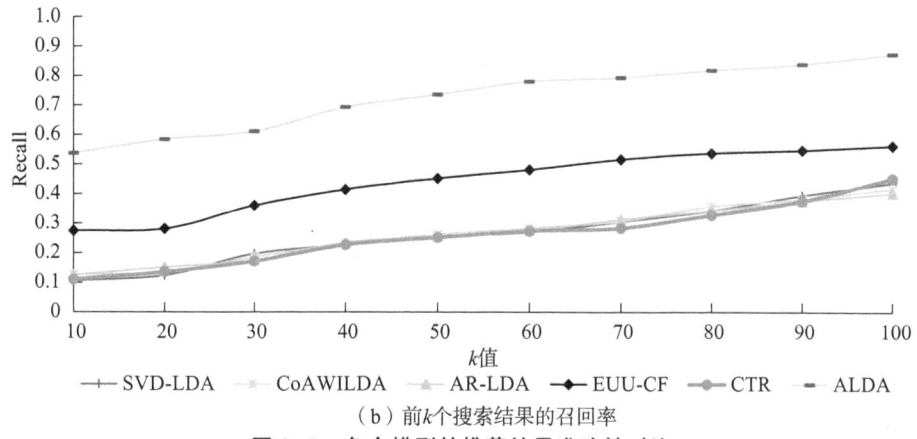

(b) 前k个搜索结果的召回率
图 6-5 各个模型的推荐结果准确性对比

仅验证模型推荐结果的准确性并不足以说明推荐模型的个性化效果。由于协同过滤只依赖消费者过去的购买行为，消费者只能获得与自己个人资料中的产品相似的推荐，很难获得多样化的选择。因此，我们进一步设计了实验来验证推荐模型发现新产品的能力。我们采用 Novelty 指标（Lü et al.，2012）来衡量推荐模型发现新物品的能力。Novelty 值越小代表推荐的产品越新颖。新颖性可以计算如下：

$$novelty = \frac{1}{mk} \sum_{u=1}^{m} \sum_{i \in L_u} d_i 。$$

式中：L_u 是消费者 u 的 Top-k 列表，m 是消费者数，d_i 是项目 i 的度数，即对项目 i 评分的消费者数。

我们将推荐项目的数量设置为 10，并在 AOL 查询数据集上进行了 32 次实验。

图 6-6 显示了各个模型的推荐结果新颖性对比。我们可以观察到，CTR 模型、SVD-LDA 模型、CoAWILDA 模型和 AR-LDA 模型生成的推荐结果的新颖性非常接近，并且明显低于 EUU-CF 模型和 ALDA 模型。这是因为 CTR 模型、SVD-LDA 模型、CoAWILDA 模型、AR-LDA 模型都是根据消费者的历史购买行为来推断消费者的兴趣，很难为消费者发现新的产品。与 CTR 模型、SVD-LDA 模型、CoAWILDA 模型和 AR-LDA 模型不同，EUU-CF 模型和 ALDA 模型从实时在线搜索查询中推断出消费者的偏好，可以及时捕捉消费者

兴趣的变化。结果表明，挖掘隐藏在查询日志中的消费者行为特征可以更好地为消费者发现新商品。虽然 EUU-CF 模型也能产生很好的准确推荐，但它的表现比 ALDA 模型差。这是因为 EUU-CF 模型只挖掘消费者的浏览内容，忽略了消费者的查询内容在语义上与消费者的浏览内容相关。而 ALDA 模型同时学习隐藏在消费者在线搜索查询和相应网页中的潜在主题。总之，ALDA 模型可以在不牺牲准确性的情况下提高推荐结果的新颖性。

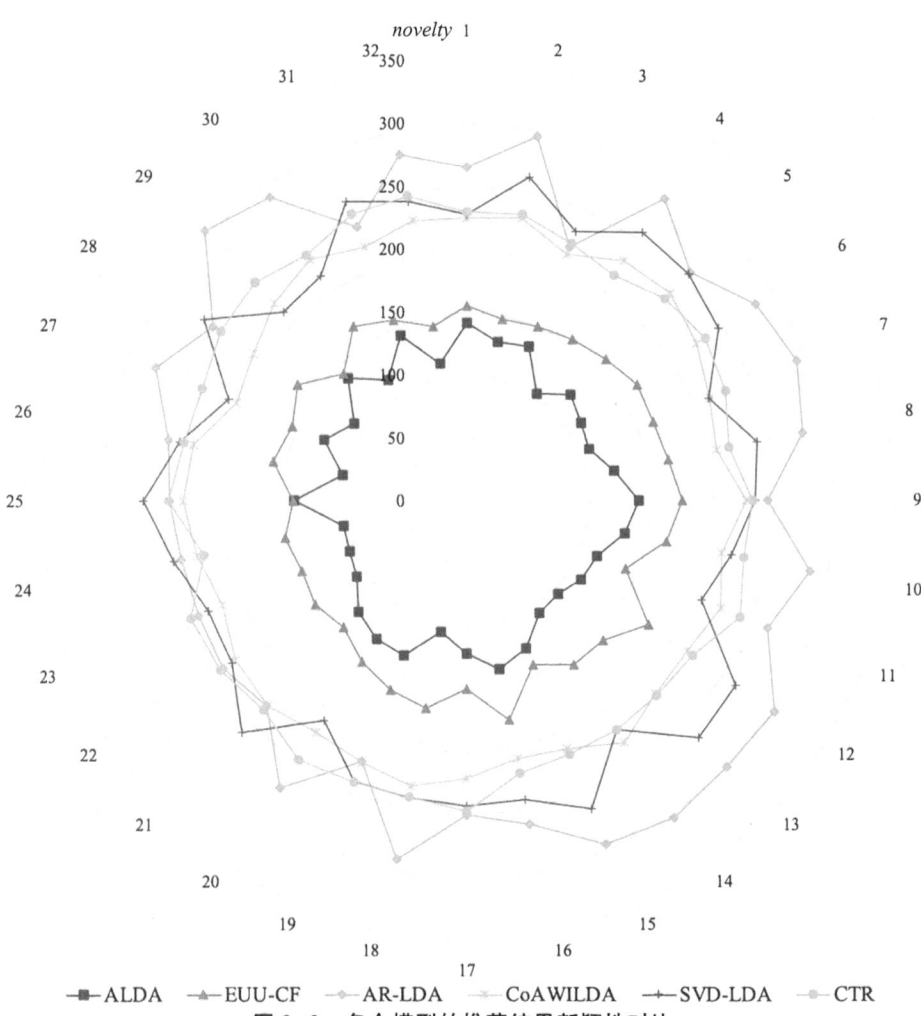

图6-6　各个模型的推荐结果新颖性对比

6.4 本章小结

个性化推荐系统是电子零售商常用的工具，可帮助消费者找到符合自己喜好的商品。以往基于分析历史购买数据的个性化推荐系统很难捕捉到不同的个人意见并为消费者找到新的商品。由于在线查询会话包含消费者对多个商品属性的明确偏好，因此这项工作的重点是通过从在线查询中推断消费者的偏好来向消费者推荐新颖的商品，这在现有研究中很少受到关注。在这种情况下，本书提出了一种基于从在线查询会话中推断消费者偏好的可持续推荐系统架构。所提出的架构分两个步骤工作。①从在线查询中推断消费者的偏好，提出了聚合潜在狄利克雷分配（ALDA）模型。ALDA 模型将查询和网页的联合主题分布视为消费者偏好的主题分布。通过聚合相应网页来辅助学习消费者的内容偏好，避免在线查询数据的稀疏性。②基于概率空间学习消费者偏好与产品特征的相似度。由于 ALDA 模型识别的消费者内容偏好是一个主题词分布，本书尝试从概率的角度计算消费者与商品的相似度密度分布。我们采用基于 Kullback-Leibler 散度的两个概率空间的相似度度量指标来计算消费者偏好主题和项目特征之间的相似度，然后用相似度来预测消费者的购买意愿。对现实世界数据集的广泛经验评估表明，所提出的架构可以在不牺牲准确性的情况下提高推荐结果的新颖性。从管理角度看，向消费者推荐多样化、新颖的商品，可以提高消费者的满意度，有利于电商企业的可持续发展。

7 新零售背景下全渠道推荐机制研究的机遇与挑战

7.1 新零售背景下全渠道推荐机制研究的意义

回顾过去 5 年，消费已经成为拉动我国经济增长的核心动力。近年来，政府工作报告不断指出消费对经济发展的基础性作用，强调推进消费升级，发展消费新业态新模式。在备受关注的"十四五"规划中，坚持把扩大内需、形成强大国内市场作为促进国民经济增长的战略支点。"十四五"规划要求全面促进消费：增强消费对经济发展的基础性作用，顺应消费者升级，提升传统消费，健全现代流通体系，发展无接触交易服务，降低企业流通成本，促进线上线下消费融合发展。新零售作为近年来快速崛起的消费新模式，凭借移动互联网的优势，通过打通线上和线下渠道，实现多元化购物场景的无缝联动，使得消费者可以不受时间和空间限制，在各种渠道间全方位地进行产品搜索、比较、购买、评价和传播。新冠肺炎疫情突袭的 2020 年，新零售商业模式更是展现了惊人的活力。很多实体零售企业由于没能在战略上布局线上渠道，受新冠肺炎疫情打击后直接破产。但是一些提前布局新零售的企业（如银泰百货、永辉超市、兴盛优选、物美超市、每日优鲜、盒马鲜生等）不仅成功度过了疫情危机，而且呈现出良好的发展势头。数据显示，永辉超市 2020 年上半年实现营业收入 505.16 亿元，同比增长 22.68%。2020 年春节期间，每日优鲜交易额相比上年同期增长 350%。相信在政策的积极引导下，未来5年,新零售在赋能实体经济、推动消费提档升级中的作用将会更加显著(姜长云,2020)。

不同于以"货"为中心的传统零售企业,新零售是以消费者体验为中心的数据驱动的泛零售业态,依靠消费者的反馈来建立和增强对其平台的信任,因此研究创建"下一代"面向全渠道覆盖的推荐系统对于新零售模式的传播和服务质量的提高至关重要(Kauffman et al., 2020)。对于消费者而言,线上线下融合的全渠道购物方式已经成为主流。麦肯锡发布的2019年中国数字消费者趋势报告显示,以服饰为例,中国消费者的全渠道购物占比已经达到了85%。新零售最本质的革新就是将传统零售的"人找货"模式转变成了"货找人"。大而全的市场已被传统零售巨头抢占,新零售企业落脚于精细化运作,从细分维度去挖掘市场。以无人超市为例,无人超市中可陈列的商品数量极为有限,商品品类通常为大型商超的5%~10%,因此需要对SKU精挑细选,将最符合个人兴趣偏好的商品推荐给消费者。然而现实中的"个性化推送"往往成为"垃圾信息轰炸"。针对全渠道零售的个性化推荐,2019年麦肯锡对超过5900名中国消费者进行了调查,结果显示,有98%的受访消费者都在线上平台收到过产品推荐,但只有18%的消费者认为推荐的商品"投其所好"。对于线下渠道,仅有10%的消费者表示在实体店感受到了个性化的服务或建议。不同于传统的互联网推荐,新零售推荐则需要通过整合优化线上商城(如PC电商、移动电商等)、实体店铺(如无人货架、无人便利店、传统商超等)及社交媒体(如微博、微信、直播平台等)在内的各类渠道信息供给策略来实施线上线下协同的全渠道展示与推荐。在新零售时代,整合消费者在各类渠道留下的行为数据,加强对消费者跨渠道购买行为的理解,提供具有针对性的全渠道推荐服务,正在给企业开发推荐系统带来全新的挑战(Cai et al., 2020)。

消费者行为(如点击产品、将产品添加到购物车、购买产品等)在推断消费者对推荐产品的兴趣偏好方面起着重要作用。现有研究主要关注将消费者线上购物行为纳入互联网推荐,但是鲜有研究通过探索消费者跨渠道购物的行为特征及渠道协同来进行线上线下交互的产品或服务推荐。随着新零售渠道(如无人货柜、直播带货、移动电商等)的引入,消费者的行为在全渠道模式下也发生了巨大变化。消费者在决策过程中会使用多个渠道获取信息、体验商品,并通过社交媒体、直播平台或在线评论与新零售企业进行互动,并在各个渠道接触点进行无缝移动。学术界和业界认为理解刻画这种新的消费者全渠道行为在提升消费者价值、辅助企业决策方面发挥着核心作用。消费者行为在全渠道模式下变得更加复杂,其主要表现在以下几个方面。

(1)线上线下消费行为的差异性。消费者在不同渠道上的行为特征有所不同。移动渠道的购物界面简单、清晰,拥有更少的结账步骤和导航页面,移动渠道的消费者更容易产生冲动性的购买行为。移动促销活动推荐更能刺激消费者的购买意愿。实体渠道的消费者由于可以切身体验产品的特定功能,表现出更理性的消费行为,且愿意为高质量的体验感进行溢价消费。线上消费者行为的获取与分析技术已经日趋成熟,随着物联网、视频目标检测跟踪、RFID识别、生物识别等前沿技术在数字化门店的广泛应用,消费者线下消费行为数据(如停留时间、移动轨迹等)更容易被采集。如何协同地整合不同渠道接触点上的全链路消费者行为数据,刻画理解不同渠道间消费者行为的差异性,形成对消费者的全息了解,给企业开发智能推荐系统带来了全新的挑战。

(2)多场景触发的消费行为。当前零售行业已经将目光从传统的大众市场转向了新兴的小众市场,新零售实体门店的触角已经遍布商场、小区、写字楼、办公室及家居、户外、出行等不同场景。企业需要深度理解消费者在不同场景下的购买动机,在正确的时间、正确的地点把不同的商品组合呈现给消费者,最大限度地提升商品的场景化价值。在新零售模式下,推荐时所处的位置、场景非常复杂,不同消费情境下的推荐侧重点也会不尽相同。随着消费场景覆盖的范围越来越广,推荐的实体也不再仅仅局限于商品,更是扩展到了活动、类目、营销手段等。如何捕获不同消费场景之间的复杂相关性,在复杂环境下消费者连续购买过程中提供高质量的多场景推荐服务是新零售企业面临的又一大难题。

(3)以社交媒体为中心的消费行为。中国消费者钟爱使用社交媒体。麦肯锡2019年中国数字消费者趋势研究数据显示,44%的受访者使用过社交媒体应用,如微信、微博、抖音等。品牌商和新兴社交电商(如雅诗兰黛、拼多多等)也重视利用社交媒体的流量效应吸引消费。50%的受访者表示曾通过社交平台知晓某款产品。与此同时,社交流量转化为交易也成为常态,通过社交媒体渠道购买过商品的受访者占到了25%。社交平台正不断催发消费者的冲动式购物行为,不断创造出增量需求。该调查显示,社交媒体交互(如与关键意见"领袖"互动、发布消费者生成内容、查看熟人推荐的产品等)促成了40%受访者的冲动购物。如何利用在线社交网络中的信息共享、挖掘消费者之间的社交关系,并基于此向消费者提供精准推荐,也成为近年来推荐系统领域的研究热点。

虽然越来越多的学者开始探讨将消费者行为纳入产品推荐,但是目前对消费者跨渠道行为下的全渠道推荐问题的研究仍比较缺乏,现有研究主要存在以下不足。

(1)从研究对象来看,现有研究主要关注单一渠道的产品推荐问题,即线上渠道的产品推荐或实体门店的产品展示。Song 等(2020)使用实证方法证明了实体门店特征(如商店密度、产品展示等)显著影响了消费者的线上购买量和线下购买频率。如何定量刻画消费者跨渠道购买行为的交互机制,解决线上线下协同的全渠道推荐问题,需要进一步研究。

(2)从研究的决策目标来看,现有研究主要围绕提高推荐算法各项指标(如精度、多样性等),忽略了与企业关键运营管理策略的结合。在当今的新零售环境中竞争,消费者的购买决策又受到不同渠道下定价、促销、优惠券、库存等企业营销/运营策略的重要影响,因此,产品推荐的效果也同样受到这些营销/运营策略的影响。企业必须在消费者的不同购买阶段跨渠道地协调产品推荐及其运营活动。这就要求企业需要从营销(如促销、优惠券推送等)、运营(如库存管理、产品定价等)等多重角度构建企业的全渠道协同的推荐机制。但是,无论是在实践中还是在学术研究中,这种联合决策研究仍处于不成熟阶段。

(3)从研究方法上看,现有研究主要分为两类:一类是利用机器学习、深度学习等技术提高推荐方法的性能;另一类是使用实证方法揭示影响消费者跨渠道购买决策的影响因素。在这种情况下,缺乏有关构建新零售模式下数字世界与实体世界之间联系的数据驱动方法。对于构建结合机器学习和运筹优化的数据智能决策方法,以自适应地动态同步全渠道零售中的消费者偏好和推荐需求，同时协同企业的营销与运营决策，企业推荐系统的这种数字化转型已经成为学界和业界的研究重点，且尚处于起步阶段。

7.2 全渠道推荐机制研究梳理

7.2.1 相关研究统计概述

本书对国内外有关新零售和全渠道零售的研究动态进行了广泛检索，该检索分为两个阶段进行。

在第一阶段，我们使用"omnichannel""omnichannel retailing""omnichannel marketing""omnichannel management""omnichannel commerce""new retailing"和"全渠道""全渠道零售""全渠道营销""全渠道管理""全渠道商业""新零售"等关键字分别搜索了 Web of Science 数据库和中国知网数据库，以确保覆盖范围全面而详尽。为保证文章质量，我们从结果中筛选了 Web of Science 的核心合集文章 281 篇及中国知网的核心期刊和中文社会科学引文索引（CSSCI）文章 135 篇。

图 7-1 显示了过去 15 年国内外与全渠道相关的论文发表趋势。2007—2013 年，国内对全渠道的关注要早于国外，但国内外整体论文数量不足，这可以解释为在此期间多渠道零售的概念不断发展并处于萌芽阶段。2015 年后，国外有关全渠道的研究论文数量猛增，这意味着 2015 年是全渠道零售发展的

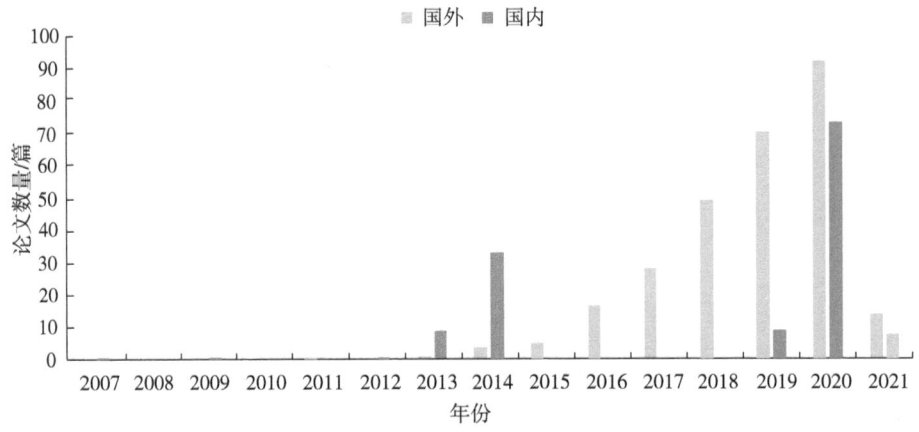

图 7-1　国内外与全渠道相关的论文发表趋势

转折点。全渠道零售在 2015 年的流行可以用多渠道零售的成熟及从多渠道零售向全渠道零售的过渡来解释。此后，全渠道管理受到更多关注，发文量呈现出逐年递增的发展势头。而国内在 2015—2018 年这段时间内关于全渠道的研究热度下降，直到近年来我国经济工作重心逐渐向促进内需转移，国内才在 2018 年后又掀起了对新零售和全渠道零售的研究热潮，发文量更是在 2020 年激增，且与国外研究基本持平。

在统计了文章的来源出版物后，我们发现：国外发文量较多的期刊有 *International Journal of Retailing and Distribution Management*、*Journal of Retailing and Consumer Services*、*Management Science*、*Decision Support System* 和 *International Journal of Production Economics* 等；国内发文量较多的期刊有《商业经济研究》《中国管理科学》《管理学报》《系统工程理论与实践》《运筹与管理》等，整体的发文质量较高。我们采用软件"CiteSpace"对检索的 416 篇核心论文进行了关键字共现网络分析，总结出了 6 个主要研究领域，如图 7-2 所示。从图 7-2 可以看出，全渠道战略管理、全渠道供应链管理和全渠道运营管理是全渠道研究的主要旋律。全渠道消费者行为和全渠道个性化推荐的领域获得的关注仅次于前 3 个领域。但全渠道环境下的消费者行为研究从 2014 年开始，起步较晚，是近 5 年来的新兴研究热点。

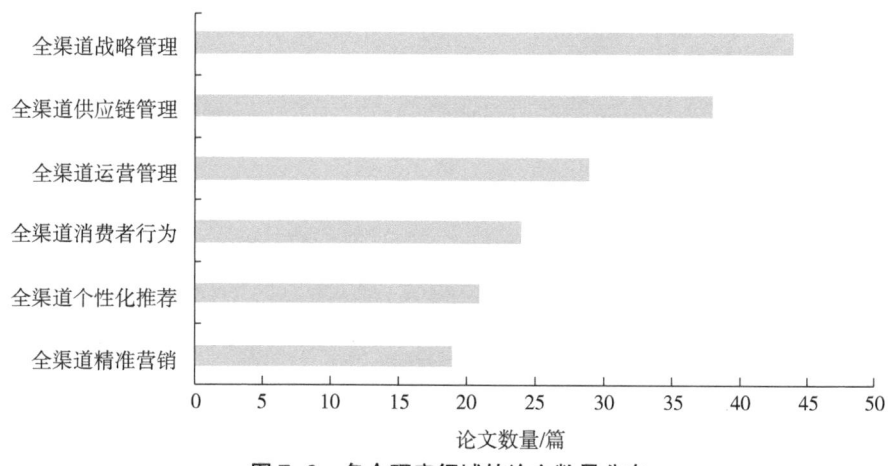

图 7-2　各个研究领域的论文数量分布

因此，在第二阶段，我们使用"omnichannel and consumer""omnichannel and

consumer behavior"和"全渠道消费者""全渠道消费者行为"等类似的关键字组合进行搜索，国内外与全渠道消费者行为相关的论文发表趋势如图7-3所示。

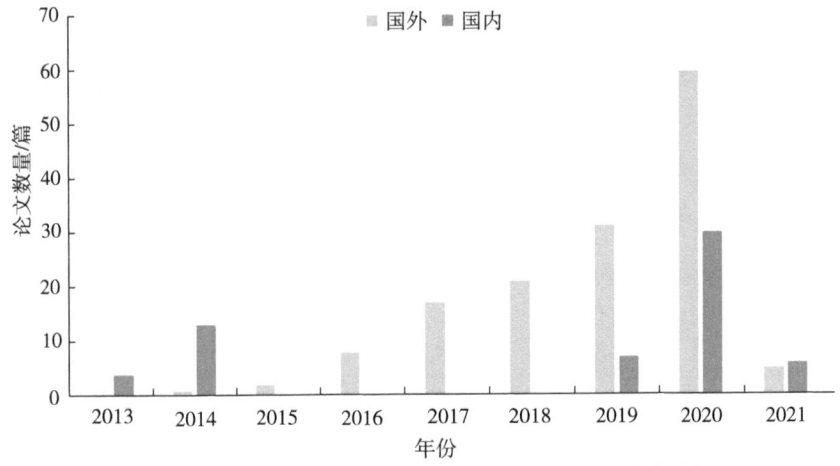

图7-3　国内外与全渠道消费者行为相关的论文发表趋势

在所选文章中我们对不同的研究方法进行了统计，图7-4显示了国内外与全渠道相关的论文研究方法分布。大多数研究采用了基于调查的方法（占51.33%）和建模技术（占18.58%），这些研究无法捕获消费者所经历的实际生活行为。

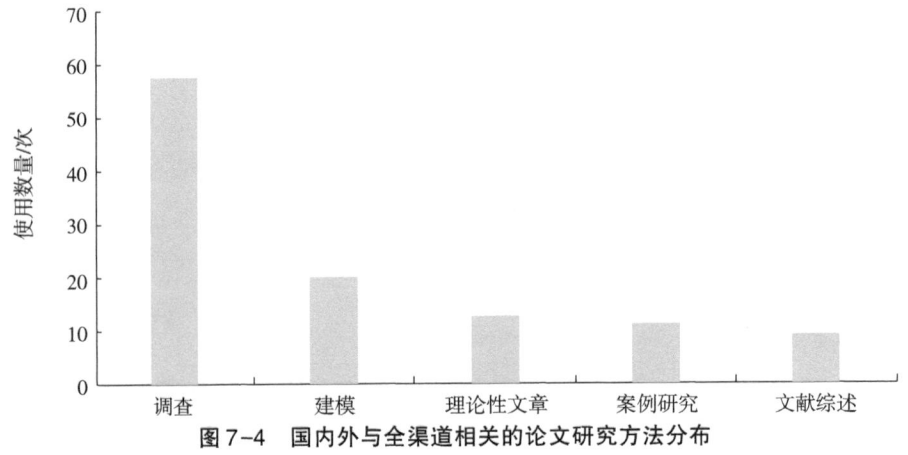

图7-4　国内外与全渠道相关的论文研究方法分布

结合第一阶段的分析可以看出，虽然现有研究提供了有关全渠道零售的有价值的见解，但其大部分从零售商的角度出发，范围局限于提供有效的全渠道战略框架（Cai et al.，2020；Cummins et al.，2016）或物流和供应链管理（Kembro et al.，2018；Melacini et al.，2018；Taylor et al.，2019；胡祥培等，2020；马德青 等，2020）。而在这些文献中，我们通过关键词共现网络分析，找到了和"推荐服务""产品展示"等关键词相关的研究共21篇，均发表在2017年之后且2020年最多。可见，传统单一渠道的产品推荐或商品展示策略已经很难适应全渠道环境下消费者对决策支持系统的需求，开发全渠道协同的数字化推荐系统引起了学界和业界的重视，对于理解刻画消费者对全渠道零售的动机、态度和行为，以及开发满足全渠道消费者需求的行为数据驱动的推荐方法有着十分迫切的需要。

新零售环境下的消费更加个性化、场景化和社交化，推荐出现的位置、内容和场景也随着消费者的跨渠道购物行为变得更加复杂。只有深度理解和刻画消费者在不同渠道接触点上的行为特征和差异性，将推荐服务和促销、优惠券推送、库存管理、产品定价等企业运营决策完美融合，才能构建出全渠道协同的智能推荐系统。因此，本书针对全渠道环境下的消费者行为研究、全渠道环境下的推荐系统和产品展示研究、全渠道环境下的营销策略、全渠道环境下运营策略这四大研究主题的国内外研究进展进行了系统梳理，进而总结出现有研究的不足。

7.2.2 全渠道环境下的消费者行为研究

（1）消费者线上行为

在全渠道环境中，消费者可以轻松地从一个购物渠道切换到另一个购物渠道。Chiu 等（2011）研究了消费者在跨渠道购买中的"搭便车"行为，即消费者在在线商店中搜索产品信息，然后在另一家实体商店中购买。实证结果表明，当消费者的多渠道自我效能增强时，他们会倾向于跨渠道"搭便车"；消费者从竞争对手实体商店那里感知到的服务质量越高及实体渠道降低的购物风险越大，越能促进消费者跨渠道"搭便车"的意图。Zhu 等（2013）研究了消费者对自助服务技术失败的反应，即是坚持原渠道购买还是转换渠道购买，揭示了消费者的渠道切换行为，有56%的消费者选择参与解决自助服务失败问题，而44%的消费者选择转换渠道。Pantano 等（2015）基于上述两项关于消费者渠道转换行为的研究，研究了如何有效地使消费者参与多渠道整合，并发现如果零售商可以为消费者提供集成零售环境，就能有效规避消费者到竞争对手渠道进行转换购买的行为。

Li 等（2018a）通过推-拉-系泊（Push-Pull-Mooring, PPM）框架研究了消费者如何对全渠道零售中的跨渠道整合做出反应。作者发现，不确定性、身份吸引力和转换成本在消费者对跨渠道整合的反应中分别起到推、拉和锚定的作用。之后，Frishammar 等（2018）研究了全渠道零售中大型购物中心连接零售商和购物者的数字化策略。作者提出了 3 种通用策略，即品牌数字化标签、收集数字数据及拥抱数字化。Chen 等（2018）分别以零售商为中心和以消费者为中心探讨了全渠道业务研究的机遇和挑战。很多学者从实证角度研究了跨渠道整合对消费者行为的影响，为以消费者为中心的后续研究做出了实质性贡献。全渠道业务通过强调融合多个渠道（如移动设备、在线站点、实体店等）来增加渠道和消费者的无缝接触，从而加深了渠道与消费者之间的相互作用。多渠道融合的零售模式无疑改善了消费者满意度和增强了消费者的回购意向。由于消费者的接受度是全渠道业务成功的关键晴雨表，因此未来的研究可以进行详细的消费者接触点分析：①提取全渠道环境提供的全部消费者接触点；②辨别如何将这些接触点以互补或补充的方式组合在一起，以提供无缝的购物体验（Chen et al., 2018）。

兰虹等（2020）根据中国在新冠肺炎疫情下中国宏观经济发生的变化指出，在工业经济时代，卖方市场占据优势，零售的二重性职能偏重于生产者，消费者的个性化需求被忽视。到了服务经济时代，信息壁垒被打破，买方市场占据主导，消费者主权时代到来。在消费者主权时代，以消费者为中心、以数字技术为支撑、注重场景化体验和全渠道接触的"新零售"必须以消费者的行为、意愿改变为导向。如何根据消费者的需求变化采取及时有效的应对策略，是新冠肺炎疫情带给"新零售"的需要思考的问题。纪雅杰等（2021）等也基于消费者行为偏好指出消费者不同渠道偏好对企业决策的影响不同。具体而言，当消费者线上偏好较低时，企业应提高产品质量并利用大数据分析消费者购物偏好，培养其线上消费习惯和偏好；当消费者线上偏好较高时，高质量和更精确的大数据营销服务伴随的生产、技术等方面的约束开始显现，企业相应地降低产品质量和大数据营销服务和线下服务水平成为应对的有效手段。

消费者行为是消费者偏好的直接体现，只有全面了解消费者的兴趣偏好，才能给出让消费者最满意的商品推荐。Jank 等（2005）最早开展了研究在线消费者在不同区域市场中的偏好和选择的工作。结果发现，可以通过建立的空间模型来预测在线消费者的行为，这为跨渠道营销策略提供了启示。Brynjolfsson 等（2009）还研究了传统实体零售商和互联网零售商之间跨渠道竞争中的产品选择问题和地理影响。结果发现，互联网零售商在销售日用产品方面面临更多竞争，但在销售利基产品方面更具优势。调查结果表明，管理人员应考虑在不同零售渠道上出售的产品类型。Brynjolfsson 等（2009）表示在全渠道消费者偏好的研究中有两条主要路径：一条是关于地理环境对消费者偏好和 O2O 商业的影响（Li et al., 2018b; Niu et al., 2019）；另一条是实体和在线渠道上的产品选择和评估问题（Dzyabura et al., 2018; Dzyabura et al., 2019）。

Li 等（2018b）研究了团购的线上到线下（O2O）服务及其与本地市场的联系。作者发现，口碑效应和观察学习效应都有助于扩展 O2O 平台服务。当地的市场特征决定了需求和供应。这些发现为 O2O 的管理人员提供了重要的启示。Niu 等（2019）研究了 O2O 商业中的交通拥堵问题。结果发现，统一的定价模型和在"线到商店渠道"都可以减少在线需求，从而减少线下交通拥堵。

Dzyabura 等（2018）探讨了线下和线上渠道的产品选择问题，并探讨了最佳的线下产品组合选择，以最大化两个渠道的利润。结果表明，线下产品选择最多可增加 40% 的在线销售预期收入。Dzyabura 等（2019）调查消费者的线上和线下产品评估，并证明存在两种评估之间的巨大差异：一种是线下"实时"；另一种是在线描述。作者提出了两种统计方法，即分层贝叶斯方法和 k-近邻方法，以更好地评估线下和线上产品。

到目前为止，我们已经综述了有关全渠道消费者行为和偏好的文献，并得出了重要发现。我们从主要路径中了解到，该领域有两种不同的路径：一种是全渠道零售中消费者对"产品"的偏好；另一种是消费者对全渠道零售中"服务"（O2O 服务）的偏好。现有研究多从实证角度揭示影响消费者全渠道购买行为的因素，全渠道零售商应如何设计产品推荐系统以满足消费者的新喜好值得进一步研究。

(2) 消费者社交行为

消费者倾向于信任来自密友的推荐,因为这些人际关系没有商业意图(Chiu et al., 2007; Zhang et al., 2019)。例如,当焦点消费者的朋友向他/她推荐产品时,与从电子零售商那里收到其他推荐相比,他/她更有可能购买该产品。根据先前对在线社交网络中消费者行为的实证研究,社会纽带主要通过两种方式影响购买行为。第一种是社交同质性(Ma et al., 2014),这意味着具有相似特征的消费者很可能建立联系。朋友通常共享相似的兴趣,有更多的话题可以讨论,并且彼此非常了解(Zhang et al., 2019)。第二种是社会影响力,这意味着朋友采用某项产品或服务会导致消费者采用同一产品或服务(Fang et al., 2018)。先前的研究讨论了同伴影响可以刺激个人进行购买决策的证据(Ma et al., 2014; Bapna et al., 2015; Chen et al., 2015)。这些现有的研究通过分析其朋友的喜好来推断出焦点消费者的喜好。

现有的关于促进购买决策的社会关系的研究主要集中在概念框架上,如消费者参与和投入社交网络互动的不同努力程度的动机。相互信任和关系承诺在增强消费者对在线社交网络的贡献方面起着至关重要的作用(Tsai et al., 2014)。Rishika 等(2019)表明,不同类型的关系(如往复关系或追随者关系)对消费者的偏好表达有不同的影响。Zhang 等(2019)提出了一种 Stimulus-Organism-Response(S-O-R)分析框架,以研究推荐社交网络中产品的社会因素。这两项研究都认为,联系更紧密的人的建议对焦点消费者更有帮助。此外,推荐人还受益于心理上的满足及消费者之间增进的友谊和信任。鉴于这些结果,应结合对与电子零售商赋予的焦点消费者社交圈的联系的分析来优先考虑推荐人的偏好。考虑到社会联系的影响,可以提高推荐质量和消费者满意度。基于位置社交网络(Location-Based Social Network, LBSN)的兴趣点(Point-Of-Interest, POI)推荐成为当下推荐系统研究的热点(Huang et al., 2019; Liang et al., 2020; 康来枨 等, 2020)。

(3) 消费者线下行为

消费者线下移动行为的预测可以大致分为两类(Lu et al., 2012)。第一类是基于时间序列的预测,可以进一步分为线性模型和非线性模型两种类型。

非线性模型通过更复杂的回归函数考虑对象的运动,因此其预测精度高于线性模型(Tao et al.,2004)。第二类是基于模式的预测。在移动环境中模式挖掘和规则匹配技术集成可以提高预测准确性(Vu et al.,2009;Tsai et al.,2011)。在此类别中,移动模式由特定的模式挖掘算法生成,并表示为一组顺序模式或规则。基于这些模式,开发了变体预测方法来预测消费者的下一个可能的移动行为。因此,以下讨论集中于与基于模式的预测类别有关的研究。

Yavas 等(2005)提出了一种算法来预测个人通信系统网络中移动消费者的下一个小区间移动,通过仿真评估了所提出算法的性能,以便与其他两种预测方法进行比较。Sleem 等(2005)提出了切换预测和增强方案(HOPES),该方案探讨了在移动管理中使用预测技术来改善端到端流量质量。HOPES 与其他预测性移动性管理技术之间的根本区别在于 HOPES 使用了一种可感知地形的预测方法,该方法结合了移动主体的移动历史、当前状态和单元的拓扑。Jeung 等(2008)提出了一种混合预测模型,可以基于对象的模式信息及现有的运动函数使用最新运动来估计对象的未来位置。具体来说,发现具有临时形式、用于预测的对象的轨迹模式,然后通过其访问方法对其进行索引以进行有效的查询处理。

Tseng 等(2006)提出了一种新颖的数据挖掘方法 SMAP-Mine,该方法可以有效地发现移动消费者所请求的服务及与其顺序移动模式相关的服务。通过在各种仿真条件下的经验评估,SMAP-Mine 在准确性、执行效率和可伸缩性方面显示出卓越的性能。Tseng 等(2007)提出了一种名为 TMSP-Mine 的数据挖掘算法,可以有效地发现地理位置服务(LBS)环境中消费者的时间移动顺序模式(TMSP)。这是专注于挖掘与 LBS 环境中的移动路径和时间间隔相关的移动顺序模式的第一项工作。他们还提出了新颖的位置预测策略,该策略使用发现的 TMSP 来有效预测移动消费者的下一个运动。Lu 等(2010)提出了一种基于集群的时间移动顺序模式挖掘(CTMSP-Mine)算法,以发现基于集群的时间移动顺序模式(CTMSP)。他们还提出了一种预测策略,该策略使用发现的 CTMSP 来精确预测移动消费者的下一个移动。

Lu 等(2011)提出了一个新颖的框架,称为"移动商务浏览器"(MCE),用于挖掘和预测移动消费者在移动商务环境中的移动和购买交易。

MCE 框架由 3 个主要组件组成，即相似性推断模型、个人移动商务模式挖掘（PMCP-Mine）算法和移动商务行为预测器。Tang 等（2014）提出了一种新颖的三阶段程序，以阐明移动消费者的购物行为，从而更好地预测消费者的偏好。当在预测中使用上下文信息的多个维度时，该框架可以从上下文数据中发现顺序规则，并克服障碍。Ying 等（2013）提出了一种新颖的基于挖掘的位置预测方法，称为基于地理、时间、语义的位置预测，该方法可说明消费者的地理触发意图、时间触发意图和语义触发意图来估计消费者访问特定位置的可能性。其核心思想是发现消费者的轨迹模式，从而捕获由 3 种意图触发的频繁运动。诸如 GPS 和 RFID 之类的定位的发展使得可以为移动消费者收集位置数据，以上研究主要关注基于移动路径和购买交易的行为预测和推荐系统。但是，这些系统没有考虑特定项目的利润率。此外，很少有研究说明位置相似性和项目相似性。表 7-1 总结了相关研究，并将它们与建议的研究进行了框架结构、挖掘方法、预测方法、行为环境方面的比较。

表 7-1 有关移动行为预测的研究总结

作者	框架结构	挖掘方法	预测方法	行为环境
Jeun 等（2004）	单阶段	关联规则	递归运动函数	位置
Yava 等（2005）	三阶段	序列模式、关联规则	简单匹配	位置
Slee 等（2005）	单阶段	无	地形感知预测	位置
Tseng 等（2006）	两阶段	序列模式	N-Gram 模型	位置
Tsen 等（2007）	两阶段	时间序列模式	规则匹配	产品、位置
Lu 等（2011）	两阶段	时间序列模式	集群匹配	时间、位置
Lu 等（2012）	三阶段	序列模式	规则匹配	产品、位置
Tang 等（2013）	三阶段	序列模式	规则匹配	通用
Ying 等（2013）	两阶段	地理-时序-语义模式	简单匹配	产品、位置
研究空白	如何构建多阶段、跨渠道的消费者线上线下行为预测模型，以支持新零售企业实施线上线下协同的产品推荐和产品展示策略，是全渠道智能化推荐的重要问题			

由于跟踪和链接信息的复杂性，现有研究主要关注单一购物过程下的消

费者行为信息识别与挖掘,几乎看不到对消费者购买全过程,即购前行为(在线搜索和社交互动行为)、购买行为(购买渠道转换行为和购买产品信息)和购后行为(发布产品评论)之间的交互影响的研究,而且新零售环境中,诸如社交关系的网络结构数据成为影响消费者决策的重要因素,只有全面利用消费者在购物中留下的全过程行为数据,才能全面地了解消费者的兴趣变化,更好地预测消费者未来的购买意愿,并及时向消费者推荐产品或服务。因此,构建跨渠道、多阶段的消费者行为预测模型,以支持全渠道消费者在不同渠道之间快速选择所需产品值得进一步研究。

7.2.3 全渠道环境下的推荐系统研究和产品展示研究

(1) 全渠道环境下的推荐系统研究

在当今数字化环境中,电子商务公司广泛使用产品推荐和在线广告来提高产品销量。Deodhar 等(2017)开发了一种新颖的主动学习方法,以提高推荐系统和搜索广告的预测准确性。人们通常会有或没有任何特定目标地搜索在线产品,Ozkara 等(2016)提出电子商务可以检测两种类型的搜索信息,即不确定信息和面向目标的信息。Van 等(2012)通过对 1261 名荷兰车主购买前的信息搜索进行聚类并对结构方程进行建模,识别消费者购买前的搜索顺序。Roscoe 等(2016)收集了 109 名至少购买了单瓶水的参与者的搜索数据,并评估了产品选择的影响,研究发现,当参与者访问与环境、经济或健康相关的网站时,他们更强调购买瓶装水的好处。Dutta 等(2017)对来自伦敦和伯明翰的 643 名参与者的在线信息搜索行为进行了调查,以购买手机和笔记本电脑为例,他们通过使用多元线性回归分析预测了影响因素。同样,Van Den Poel 等(2005)提出了一种使用 Logit 回归的预测模型,用以在下次访问零售商网站时找到顾客的购买意愿。最初,他们确定 92 个输入变量,并将它们分为 4 类,即常规点击流、消费者人口统计、详细点击流和历史购买行为,最后通过使用前向和后向变量选择技术选择 9 个变量。Jun 等(2016)将实体产品分为耐用商品、非耐用商品和工业商品,然后分析了消费者的网络搜索与购买行为之间的相关性。结果表明,从搜索流量中预测耐用品的购买量很重要。但是,他们不考虑搜索路径与消费者购买的方向。另外一些学者在极性、熵、主观性和易读性等文本特性的帮助下,开发了许多基于机器学习的预测模型（Ngo-Ye et al.，2017；Singh et al.，2017），这些模型减轻了马太效应并检测消费者评论的帮助（Mohammadiani et al.，2017；Qazi et al.，2016）。

（2）全渠道环境下的产品展示研究

新零售企业在向全渠道布局过程中，零售商店和陈列室的角色作用也在不断发生变化。在过去的10年中，多渠道经营模式已经成为现代零售企业的标准化运营常态（McGoldrick et al.，2007；Schramm-Klein et al.，2011）。多渠道模式忽略了各个渠道之间的联动关系，随着VR等数字化技术的进步，渠道之间的边界变得越来越模糊，越来越多的学者尝试开创性研究，讨论了从多渠道零售向全渠道零售的转变，在该过程中，消费者在购买过程中无缝地利用了多种零售渠道（Verhoef et al.，2015；张秀杰 等，2019；李宗活 等，2020；李玉霞 等，2021），而且，随着数字化和技术进步，传统的线下零售商店的作用在新零售时代产生了全新的价值（Brynjolfsson et al.，2013；肖荆 等，2019；刘文纲 等，2021）。线下访问零售商需要为消费者提供具有专业知识和"触觉"购物的销售人员或数字化设备服务（如数字化标签、虚拟屏等），因此，零售商应采取混合方法来实现全渠道协同增效。

Bell 等（2014）为全渠道零售的混合策略提供了可扩展的框架。在电子商务兴起之前，购物者通过拜访传统的实体商店来获得产品信息。在纯电子商务环境中，消费者在线收集信息，而产品则通过交付来实现。但是，Bell等建议，由于消费者现在已经意识到全渠道零售的好处且希望通过多种渠道获得无缝的购物体验，因此零售商应考虑使用离线信息在线履行模型和在线信息离线实现模型（线上购买、商店取货）。前者适用于消费者通常需要亲身体验产品以消除不确定性并对其潜在购买获得足够信心的行业，而后者适用于线上信息为消费者提供足够的信心而及时线下交付为他们提供更高价值的行业。实施离线信息-在线实施策略（展示各种产品并通过交付来实现的展示厅）产生了积极的成果，包括更高的销售额和较低的回报率（胡凤英 等，2020）。

Ebster（2011）认为，以吸引顾客感觉的方式设计和展示商店，零售商将为这类顾客提供愉快的体验和充足的信息，从而成功实现销售。零售商应该利用不同的感官渠道与消费者进行有效的沟通。购买的关键思想取决于产品是否易于获得、可见和有形的消费者体验,这进一步鼓励零售商优化展示柜,以满足消费者的需求。

然而,很少研究探索构建决策支持系统以创建高效、优化的展示柜。Park等(2019)介绍了展示优化问题的概念并将其表述为混合整数规划问题,但并未考虑模块展示和试验。Zolkifly等(2016)通过汽车陈列室设计的概念模型对汽车陈列室的视觉营销进行了定性讨论,但缺乏定量模型来支持它,并将分析局限于汽车行业的背景下。如果所选产品不能为消费者提供足够的效用,那么无效的展示柜和无效的零售分类都可能导致销售损失。最大限度地增进消费者对各种功能的了解是本质上的展示目标。产品种类和消费者对产品种类的感知是选品规划领域中广泛研究的主题。

消费者满意度在很大程度上取决于零售商在不能满足消费者首要需求时提供可接受的替代品的能力,类似于展示柜通过展示相似的产品(可接受的替代品)来满足消费者的能力。实体空间陈列柜或货架的尺寸通常是有限的,空间和预算的限制是展示和选品规划问题共同面临的一个挑战。线上平台的展示空间虽然是无限的,却不能满足消费者实际感受产品的体验需求。如何根据不同地理位置的消费群体的独特偏好,构建线上线下协同的产品展示和选品规划的决策支持系统,使实体展示的产品最大限度地覆盖消费者的多样化需求,是新零售时代企业实施"千店千面"零售模式的技术关键,值得进一步研究。

7.2.4 全渠道环境下的营销策略

许多学者研究了优惠券的兑换及其营销效果。第一类文献涉及具有不同优惠券属性和消费者行为的优惠券兑换。Wierich等(2014)认为突出显示针对特定消费者的优惠券策略可提高消费者忠诚度并促进优惠券的兑换。刘芬等(2016)从个人特征和动机的视角构建理论模型,探索了消费者移动优惠券使用意愿的影响因素。研究发现,影响使用意愿的动机因素包括感知娱乐性、感知便利性和感知经济利益,其中感知娱乐性的相对影响最大,感知经济利益的相对影响最小。Osuna等(2016)发现,在某些情况下,有针对性的优惠券不一定会增加市场交易量,甚至会出现很高的赎回率。邹翔等

（2016）通过对比企业投放固定面值的移动优惠券和基于地理位置投放定向移动优惠券两种方式，研究移动优惠券这一新型的移动营销策略对商家、消费者产生的影响。分析发现，当企业之间差异化程度较大时，基于地理位置提供定向服务能提高企业利润，但有损消费者剩余；而当距离因素成为主导因素时，基于地理位置提供优惠券反而会加剧企业间的价格竞争导致企业利润损失。Choudhary 等（2017）通过区分拍卖环境中的投标人类型研究了优惠券的作用，发现优惠券发行者应该向投标人提供低价值的优惠券。Souiden 等（2019）研究了基于位置的优惠券对消费者购买意愿的影响。研究发现，对基于位置的优惠券的态度是由金钱利益、便利性和享乐动机驱动的。第二类文献研究了优惠券的营销效果。Anderson 等（2009）在探索优惠券分配模型时考虑了价格异质性和消费者质量。他们暗示公司可以通过提供优惠券来有效实施价格歧视并增加利润。Chow（2014）研究了公共交通系统，并认为优惠券促销可以增加交通系统的客流量，然后从该系统中获得更高的利润。Jiang 等（2018）声称捆绑定价和数字优惠券的集成增强了促销的有效性，尤其是在消费者更喜欢优惠券的环境中。Reimers 等（2019）指出，发放优惠券是一种价格歧视形式，鼓励消费者返回公司。Zhang 等（2020）讨论了息票期限和消费者剩余问题。他们透露，长期优惠券可能会增加卖方收入及消费者剩余。

在探索优惠券的促销效果时，大多数以前的研究都集中在单个公司或单个渠道的背景下，从实证研究的角度探讨了影响消费者使用优惠券的因素及优惠券使用对公司营销的影响。针对电子优惠券和产品捆绑销售两种主要的线上线下促销手段在各自渠道中的影响，从建模的角度出发，考虑消费者不同渠道下的价格敏感程度，构建电子优惠券推送与实体店捆绑折扣联合决策的优化模型，对新零售企业成功实施全渠道营销手段是很有价值的。

7.2.5 全渠道环境下的运营策略

为满足电子商务需求的最优履行决策得到了越来越多文献的关注。Acimovic 等（2017）研究了对履行中心的最优补货分配，以降低运输成本并减轻代价高昂的溢出效应。Lei 等（2018）考虑联合定价和履行策略以最大化预期利润。DeValve 等（2018）研究了通过结合基于随机程序的分配策略和限制可满足溢出需求的执行策略，为大型在线零售商网络增加执行灵活性的好处。Bayram 等（2020）通过将每个位置的运输成本作为独立随机变量，在给出初始库存水平时，考虑了全渠道零售网络的最佳动态履行决策。刘健等（2020）从顾客渠道偏好、产品质量和顾客类型等方面分析顾客退货带来的损失对零售商门店最优库存的影响。研究表明，顾客对产品的购买信念较小时，所有顾客都到线下渠道，此时零售商需增加门店库存减少顾客流失以增加收益，库存增加的数量与顾客的流失概率有关；开通展厅功能有效降低退货概率、减少顾客流失时，零售商应减少门店库存以增加企业利润；当产品质量问题引起的两个渠道退货概率都很大时，零售商是增大还是减少门店库存与两个渠道的退货损失和存在渠道偏好顾客的概率相关。

有一些研究讨论了通过单独的在线履行中心将在线需求集成到实体店的问题，因为这是电子商务布局全渠道起步阶段的主要实现方式。Seifert 等（2006）考虑了一个由在线仓库处理在线订单的库存管理系统，并且在缺货的情况下，商店可以填写这些订单。Chen 等（2011）考虑了一个由两个商店和一个零售商组成的三级定位系统，具有层次结构的履行系统-零售商可以使两个商店按顺序以最低的成本完成在线订单。

具有实体商店和在线履行中心网络的全渠道零售商面对两个需求（在线和店内），必须做出相互关联的决策，即每个位置要保留多少库存，以及在网上如何根据库存的实时状态调整产品的推荐类型或根据消费者的行为预测及时调整库存水平。因此，全渠道环境下的推荐服务和库存水平的协同决策值得进一步研究，以提高新零售企业动态调整运作策略水平。

7.3 现有研究的不足与未来的研究方向

经过对全渠道环境下消费者行为、推荐系统和营销运作管理方面相关文献的梳理，我们发现现有研究存在以下不足。

（1）从研究对象来看，虽然现有互联网推荐系统研究已相当广泛，但鲜有研究探讨构建全渠道零售模式下线上线下融合的推荐机制。新零售时代下的商业正在从"以物为中心推动消费"走向"以人为中心拉动消费"，消费者的需求正在向"小众化、垂坠化、社交化方向"发展。以往技术的发展限制了实体门店有效获得消费者线下行为数据,对线下的经营行为、对消费者的洞察及消费者之间的黏性都十分有限。在移动互联网时代,随着人脸识别、轨迹识别、物联网、RFID、GPS等技术的巨大进步,实体门店也能快速定位消费者,实现消费者行为数据的记录及分析。如何根据消费者线上线下的行为特征偏好,构建以消费者为中心的线上线下协同的产品展示和选品规划的决策支持系统,使实体展示的产品最大限度地覆盖消费者的多样化需求,是新零售时代企业实施"千店千面"零售模式的技术关键,值得进一步研究。

(2) 从研究的决策目标来看,现有研究主要围绕单一的决策变量展开,如单一渠道的推荐机制、单一的营销决策(如产品促销、优惠券推送等)或单一的运作决策(如定价、库存等),忽视了全渠道环境下企业推荐机制、营销决策及运作决策之间的交互影响。线上与线下整合已成为当今零售发展的新趋势,企业要想在新的零售业务竞争生存,就需要在消费者的不同购买阶段跨渠道地协调产品推荐及其运营活动,全方位优化企业在营销(如促销、优惠券推送等)、运营(如库存管理、产品定价等)双重维度的全渠道推荐决策。但是,无论是在实践中还是在学术研究中,这种联合决策研究主要以实证或案例分析为主,缺乏对推荐机制和营销运营决策的联合优化问题的定量研究。

(3) 从研究方法上看,现有研究以实证研究为主,多采用基于调查的方法,无法捕获消费者所经历的实际生活行为,而且与感知测量相关的主观性带来了巨大的测量误差风险,从而导致错误的结论。和本书研究关系紧密的全渠道消费者决策相关的文献采用了传统的线性统计技术,如结构方程模型和多元回归分析,这种方法过于简化,很难捕获消费者跨渠道决策过程的复杂性。因此,检查消费者决策之间的非线性关系更能为企业运作提供有益的见解。此外,鉴于社交网络和社交媒体在影响消费者决策方面起着重要作用,未来的研究应分析来自社交媒体的数据,以进一步探索全渠道零售中的消费者行为。除此之外,现有文献主要关注独立渠道接触点上的消费者静态行为,未能捕获全渠道购物者在群体及个人层面上的行为变化。因此,探索消费者行为如何随时间持续或改变,以及某些环境因素如何发挥作用,才能帮助新零售企业准确把握消费者需求动态，及时调整企业推荐机制和营销运营决策。

综上所述，全渠道零售近年吸引了很多的研究注意力，但是，对全渠道零售消费者行为方面的探索仍需要进一步完善，以产生可靠、有效和及时性的结果。未来研究必须扩展涉及数据分析的方法，特别针对数据驱动研究，从整体角度及在不同的消费者场景和社交环境中把握消费者的决策。

8 结论与展望

8.1 研究结论

随着 Web2.0 技术的发展,电子商务网站和社交媒体平台鼓励消费者通过发表在线评论分享其购买和使用产品过程中的真实感受,同时消费者也会通过阅读产品的相关评论选择符合自身预期的产品。为了方便消费者做出购买决策,本书对基于在线评论的多样化搜索问题进行了深入研究,通过识别每个产品评论的产品特征和消费者情感倾向,分析与每个产品特征有关的替代产品的性能,为消费者提供覆盖更多替代产品的搜索结果。

本书首先从挖掘在线评论入手,并特别针对长尾产品评论的文本稀疏性问题,构建了提取产品特征和消费者情绪的主题模型,其次在抽取出的产品主题特征(外观、质量等)和情感观点(喜欢、抱怨、无感等)信息的基础上,构建了考虑产品评价特征的多样化搜索结果识别模型,最后建立了刻画消费者兴趣动态偏好的消费者分析模型,通过结合消费者偏好和产品的特征、观点,设计了同时考虑个性化和多样化的搜索算法。本书的主要工作和贡献包括以下几点。

(1) 考虑到长尾产品在电子商务平台上的销售份额不断提升,本书构建了针对长尾产品的特征-观点挖掘模型,该模型刻画了文档级别的情感特征分布,提出了基于多词性标注的最大熵模型特征函数改进方法,通过显式表达单词共现模式更准确地对长尾产品特征词和消费者观点词进行了识别与区分,并设计了吉布斯采样算法对模型参数进行求解,同时提出了改进的 k-medoids 算法对评论文本进行分类。研究发现,与现有模型相比,本书提出的 MaxEnt-BTM 模型从在线评论中识别出的主题词更准确,同时与基于神经网络的方法相比，该模型计算成本低，可以通过提出的在线算法很好地进行扩展，而且识别出的与产品特征词和消费者观点词更连贯一致。本书的主要贡献在于该研究弥补了现有基于在线评论的产品搜索方法的不足，将长尾产品更多地展示到搜索列表中，同时为设计基于在线评论的搜索引擎提供了技术支撑。从管理角度来说，可以自动将在线评论进行总结分类，帮助消费者更省时省力地全面比较电子商务网站上各个产品选项的性能优劣，同时将消费者情感特征纳入搜索结果的评估，有助于增加电子商务中产品的销量。

（2）考虑到在线评论对消费者决策的影响，构建了考虑产品评价特征的搜索模型，针对时空-文本数据具有数值和文本混合属性的特点，本书提出了混合属性条件下基于知识注入和条件熵的统一相似性度量方法，通过将从维基百科提取的外部知识注入到属性内相似度学习过程中，以更好地捕获文本属性值之间的语义相似度；通过将信息增益比嵌入到属性间相似度学习过程中，以更准确地刻画不同类别属性对属性间相似度的贡献程度，更好地捕获属性之间的全局交互关系；通过将数值属性和文本属性统一到同一向量空间下，避免了手动选择反映数值属性或文本属性偏好程度的调整参数，可以最好地保留属性值的原始信息。在相似性度量的基础上，针对现有密度峰值方法的缺陷，本书提出了基于共享近邻的 EDPC 算法对数据对象进行搜索，通过考虑数据空间中对象的局部结构，从而使 EDPC 算法对空间密度和维度的变化相对不敏感。研究发现，基于外部知识和条件熵的相似度学习方法可以更好地捕获文本属性值之间的语义相似度，可以更准确地刻画具有空间-文本混合属性数据对象之间的相似性，EDPC 算法从局部密度变化巨大的数据集中识别出的搜索结果准确性更高，且识别出的搜索结果可以覆盖更多主题内容。理论分析表明，EDPC 算法的时间复杂度可以达到最佳 $O(N\log N)$，优于现有密度峰值算法的时间复杂度 $O(N^2)$，而且 EDPC 算法的空间复杂度仅为 $O(kN)$。该研究为基于地理位置的电子商务平台处理混合数据相似性学习和消费者的空间-文本搜索提供了理论基础，有利于现代电子商务企业帮助消费者通过在线评论和地理位置找到更多的产品兴趣点，以支持消费者的购买决策。

（3）同时考虑消费者对多样化和个性化搜索结果的需求，建立了融合消费者兴趣偏好和产品评价特征的搜索模型,针对消费者个人偏好随时间推移而不断变化的问题,构建了捕获消费者兴趣转移特性的 THDLDA 消费者分析模型,该模型将变分卡尔曼滤波应用于连续时间设置,以解决将观测数据按时段划分所带来的数据稀疏问题,通过引入马尔科夫随机过程,刻画了消费者偏好动态变化的机制,即消费者当前查询状态只依赖前一时刻的查询状态,以此捕获消费者兴趣的转移特性,并采用变分推断方法,通过观测值有效地估计模型的内部状态,并将其部署在分布式计算集群上对消费者兴趣偏好进行实时在线推断。在消费者分析模型的基础上,本书对搜索结果最大相关-多样性问题进行了建模,并提出了贪心近邻算法对模型进行求解,贪心近邻算法通过递增选取当前搜索结果集合中最符合消费者兴趣偏好的结果,并通过剔除当前选取的搜索结果的近似邻居来更新搜索结果集合,从而迭代产生既能符合消费者个人喜好又能覆盖更多内容的搜索结果,理论分析表明,贪心近邻算法生成目标搜索结果集合的时间复杂度为 $O(N\log N)$。研究发现,本书提出的 THDLDA 模型可以更准确、平滑地预测消费者兴趣偏好变化,PD-Dyn 搜索框架为消费者提供的搜索结果更符合其兴趣偏好且覆盖内容主题范围更广。该研究为刻画消费者偏好动态变化提供了理论基础,可以根据消费者偏好的变化动态地更改搜索结果,为电子商务企业向消费者提供符合其动态偏好的搜索结果列表提供了技术支撑,为设计融合个性化和多样化的搜索引擎系统提供了理论指导。

(4) 由于在线查询会话包含消费者对多个商品属性的明确偏好,因此这项工作的一项重点是通过从在线查询中推断消费者的偏好来向消费者推荐新颖的商品,这在现有研究中很少受到关注。在这种情况下,本书提出了一种基于从在线查询会话中推断消费者偏好的可持续推荐系统架构。所提出的架构分两个步骤工作。①从在线查询中推断消费者的偏好,提出了聚合潜在狄利克雷分配(ALDA)模型。ALDA 模型将查询和网页的联合主题分布视为消费者偏好的主题分布。通过聚合相应网页来辅助学习消费者的内容偏好,避免在线查询数据的稀疏性。②基于概率空间学习消费者偏好与产品特征的相似度。由于 ALDA 模型识别的消费者内容偏好是一个主题词分布,本书尝试从概率的角度计算消费者与商品的相似度密度分布。我们采用基于 Kullback-

Leibler 散度的两个概率空间的相似度度量指标来计算消费者偏好主题和项目特征之间的相似度,然后用相似度来预测消费者的购买意愿。对现实世界数据集的广泛经验评估表明,所提出的架构可以在不牺牲准确性的情况下提高推荐结果的新颖性。从管理角度看,向消费者推荐多样化、新颖的商品,可以提高消费者的满意度,有利于电商企业的可持续发展。

(5) 推荐系统是企业提升消费者体验、支持消费者购买决策的核心工具。然而,在新零售环境下,消费者逐渐呈现两线购买、需求个性化、场景多元化、购物社交化等行为特征,使得需求的精准预测变得更加困难。传统推荐系统很难预测消费者全渠道决策过程中在群体及个人层面上的需求变化,并很难根据消费者在不同渠道下的行为差异给出全渠道协同的推荐结果。因此,解决线上线下协同的全渠道推荐问题,既是新零售企业数字化运营的重要一环,又契合"十四五"规划中顺应消费升级趋势、提升传统消费、加快线上线下融合发展这一国家重大战略需求。

现有研究主要考虑单一渠道下的产品推荐问题,忽略了渠道之间的协同交互,而且多采用传统的线性统计技术分析影响消费者购买决策的因素,很难捕获消费者跨渠道决策过程的复杂性和差异性。同时,产品推荐的效果又受到不同渠道下定价、促销、优惠券、库存等企业营销/运营策略的重要影响,进一步加剧了全渠道推荐问题的难度。因此,如何基于复杂的全渠道消费者行为,整合企业的关键营销/运营决策,解决线上线下协同的全渠道推荐问题是本研究的核心难题。

在这种情况下,后续研究应着重探索新零售模式下数字世界与实体世界之间的联系,针对全渠道环境下的信息推荐和营销运营的整合问题,构建结合机器学习和运筹优化的数据驱动决策方法,以自适应地识别消费者全渠道决策过程中在群体及个人层面上的行为变化,并将消费者行为动态变化同步于推荐系统,并连接到企业的营销决策和运营决策层面,实现全渠道数字化管理协同,为新零售企业开发智能决策支持系统提供技术支撑。

8.2 研究展望

本书在搜索结果多样性和个性化优化上做了大量的工作,目的在于为消费者提供更加多样化、更能符合消费者兴趣偏好的搜索结果，以降低消费者的搜索成本、提升消费者的搜索体验和产品购买意愿。但本书仍存在一定的局限性，本节将对本书存在的局限性和下一步能够拓展的方向进行总结。

（1）现实中，不同类型的评论数据对消费者的购买决策影响效果是不同的。Chong 等（2017）使用大数据技术和神经网络模型研究了在线评论（效价、评论数量、正面和负面评论的数量）和在线促销营销活动（打折和免费送货）是否会影响电子产品的需求，结果表明，来自在线评论和在线促销营销活动的变量都是产品需求的重要预测指标。Singh 等（2017）基于机器学习的模型，使用几种文本特征（如极性、主观性、熵和易读性）来预测在线消费者评论的有用性，该模型可以自动为发布到网上的初始评论分配有用性值，以使该评论有相当大的机会被其他买家查看，这项研究的结果有助于买家撰写更好的评论，从而帮助其他买家做出购买决策，并帮助企业改善其网站。石文华等（2018）在初次评论的基础上，进一步研究了追加评论对产品销量的影响，结果显示，初次评论和追加评论的情感倾向和数量均对产品销量产生正向影响，不过，追加评论对产品销量的影响要比初次评论显著。因此，如何根据现有实证研究，结合不同类型的产品评论数据对消费者购买决策的影响程度对产品的搜索排序进行优化，是一个很有价值的研究问题。

（2）消费者在现实中的搜索行为和购买行为往往更复杂，受到的影响因素也更多。比如，在情人节前一天向消费者展示礼品优惠搜索结果和在情人节前一周向消费者展示礼品优惠搜索结果对消费者的购买意愿影响程度是完全不同的。因此，结合企业实际中的运营问题，应该在何时以何种方式向消费者展示何种搜索结果才是最佳的搜索方案是一个复杂且非常值得研究的方向。

（3）实际中，消费者在线评论的数量是持续不断增长的，且数据来源更加多样，这就不可避免地要涉及模型参数和原始数据的更新问题。因此，如何做好模型的增量动态分析，以更高效、更节约成本的方式进行模型更新也是值得研究的方向之一。

（4）通过实际案例研究多样化搜索结果对消费者购买意愿的影响也是本书的拓展方向。

参考文献

[1] EPPLER M J, MENGIS J. The concept of information overload: a review of literature from organization science, accounting, marketing, MIS, and related disciplines[J]. The information society, 2004, 20(5): 325-344.

[2] GAO R, SHAH C. Toward creating a fairer ranking in search engine results[J]. Information processing & management, 2020, 57(1): 102138.

[3] MARIAN A, BRUNO N, GRAVANO L. Evaluating Top-k queries over web-accessible databases[J]. ACM transactions on database systems (TODS), 2004, 29(2): 319-362.

[4] MAMOULIS N, YIU M L, CHENG K H, et al. Efficient Top-k aggregation of ranked inputs[J]. ACM transactions on database systems (TODS), 2007, 32(3): 1-19.

[5] XU Y, GUAN J, LI F, et al. Scalable continual Top-k keyword search in relational databases[J]. Data & knowledge engineering, 2013, 86: 206-223.

[6] HAN X, LI J, GAO H. TDEP: efficiently processing Top-k dominating query on massive data[J]. Knowledge and information systems, 2015, 43(3): 689-718.

[7] GKORGKAS O, VLACHOU A, DOULKERIDIS C, et al. Exploratory product search using Top-k join queries[J]. Information systems, 2017, 64: 75-92.

[8] ZHANG M, WANG H, LI J, et al. Diversification on big data in query processing[J]. Frontiers of computer science, 2020, 14(4): 144607.

[9] SHAJALAL M, AONO M. Coverage-based query subtopic diversification leveraging semantic relevance[J]. Knowledge and information systems, 2020, 62(1): 1-19.

[10] ZHENG K, WANG H, QI Z, et al. A survey of query result diversification[J]. Knowledge and information systems, 2017, 51(1): 1-36.

[11] CHEVALIER J A, MAYZLIN D. The effect of word of mouth on sales: online book reviews[J]. Journal of marketing research, 2006, 43(3): 345-354.

[12] Online Consumer Technology Retailer Lifts Conversions 20% with Automated Product Review Messages[EB/OL]. [2022-10-10].

[13] YU X, LIU Y, HUANG X, et al. Mining online reviews for predicting sales performance: a case study in the movie domain[J]. IEEE transactions on knowledge and data engineering, 2010, 24(4): 720-734.

[14] YAN X, WANG J, CHAU M. Customer revisit intention to restaurants: evidence from online reviews[J]. Information systems frontiers, 2015, 17(3): 645-657.

[15] JIMNEZ F R, MENDOZA N A. Too popular to ignore: the influence of online reviews on purchase intentions of search and experience products[J]. Journal of interactive marketing, 2013, 27(3): 226-235.

[16] 王伟, 王洪伟. 特征观点对购买意愿的影响: 在线评论的情感分析方法[J]. 系统工程理论与实践, 2016, 36(1): 63-76.

[17] 杜学美, 丁璟妤, 谢志鸿, 等. 在线评论对消费者购买意愿的影响研究[J]. 管理评论, 2016, 28(3): 173-183.

[18] ERT E, FLEISCHER A, MAGEN N. Trust and reputation in the sharing economy: the role of personal photos in Airbnb[J]. Tourism management, 2016, 55: 62-73.

[19] NIELSEN A C. State of the Media-The Social Media Report 2012[EB/OL]. (2014-01-15) [2022-09-05]. http://www.nielsen.com/us/en/insights/reports/2012/state-of-themedia-the-social-media-report-2012.

[20] ZHANG J, PIRAMUTHU S. Product recommendation with latent review topics[J]. Information systems frontiers, 2018, 20(3): 617-625.

[21] LUDWIG S, DE RUYTER K, FRIEDMAN M, et al. More than words: the influence of affective content and linguistic style matches in online reviews on conversion rates[J]. Journal of marketing, 2013, 77(1): 87-103.

[22] ANDERSON C. The long tail[J]. Wired magazine, 2004(11): 170-177.

[23] BRYNJOLFSSON E, HU Y J, SMITH M D. From niches to riches: anatomy of the long tail [J]. Sloan management review, 2006, 47(4): 67-71.

[24] BRYNJOLFSSON E, HU Y, SMITH M D. Consumer surplus in the digital economy: estimating the value of increased product variety at online booksellers[J]. Management science, 2003, 49(11): 1580-1596.

[25] KUMAR C, NORRIS J B, SUN Y. Location and time do matter: a long tail study of website requests[J]. Decision support systems, 2009, 47(4): 500-507.

[26] HU D J, HALL R, ATTENBERG J. Style in the long tail: discovering unique interests with latent variable models in large scale social e-commerce[C]//Proceedings of the 20th ACM

SIGKDD International Conference on Knowledge Discovery and Data Mining. ACM, 2014: 1640-1649.

[27] BRYNJOLFSSON E, HU Y, SIMESTER D. Goodbye pareto principle, hello long tail: the effect of search costs on the concentration of product sales[J]. Management science, 2011, 57(8): 1373-1386.

[28] BLEI D M, NG A Y, JORDAN M I. Latent dirichlet allocation[J]. Journal of machine learning research, 2003, 3(1): 993-1022.

[29] DELLAROCAS C. The digitization of word of mouth: promise and challenges of online feedback mechanisms[J]. Management science, 2003, 49(10): 1407-1424.

[30] GODES D, MAYZLIN D. Using online conversations to study word-of-mouth communication[J]. Marketing science, 2004, 23(4): 545-560.

[31] DHANASOBHON S, CHEN P Y, SMITH M, et al. An analysis of the differential impact of reviews and reviewers at Amazon. com[A]. ICIS 2007 Proceedings, 2007: 94.

[32] BICKART B, SCHINDLER R M. Internet forums as influential sources of consumer information[J]. Journal of interactive marketing, 2001, 15(3): 31-40.

[33] Digital consumer behavior study[EB/OL]. [2022-10-10]. http://www.razorfish.com/reports/DigConsStudy.pdf.

[34] BROOKS JR R C. "Word-of-mouth" advertising in selling new products[J]. Journal of marketing, 1957, 22(2): 154-161.

[35] CHEN P Y, WU S, YOON J. The impact of online recommendations and consumer feedback on sales[C]. ICIS 2004 Proceedings, 2004: 58.

[36] 郝媛媛, 邹鹏, 李一军, 等. 基于电影面板数据的在线评论情感倾向对销售收入影响的实证研究[J]. 管理评论, 2009, 21(10): 95-103.

[37] MUDAMBI S M, SCHUFF D. What makes a helpful review? A study of customer reviews on Amazon. com[J]. MIS quarterly, 2010, 34(1): 185-200.

[38] JIMNEZ F R, MENDOZA N A. Too popular to ignore: the influence of online reviews on purchase intentions of search and experience products[J]. Journal of interactive marketing, 2013, 27(3): 226-235.

[39] ZHANG K Z K, ZHAO S J, CHEUNG C M K, et al. Examining the influence of online reviews on consumers' decision-making: a heuristic-systematic model[J]. Decision support systems, 2014, 67: 78-89.

[40] KOSTYRA D S, REINER J, NATTER M, et al. Decomposing the effects of online customer

reviews on brand, price, and product attributes[J]. International journal of research in marketing, 2016, 33(1): 11-26.

[41] 杜学美, 丁璟妤, 谢志鸿, 等. 在线评论对消费者购买意愿的影响研究[J]. 管理评论, 2016, 28(3): 173-183.

[42] SALEHAN M, KIM D J. Predicting the performance of online consumer reviews: a sentiment mining approach to big data analytics[J]. Decision support systems, 2016, 81: 30-40.

[43] KARIMI S, WANG F. Online review helpfulness: impact of reviewer profile image[J]. Decision support systems, 2017, 96: 39-48.

[44] CHONG A Y L, CH'NG E, LIU M J, et al. Predicting consumer product demands via big data: the roles of online promotional marketing and online reviews[J]. International journal of production research, 2017, 55(17): 5142-5156.

[45] SINGH J P, IRANI S, RANA N P, et al. Predicting the "helpfulness" of online consumer reviews[J]. Journal of business research, 2017, 70: 346-355.

[46] 石文华, 王璐, 绳娜, 等. 在线初次评论与在线追加评论对商品销量影响的比较研究[J]. 管理评论, 2018, 30(1): 144-153.

[47] SAHOO N, DELLAROCAS C, SRINIVASAN S. The impact of online product reviews on product returns[J]. Information systems research, 2018, 29(3): 723-738.

[48] MEDHAT W, HASSAN A, KORASHY H. Sentiment analysis algorithms and applications: a survey[J]. Ain shams engineering journal, 2014, 5(4): 1093-1113.

[49] RAVI K, RAVI V. A survey on opinion mining and sentiment analysis: tasks, approaches and applications[J]. Knowledge-based systems, 2015, 89: 14-46.

[50] SERRANO-GUERRERO J, OLIVAS J A, ROMERO F P, et al. Sentiment analysis: a review and comparative analysis of web services[J]. Information sciences, 2015, 311: 18-38.

[51] BALAZS J A, VELSQUEZ J D. Opinion mining and information fusion: a survey[J]. Information fusion, 2016, 27: 95-110.

[52] BERTOT J C, JAEGER P T, HANSEN D. The impact of polices on government social media usage: issues, challenges, and recommendations[J]. Government information quarterly, 2012, 29(1): 30-40.

[53] NETZER O, FELDMAN R, GOLDENBERG J, et al. Mine your own business: market-structure surveillance through text mining[J]. Marketing science, 2012, 31(3): 521-543.

[54] ZHANG W, XU H, WAN W. Weakness finder: find product weakness from Chinese reviews by using aspects based sentiment analysis[J]. Expert systems with applications, 2012, 39

(11): 10283-10291.

[55] MARRESE-TAYLOR E, VELSQUEZ J D, BRAVO-MARQUEZ F. A novel deterministic approach for aspect-based opinion mining in tourism products reviews[J]. Expert systems with applications, 2014, 41(17): 7764-7775.

[56] CHEN K, KOU G, SHANG J, et al. Visualizing market structure through online product reviews: integrate topic modeling, TOPSIS, and multi-dimensional scaling approaches[J]. Electronic commerce research and applications, 2015, 14(1): 58-74.

[57] NAJMI E, HASHMI K, MALIK Z, et al. CAPRA: a comprehensive approach to product ranking using customer reviews[J]. Computing, 2015, 97(8): 843-867.

[58] TSYTSARAU M, PALPANAS T. Survey on mining subjective data on the web[J]. Data mining and knowledge discovery, 2012, 24(3): 478-514.

[59] BAI X. Predicting consumer sentiments from online text[J]. Decision support systems, 2011, 50(4): 732-742.

[60] KANG H, YOO S J, HAN D. Senti-lexicon and improved Nave Bayes algorithms for sentiment analysis of restaurant reviews[J]. Expert systems with applications, 2012, 39(5): 6000-6010.

[61] DURIC A, SONG F. Feature selection for sentiment analysis based on content and syntax models[J]. Decision support systems, 2012, 53(4): 704-711.

[62] TIAN F, WU F, CHAO K M, et al. A topic sentence-based instance transfer method for imbalanced sentiment classification of Chinese product reviews[J]. Electronic commerce research and applications, 2016, 16: 66-76.

[63] ZHANG D, XU H, SU Z, et al. Chinese comments sentiment classification based on word2vec and SVMperf[J]. Expert systems with applications, 2015, 42(4): 1857-1863.

[64] LI Y, YE Q, ZHANG Z, et al. Snippet-based unsupervised approach for sentiment classification of Chinese online reviews[J]. International journal of information technology & decision making, 2011, 10(6): 1097-1110.

[65] 王祖辉, 姜维, 李一军. 在线评论情感分析中固定搭配特征提取方法研究[J]. 管理工程学报, 2014(4): 180-186.

[66] KHAN F H, BASHIR S, QAMAR U. TOM: Twitter opinion mining framework using hybrid classification scheme[J]. Decision support systems, 2014, 57: 245-257.

[67] KHAN F H, QAMAR U, BASHIR S. SWIMS: Semi-supervised subjective feature weighting and intelligent model selection for sentiment analysis[J]. Knowledge-based systems, 2016,

100: 97-111.

[68] KHAN F H, QAMAR U, BASHIR S. A semi-supervised approach to sentiment analysis using revised sentiment strength based on SentiWordNet[J]. Knowledge and information systems, 2017, 51(3): 851-872.

[69] MOREO A, ROMERO M, CASTRO J L, et al. Lexicon-based comments-oriented news sentiment analyzer system[J]. Expert systems with applications, 2012, 39(10): 9166-9180.

[70] TSAI A C R, WU C E, TSAI R T H, et al. Building a concept-level sentiment dictionary based on commonsense knowledge[J]. IEEE intelligent systems, 2013, 28(2): 22-30.

[71] HOGENBOOM A, HEERSCHOP B, FRASINCAR F, et al. Multi-lingual support for lexicon-based sentiment analysis guided by semantics[J]. Decision support systems, 2014, 62: 43-53.

[72] 史伟, 王洪伟, 何绍义. 基于微博的产品评论挖掘: 情感分析的方法[J]. 情报学报, 2014, 33(12): 1311-1321.

[73] KONTOPOULOS E, BERBERIDIS C, DERGIADES T, et al. Ontology-based sentiment analysis of twitter posts[J]. Expert systems with applications, 2013, 40(10): 4065-4074.

[74] SINGH J, GUPTA V. A novel unsupervised corpus-based stemming technique using lexicon and corpus statistics[J]. Knowledge-based systems, 2019, 180: 147-162.

[75] HOFFMAN T. Probabilistic latent semantic analysis[C]//Proc. of the 15th Conference on Uncertainty in AI, 1999.

[76] KIM T Y, MIN M, YOON T, et al. Semantic analysis of Twitter contents using PLSA, and LDA[C]//SCIS & ISIS 2010. Japan Society for Fuzzy Theory and Intelligent Informatics, 2010: 189-192.

[77] TITOV I, MCDONALD R. Modeling online reviews with multi-grain topic models[C]//Proceedings of the 17th International Conference on World Wide Web, 2008: 111-120.

[78] GUO H, ZHU H, GUO Z, et al. Product feature categorization with multilevel latent semantic association[C]//Proceedings of the 18th ACM Conference on Information and Knowledge Management, 2009: 1087-1096.

[79] WANG T, CAI Y, LEUNG H, et al. Product aspect extraction supervised with online domain knowledge[J]. Knowledge-based systems, 2014, 71: 86-100.

[80] ZHAO W X, JIANG J, YAN H, et al. Jointly modeling aspects and opinions with a MaxEnt-LDA hybrid[C]//Proceedings of the 2010 Conference on Empirical Methods in Natural Language Processing. Association for Computational Linguistics, 2010: 56-65.

[81] CHEN X, TANG W, XU H, et al. Double LDA: a sentiment analysis model based on topic model[C]//2014 10th International Conference on Semantics, Knowledge and Grids. IEEE, 2014: 49-56.

[82] CHENG X, YAN X, LAN Y, et al. BTM: topic modeling over short texts[J]. IEEE transactions on knowledge and data engineering, 2014, 26(12): 2928-2941.

[83] AMPLAYO R K, SONG M. An adaptable fine-grained sentiment analysis for summarization of multiple short online reviews[J]. Data & knowledge engineering, 2017, 110: 54-67.

[84] YANG Z, XIONG G, CAO Z, et al. A decision method for online purchases considering dynamic information preference based on sentiment orientation classification and discrete DIFWA operators[J]. IEEE access, 2019, 7: 77008-77026.

[85] ZHANG K, CHENG Y, LIAO W, et al. Mining millions of reviews: a technique to rank products based on importance of reviews[C]//Proceedings of the 13th International Conference on Electronic Commerce, 2011: 1-8.

[86] PENG Y, KOU G, LI J. A fuzzy PROMETHEE approach for mining customer reviews in Chinese[J]. Arabian journal for science and engineering, 2014, 39(6): 5245-5252.

[87] CHEN K, KOU G, SHANG J, et al. Visualizing market structure through online product reviews: integrate topic modeling, TOPSIS, and multi-dimensional scaling approaches[J]. Electronic commerce research and applications, 2015, 14(1): 58-74.

[88] LIU Y, BI J W, FAN Z P. Ranking products through online reviews: a method based on sentiment analysis technique and intuitionistic fuzzy set theory[J]. Information fusion, 2017, 36: 149-161.

[89] JIANG Z, DOU Z, ZHAO W X, et al. Supervised search result diversification via subtopic attention[J]. IEEE transactions on knowledge and data engineering, 2018, 30(10): 1971-1984.

[90] ZHENG H T, HAN J, WANG Z, et al. A learnable search result diversification method[J]. Expert systems with applications, 2018, 108: 74-80.

[91] WU S, HUANG C, LI L, et al. Fusion-based methods for result diversification in web search[J]. Information fusion, 2019, 45: 16-26.

[92] KEIKHA A, ENSAN F, BAGHERI E. Query expansion using pseudo relevance feedback on wikipedia[J]. Journal of intelligent information systems, 2018, 50(3): 455-478.

[93] MENG Z, SHEN H. Dissimilarity-constrained node attribute coverage diversification for novelty-enhanced Top-k search in large attributed networks[J]. Knowledge-based systems, 2018, 150: 85-94.

[94] DROSOU M, PITOURA E. Disc diversity: result diversification based on dissimilarity and coverage[J]. Proceedings of the VLDB endowment, 2012, 6(1): 13-24.

[95] DROSOU M, PITOURA E. Multiple radii disc diversity: result diversification based on dissimilarity and coverage[J]. ACM Transactions on Database Systems (TODS), 2015, 40(1): 4.

[96] PUTHIYA PARAMBATH S A, USUNIER N, GRANDVALET Y. A coverage-based approach to recommendation diversity on similarity graph[C]//Proceedings of the 10th ACM Conference on Recommender Systems. ACM, 2016: 15-22.

[97] GAO B, LIU T Y. Active prediction of diverse search intent based upon user browsing behavior: U.S. Patent 10204163[P]. 2019-02-12.

[98] GOLLAPUDI S, SHARMA A. An axiomatic approach for result diversification[C]//Proceedings of the 18th International Conference on World Wide Web. ACM, 2009: 381-390.

[99] GOLLAPUDI S. Method and apparatus for document clustering and document sketching: U. S. Patent 7433869[P]. 2008-10-07.

[100] INDYK P. A small approximately min-wise independent family of hash functions[J]. Journal of algorithms, 2001, 38(1): 84-90.

[101] HARITSA J R. The KNDN problem: a quest for unity in diversity[J]. IEEE data eng. Bull., 2009, 32(4): 15-22.

[102] ERIKV J S, SIHEMA Y. Efficient computation of diverse query results[D]. Mexico: ICDE, 2008.

[103] SAID A, FIELDS B, JAIN B J, et al. User-centric evaluation of a k-furthest neighbor collaborative filtering recommender algorithm[C]//Proceedings of the 2013 Conference on Computer Supported Cooperative Work, 2013: 1399-1408.

[104] SINGH S, BAG S, JENAMANI M. Relative similarity based approach for improving aggregate recommendation diversity[C]//2015 Annual IEEE India Conference (INDICON). IEEE, 2015: 1-6.

[105] XIA L, XU J, LAN Y, et al. Modeling document novelty with neural tensor network for search result diversification[C]//Proceedings of the 39th International ACM SIGIR Conference on Research and Development in Information Retrieval. ACM, 2016: 395-404.

[106] 代文强, 李晓荣, 冯毅. 最大和搜索结果多样性问题及其贪婪算法分析[J]. 系统工程理论与实践, 2016, 36(3): 706-711.

[107] HAMEDANI E M, KAEDI M. Recommending the long tail items through personalized diversi-

fication[J]. Knowledge-based systems, 2019, 164: 348-357.

[108] CHOI D W, CHUNG C W. A K-partitioning algorithm for clustering large-scale spatio-textual data[J]. Information systems, 2017, 64: 1-11.

[109] NGUYEN M D, SHIN W Y. An improved density-based approach to spatio-textual clustering on social media[J]. IEEE access, 2019, 7: 27217-27230.

[110] QIAO B, HU B, ZHU J, et al. A Top-k spatial join querying processing algorithm based on spark[J]. Information systems, 2020, 87: 101419.

[111] PARMAR D, WU T, BLACKHURST J. MMR: an algorithm for clustering categorical data using rough set theory[J]. Data & knowledge engineering, 2007, 63(3): 879-893.

[112] LI C, BISWAS G. Unsupervised learning with mixed numeric and nominal data[J]. IEEE transactions on knowledge and data engineering, 2002, 14(4): 673-690.

[113] HUANG Z. A fast clustering algorithm to cluster very large categorical data sets in data mining[J]. DMKD, 1997, 3(8): 34-39.

[114] HUANG Z. Extensions to the k-means algorithm for clustering large data sets with categorical values[J]. Data mining and knowledge discovery, 1998, 2(3): 283-304.

[115] ZHAO W D, DAI W H, TANG C B. K-centers algorithm for clustering mixed type data [C]//Pacific-Asia Conference on Knowledge Discovery and Data Mining. Heidelberg: Springer Berlin Heidelberg, 2007: 1140-1147.

[116] JI J, PANG W, ZHOU C, et al. A fuzzy k-prototype clustering algorithm for mixed numeric and categorical data[J]. Knowledge based systems, 2012: 129-135.

[117] CHATZIS S P. A fuzzy c-means-type algorithm for clustering of data with mixed numeric and categorical attributes employing a probabilistic dissimilarity functional [J]. Expert systems with applications, 2011, 38(7): 8684-8689.

[118] CHOI D W, CHUNG C W. A k-partitioning algorithm for clustering large-scale spatio-textual data[J]. Information systems, 2017, 64: 1-11.

[119] AHMAD A, DEY L. A k-mean clustering algorithm for mixed numeric and categorical data[J]. Data & knowledge engineering, 2007, 63(2): 503-527.

[120] LIN D. An information-theoretic definition of similarity [C]//San Francisco: Morgan Kaufman Publishers, 1998: 296-304.

[121] CAO L, OU Y, PHILIP S Y. Coupled behavior analysis with applications[J]. IEEE transactions on knowledge and data engineering, 2011, 24(8): 1378-1392.

[122] WANG C, DONG X, ZHOU F, et al. Coupled attribute similarity learning on categorical

data[J]. IEEE transactions on neural networks and learning systems, 2014, 26(4): 781-797.

[123] DU M, DING S, XUE Y. A novel density peaks clustering algorithm for mixed data[J]. Pattern recognition letters, 2017, 97: 46-53.

[124] AGRAWAL R, GOLLAPUDI S, HALVERSON A, et al. Diversifying search results[C]// Proceedings of the Second ACM International Conference on Web Search and Data Mining. ACM, 2009: 5-14.

[125] OZDEMIRAY A M, ALTINGOVDE I S. Query performance prediction for aspect weighting in search result diversification[C]//Proceedings of the 23rd ACM International Conference on Conference on Information and Knowledge Management. ACM, 2014: 1871-1874.

[126] CAPANNINI G, NARDINI F M, PEREGO R, et al. Efficient diversification of web search results[J]. Proceedings of the VLDB endowment, 2011, 4(7): 451-459.

[127] SANTOS R L T, MACDONALD C, OUNIS I. Exploiting query reformulations for web search result diversification[C]//Proceedings of the 19th International Conference on World Wide Web. ACM, 2010: 881-890.

[128] HU S, DOU Z, WANG X, et al. Search result diversification based on hierarchical intents [C]//Proceedings of the 24th ACM International on Conference on Information and Knowledge Management. ACM, 2015: 63-72.

[129] 屈鹏, 赖茂生. 网络搜索结果的主题覆盖度优化研究[J]. 情报学报, 2016, 35(2): 137-145.

[130] WANG X, WEN J R, DOU Z, et al. Search result diversity evaluation based on intent hierarchies[J]. IEEE transactions on knowledge and data engineering, 2017, 30(1): 156-169.

[131] MCCREADIE R, SANTOS R L T, MACDONALD C, et al. Explicit diversification of event aspects for temporal summarization[J]. ACM Transactions on Information Systems (TOIS), 2018, 36(3): 25.

[132] CECCHINI R L, LORENZETTI C M, MAGUITMAN A G, et al. Topic relevance and diversity in information retrieval from large datasets: a multi-objective evolutionary algorithm approach[J]. Applied soft computing, 2018, 69: 749-770.

[133] MENG Z, SHEN H. Scalable aspects learning for intent-aware diversified search on social networks[J]. IEEE access, 2018, 6: 37124-37137.

[134] MA H, LYU M R, KING I. Diversifying query suggestion results[C]//Twenty-Fourth AAAI Conference on Artificial Intelligence, 2010:1399-1404.

[135] BORDOGNA G, CAMPI A, PSAILA G, et al. Disambiguated query suggestions and per-

sonalized content-similarity and novelty ranking of clustered results to optimize web searches [J]. Information processing & management, 2012, 48(3): 419-437.

[136] JIANG D, LEUNG K W T, YANG L, et al. Query suggestion with diversification and personalization[J]. Knowledge-based systems, 2015, 89: 553-568.

[137] LIANG S, CAI F, REN Z, et al. Efficient structured learning for personalized diversification [J]. IEEE transactions on knowledge and data engineering, 2016, 28(11): 2958-2973.

[138] CHEN W, CAI F, CHEN H, et al. Personalized query suggestion diversification in information retrieval[J]. Frontiers of computer science, 2020, 14(3): 143602.

[139] BEEFERMAN D, BERGER A. Agglomerative clustering of a search engine query log[C]//KDD, 2000: 407-416.

[140] CRASWELL N, SZUMMER M. Random walks on the click graph[C]//Proceedings of the 30th Annual International ACM SIGIR Conference on Research and Development in Information Retrieval. ACM, 2007: 239-246.

[141] DENG H, KING I, LYU M R. Entropy-biased models for query representation on the click graph[C]//Proceedings of the 32nd International ACM SIGIR Conference on Research and Development in Information Retrieval. ACM, 2009: 339-346.

[142] LIU J, TOUBIA O. A semantic approach for estimating consumer content preferences from online search queries[J]. Marketing science, 2018, 37(6): 930-952.

[143] NEWMAN D, LAU J H, GRIESER K, et al. Automatic evaluation of topic coherence [C]//Human Language Technologies: The 2010 Annual Conference of the North American Chapter of the Association for Computational Linguistics. Association for Computational Linguistics, 2010: 100-108.

[144] WANG S, GONG M, LI H, et al. Multi-objective optimization for long tail recommendation [J]. Knowledge based systems, 2016, 104: 145-155.

[145] JAMBOR T, WANG J. Optimizing multiple objectives in collaborative filtering[C]. Conference on Recommender Systems, 2010: 55-62.

[146] PARK Y. The adaptive clustering method for the long tail problem of recommender systems [J]. IEEE transactions on knowledge and data engineering, 2013, 25(8): 1904-1915.

[147] ALSHAMMARI G, JORROARAGONESES J L, KAPETANAKIS S, et al. A hybrid CBR approach for the long tail problem in recommender systems[C]//International Conference on Case-Based Reasoning, 2017: 35-45.

[148] RODRIGUEZ A, LAIO A. Clustering by fast search and find of density peaks[J]. Science,

2014, 344(6191): 1492-1496.

[149] MACQUEEN J. Some methods for classification and analysis of multivariate observations [M]//Proceedings of the fifth berkeley symposium on mathematical statistics and probability. California: University of California Press, 1967: 281-297.

[150] ESTER M, KRIEGEL H P, SANDER J, et al. A density-based algorithm for discovering clusters in large spatial databases with noise[J]. KDD, 1996, 96(34): 226-231.

[151] KAUFMAN L, ROUSSEEUW P J. Finding groups in data: an introduction to cluster analysis[M]. New Jersey: John Wiley & Sons, 2009.

[152] SHI Y, CHEN Z, Qi Z, et al. A novel clustering-based image segmentation via density peaks algorithm with mid-level feature[J]. Neural computing and applications, 2017, 28(1): 29-39.

[153] ZHANG Y, XIA Y, LIU Y, et al. Clustering sentences with density peaks for multi-document summarization [C]//Proceedings of the 2015 Conference of the North American Chapter of the Association for Computational Linguistics: Human Language Technologies, 2015: 1262-1267.

[154] CHEN X, FANG Y, YANG M, et al. Purtreeclust: a clustering algorithm for customer segmentation from massive customer transaction data[J]. IEEE transactions on knowledge and data engineering, 2017, 30(3): 559-572.

[155] XIE J, GAO H, XIE W, et al. Robust clustering by detecting density peaks and assigning points based on fuzzy weighted k-nearest neighbors[J]. Information sciences, 2016, 354: 19-40.

[156] BIE R, MEHMOOD R, RUAN S, et al. Adaptive fuzzy clustering by fast search and find of density peaks[J]. Personal and ubiquitous computing, 2016, 20(5): 785-793.

[157] EREVELLES S, FUKAWA N, SWAYNE L. Big data consumer analytics and the transformation of marketing[J]. Journal of business research, 2016, 69(2): 897-904.

[158] JIANG Y, ZHANG X, TANG Y, et al. Feature-based approaches to semantic similarity assessment of concepts using Wikipedia[J]. Information processing & management, 2015, 51(3): 215-234.

[159] LU Z Q, WERIMIN S, YU Z H. Measuring semantic similarity between words using wikipedia[C]//2009 International Conference on Web Information Systems and Mining. New York: IEEE, 2009: 251-255.

[160] TAN P N, STEINBACH M, KUMAR V. Introduction to data mining[M]. New York: Pear-

son education india, 2016.

[161] REZAEI M, FRNTI P. Set matching measures for external cluster validity[J]. IEEE transactions on knowledge and data engineering, 2016, 28(8): 2173-2186.

[162] HAAS P J, NAUGHTON J F, SESHADRI S, et al. Sampling-based estimation of the number of distinct values of an attribute[C]//VLDB, 1995: 311-322.

[163] BRUNO N, GRAVANO L, MARIAN A. Evaluating top-k queries over web-accessible databases[C]//Proceedings 18th International Conference on Data Engineering. New York: IEEE, 2002: 369-380.

[164] ZHANG J, WEI Q, CHEN G. A heuristic approach for λ - representative information retrieval from large-scale data[J]. Information sciences, 2014, 277: 825-841.

[165] PIROLLI P. Information foraging theory: adaptive interaction with information[M]. Oxford: Oxford University Press, 2007.

[166] BLEI D M, LAFFERTY J D. Dynamic topic models[C]//Proceedings of the 23rd International Conference on Machine Learning, 2006: 113-120.

[167] WANG C, BLEI D, HECKERMAN D. Continuous time dynamic topic models[C]//Proceeding of the 23rd Conference on Uncertainty in Aritifical Intelligence. Arlington: AUAI Press, 2008:579-586.

[168] ZHENG N, SONG S, BAO H. A temporal-topic model for friend recommendations in Chinese microblogging systems[J]. IEEE transactions on systems, man, and cybernetics: systems, 2015, 45(9): 1245-1253.

[169] ZHANG H, ZHANG X, TIAN Z, et al. Incorporating temporal dynamics into LDA for one-class collaborative filtering[J]. Knowledge-based systems, 2018, 150: 49-56.

[170] CAO L, PS Y. Behavior computing: modeling, analysis, mining and decision[M]. Berlin: Springer Science & Business Media, 2012.

[171] HOFFMAN M D, BLEI D M, WANG C, et al. Stochastic variational inference[J]. The journal of machine learning research, 2013, 14(1): 1303-1347.

[172] PORTEOUS I, NEWMAN D, IHLER A, et al. Fast collapsed gibbs sampling for latent dirichlet allocation[C]//Proceedings of the 14th ACM SIGKDD International Conference on Knowledge Discovery and Data Mining, 2008: 569-577.

[173] ÖSTERGRD P R J. A new algorithm for the maximum-weight clique problem[J]. Nordic journal of computing, 2001, 8(4): 424-436.

[174] NOGUEIRA B, PINHEIRO R G S. A GPU based local search algorithm for the unweighted

and weighted maximum s-plex problems[J]. Annals of operations research, 2020, 284(1): 367-400.

[175] SUN Y, LI X, ERNST A. Using statistical measures and machine learning for graph reduction to solve maximum weight clique problems[J]. IEEE transactions on pattern analysis and machine intelligence, 2021, 43(5): 1746-1760.

[176] HOARE C A R. Quicksort[J]. The computer journal, 1962, 5(1): 10-16.

[177] CHEN W, CAI F, CHEN H, et al. Hierarchical neural query suggestion with an attention mechanism[J]. Information processing & management, 2020, 57(6): 102040.

[178] CHEN J, MAO J, LIU Y, et al. Investigating query reformulation behavior of search users[C]//China Conference on Information Retrieval. Berlin: Springer, Cham, 2019: 39-51.

[179] WANG X, MCCALLUM A. Topics over time: a non-Markov continuous-time model of topical trends[C]//Proceedings of the 12th ACM SIGKDD International Conference on Knowledge Discovery and Data Mining, 2006: 424-433.

[180] CARMAN M J, CRESTANI F, HARVEY M, et al. Towards query log based personalization using topic models[C]//Proceedings of the 19th ACM International Conference on Information and Knowledge Management, 2010: 1849-1852.

[181] JIANG D, LEUNG K W T, NG W, et al. Beyond click graph: topic modeling for search engine query log analysis[C]//International Conference on Database Systems for Advanced Applications. Berlin, Heidelberg: Springer, 2013: 209-223.

[182] RDER M, BOTH A, HINNEBURG A. Exploring the space of topic coherence measures[C]//Proceedings of the Eighth ACM International Conference on Web Search and Data Mining, 2015: 399-408.

[183] ROSCOE R D, GREBITUS C, O'BRIAN J, et al. Online information search and decision making: effects of web search stance[J]. Computers in human behavior, 2016, 56: 103-118.

[184] PARK J, KIM R B. A new approach to segmenting multichannel shoppers in Korea and the US[J]. Journal of retailing and consumer services, 2018, 45: 163-178.

[185] KIM D, WOO J R, SHIN J, et al. Can search engine data improve accuracy of demand forecasting for new products? Evidence from automotive market[J]. Industrial management & data systems, 2019, 119(5): 1089-1103.

[186] LIU J, TOUBIA O. Search query formation by strategic consumers[J]. Quantitative marketing and economics, 2020, 18(2): 155-194.

[187] CODIGNOLA F, CAPATINA A, LICHY J, et al. Customer information search in the

context of e-commerce: a cross-cultural analysis[J]. European journal of international management, 2021, 16(1): 28-59.

[188] TITOV I, MCDONALD R. Modeling online reviews with multi-grain topic models[C]//Proceedings of the 17th International Conference on World Wide Web, 2008: 111-120.

[189] HE D, GÖKER A. Detecting session boundaries from web user logs[C]//Proceedings of the BCS-IRSG 22nd Annual Colloquium on Information Retrieval Research, 2000: 57-66.

[190] CHEN W, WANG J, ZHANG Y, et al. User based aggregation for biterm topic model[C]//Proceedings of the 53rd Annual Meeting of the Association for Computational Linguistics and the 7th International Joint Conference on Natural Language Processing (Volume 2: Short Papers), 2015: 489-494.

[191] LIANG S, YILMAZ E, KANOULAS E. Collaboratively tracking interests for user clustering in streams of short texts[J]. IEEE transactions on knowledge and data engineering, 2018, 31(2): 257-272.

[192] SHI L, SONG G, CHENG G, et al. A user-based aggregation topic model for understanding user's preference and intention in social network[J]. Neurocomputing, 2020, 413: 1-13.

[193] WANG C, BLEI D M. Collaborative topic modeling for recommending scientific articles[C]//Proceedings of the 17th ACM SIGKDD International Conference on Knowledge Discovery and Data Mining, 2011: 448-456.

[194] NIKOLENKO S. SVD-LDA: Topic modeling for full-text recommender systems[C]//Mexican International Conference on Artificial Intelligence. Springer, Cham, 2015: 67-79.

[195] AL-GHOSSEIN M, MURENA P A, ABDESSALEM T, et al. Adaptive collaborative topic modeling for online recommendation[C]//Proceedings of the 12th ACM Conference on Recommender Systems, 2018: 338-346.

[196] KANG S Y, KIM J K, CHOI I Y, et al. A topic modeling-based recommender system considering changes in user preferences[J]. Journal of intelligence and information systems, 2020, 26(2): 43-56.

[197] RAJENDRAN D P D, SUNDARRAJ R P. Using topic models with browsing history in hybrid collaborative filtering recommender system: experiments with user ratings[J]. International journal of information management data insights, 2021, 1(2): 100027.

[198] 姜长云. "十四五"时期生活性服务业发展的战略需求和基本思路[J]. 区域经济评论, 2020(3): 44-49.

[199] KAUFFMAN R J, NALDI M. Research directions for sharing economy issues[J].

Electronic commerce research and applications, 2020, 43: 100973.

[200] CAI Y J, LO C K Y. Omni-channel management in the new retailing era: a systematic review and future research agenda[J]. International journal of production economics, 2020, 229: 107729.

[201] SONG P, WANG Q, LIU H, et al. The value of buy-online-and-pickup-in-store in omni-channel: evidence from customer usage data[J]. Production and operations management, 2020, 29(4): 995-1010.

[202] CUMMINS S, PELTIER J W, DIXON A. Omni-channel research framework in the context of personal selling and sales management[J]. Journal of research in interactive marketing, 2016, 10(1):2-16.

[203] KEMBRO J H, NORRMAN A, ERIKSSON E. Adapting warehouse operations and design to omni-channel logistics[J]. International journal of physical distribution & logistics management, 2018,48(9): 890-912.

[204] MELACINI M, PEROTTI S, RASINI M, et al. E-fulfilment and distribution in omni-channel retailing: a systematic literature review[J]. International journal of physical distribution & logistics management, 2018(4): 391-414.

[205] TAYLOR D, BROCKHAUS S, KNEMEYER A M, et al. Omnichannel fulfillment strategies: defining the concept and building an agenda for future inquiry[J]. The international journal of logistics management, 2019, 30(3):863-891.

[206] 胡祥培, 王明征, 王子卓, 等. 线上线下融合的新零售模式运营管理研究现状与展望[J]. 系统工程理论与实践, 2020, 40(8): 2023-2036.

[207] 马德青, 胡劲松. 展厅现象下考虑利他行为的O2O供应链动态运营策略[J]. 管理学报, 2020, 17(5): 734.

[208] CHIU H C, HSIEH Y C, ROAN J, et al. The challenge for multichannel services: cross-channel free-riding behavior[J]. Electronic commerce research and applications, 2011, 10(2): 268-277.

[209] ZHU Z, NAKATA C, SIVAKUMAR K, et al. Fix it or leave it? Customer recovery from self-service technology failures[J]. Journal of retailing, 2013, 89(1): 15-29.

[210] PANTANO E, VIASSONE M. Engaging consumers on new integrated multichannel retail settings: challenges for retailers[J]. Journal of retailing and consumer services, 2015, 25: 106-114.

[211] LI H, SHEN Q, BART Y. Local market characteristics and online-to-offline commerce: an

empirical analysis of Groupon[J]. Management science, 2018, 64(4): 1860-1878.

[212] FRISHAMMAR J, CENAMOR J, CAVALLI-BJRKMAN H, et al. Digital strategies for two-sided markets: a case study of shopping malls[J]. Decision support systems, 2018, 108: 34-44.

[213] CHEN Y, CHEUNG C M K, TAN C W. Omnichannel business research: opportunities and challenges[J]. Decision support systems, 2018, 109: 1-4.

[214] 兰虹, 赵佳伟. 新冠疫情背景下新零售行业发展面临的机遇、挑战与应对策略[J]. 西南金融, 2020, 7: 3-16.

[215] 纪雅杰, 马德青, 胡劲松. 供应商管理库存下基于消费者行为偏好的全渠道运营策略[J]. 中国管理科学, 2021, 29(1): 82-96.

[216] JANK W, KANNAN P K. Understanding geographical markets of online firms using spatial models of customer choice[J]. Marketing science, 2005, 24(4): 623-634.

[217] BRYNJOLFSSON E, HU Y, RAHMAN M S. Battle of the retail channels: how product selection and geography drive cross-channel competition[J]. Management science, 2009, 55(11): 1755-1765.

[218] LI Y, LIU H, LIM E T K, et al. Customer's reaction to cross-channel integration in omnichannel retailing: the mediating roles of retailer uncertainty, identity attractiveness, and switching costs[J]. Decision support systems, 2018, 109: 50-60.

[219] NIU B, MU Z, LI B. O2O results in traffic congestion reduction and sustainability improvement: analysis of "online-to-store" channel and uniform pricing strategy[J]. Transportation research part E: logistics and transportation review, 2019, 122: 481-505.

[220] DZYABURA D, JAGABATHULA S. Offline assortment optimization in the presence of an online channel[J]. Management science, 2018, 64(6): 2767-2786.

[221] DZYABURA D, JAGABATHULA S, MULLER E. Accounting for discrepancies between online and offline product evaluations[J]. Marketing science, 2019, 38(1): 88-106.

[222] CHIU H C, HSIEH Y C, KAO Y H, et al. The determinants of email receivers' disseminating behaviors on the Internet[J]. Journal of advertising research, 2007, 47(4): 524-534.

[223] ZHANG H, WANG Z, CHEN S, et al. Product recommendation in online social networking communities: an empirical study of antecedents and a mediator[J]. Information & management, 2019, 56(2): 185-195.

[224] MA L, KRISHNAN R, MONTGOMERY A L. Latent homophily or social influence? An empirical analysis of purchase within a social network[J]. Management science, 2015, 61

(2): 454-473.

[225] FANG X, HU P J. Top persuader prediction for social networks[J]. MIS quarterly, 2018, 42(1): 63-82.

[226] BAPNA R, UMYAROV A. Do your online friends make you pay? A randomized field experiment on peer influence in online social networks[J]. Management science, 2015, 61(8): 1902-1920.

[227] CHEN J, SHEN X L. Consumers' decisions in social commerce context: an empirical investigation[J]. Decision support systems, 2015, 79: 55-64.

[228] TSAI H T, BAGOZZI R P. Contribution behavior in virtual communities: cognitive, emotional, and social influences[J]. Mis quarterly, 2014, 38(1): 143-164.

[229] RISHIKA R, RAMAPRASAD J. The effects of asymmetric social ties, structural embeddedness, and tie strength on online content contribution behavior[J]. Management science, 2019, 65(7): 3398-3422.

[230] HUANG X, WU F. A novel topic-based framework for recommending long tail products[J]. Computers & industrial engineering, 2019, 137: 106063.

[231] LIANG Q, LIAO X, SHANG J. A multiple criteria approach integrating social ties to support purchase decision[J]. Computers & industrial engineering, 2020, 147: 106655.

[232] 康来松, 刘世峰, 宫大庆. LBSN 中基于加权异构信息网络的兴趣点推荐[J]. 系统工程, 2020, 38(6): 14-24.

[233] LU E H C, LEE W C, TSENG V S M. A framework for personal mobile commerce pattern mining and prediction[J]. IEEE transactions on knowledge and data engineering, 2011, 24(5): 769-782.

[234] TAO Y, FALOUTSOS C, PAPADIAS D, et al. Prediction and indexing of moving objects with unknown motion patterns[C]//Proceedings of the 2004 ACM SIGMOD International Conference on Management of Data, 2004: 611-622.

[235] VU T H N, RYU K H, PARK N. A method for predicting future location of mobile user for location-based services system[J]. Computers & industrial engineering, 2009, 57(1): 91-105.

[236] TSAI C Y, LO C C, LIN C W. A time-interval sequential pattern change detection method[J]. International journal of information technology & decision making, 2011, 10(1): 83-108.

[237] YAVAS G, KATSAROS D, ULUSOY, et al. A data mining approach for location prediction in mobile environments[J]. Data & knowledge engineering, 2005, 54(2): 121-146.

[238] SLEEM A E, KUMAR A. Handoff management in wireless data networks using topography-aware mobility prediction[J]. Journal of parallel and distributed computing, 2005, 65(8): 963-982.

[239] JEUNG H, LIU Q, SHEN H T, et al. A hybrid prediction model for moving objects[C]// 2008 IEEE 24th International Conference on Data Engineering. IEEE, 2008: 70-79.

[240] TSENG V S, LIN K W. Efficient mining and prediction of user behavior patterns in mobile web systems[J]. Information and software technology, 2006, 48(6): 357-369.

[241] TSENG V S, LU E H C, HUANG C H. Mining temporal mobile sequential patterns in location-based service environments[C]//2007 International Conference on Parallel and Distributed Systems. IEEE, 2007: 1-8.

[242] LU E H C, TSENG V S, PHILIP S Y. Mining cluster-based temporal mobile sequential patterns in location-based service environments[J]. IEEE transactions on knowledge and data engineering, 2010, 23(6): 914-927.

[243] LU E H C, LEE W C, TSENG V S M. A framework for personal mobile commerce pattern mining and prediction[J]. IEEE transactions on knowledge and data engineering, 2011, 24(5): 769-782.

[244] TANG H, LIAO S S, SUN S X. A prediction framework based on contextual data to support mobile personalized marketing[J]. Decision support systems, 2013, 56: 234-246.

[245] YING J J C, LEE W C, TSENG V S. Mining geographic-temporal-semantic patterns in trajectories for location prediction[J]. ACM Transactions on Intelligent Systems and Technology (TIST), 2014, 5(1): 1-33.

[246] DEODHAR M, GHOSH J, SAAR-TSECHANSKY M, et al. Active learning with multiple localized regression models[J]. INFORMS journal on computing, 2017, 29(3): 503-522.

[247] OZKARA B Y, OZMEN M, KIM J W. Exploring the relationship between information satisfaction and flow in the context of consumers' online search[J]. Computers in human behavior, 2016, 63: 844-859.

[248] VAN RIJNSOEVER F J, CASTALDI C, DIJST M J. In what sequence are information sources consulted by involved consumers? The case of automobile pre-purchase search[J]. Journal of retailing and consumer services, 2012, 19(3): 343-352.

[249] ROSCOE R D, GREBITUS C, OBRIAN J, et al. Online information search and decision making: effects of web search stance[J]. Computers in human behavior, 2016, 56: 103-118.

[250] DUTTA C B, DAS D K. What drives consumers online information search behavior? Evidence from England[J]. Journal of retailing and consumer services, 2017, 35: 36-45.

[251] VAN DEN POEL D, BUCKINX W. Predicting online-purchasing behaviour[J]. European journal of operational research, 2005, 166(2): 557-575.

[252] JUN S P, PARK D H. Consumer information search behavior and purchasing decisions: empirical evidence from Korea[J]. Technological forecasting and social change, 2016, 107: 97-111.

[253] NGO-YE T L, SINHA A P, SEN A. Predicting the helpfulness of online reviews using a scripts-enriched text regression model[J]. Expert systems with applications, 2017, 71: 98-110.

[254] SINGH J P, IRANI S, RANA N P, et al. Predicting the "helpfulness" of online consumer reviews[J]. Journal of business research, 2017, 70: 346-355.

[255] MOHAMMADIANI R P, MOHAMMADI S, MALIK Z. Understanding the relationship strengths in users' activities, review helpfulness and influence[J]. Computers in human behavior, 2017, 75: 117-129.

[256] QAZI A, SYED K B S, RAJ R G, et al. A concept-level approach to the analysis of online review helpfulness[J]. Computers in human behavior, 2016, 58: 75-81.

[257] MCGOLDRICK P J, COLLINS N. Multichannel retailing: profiling the multichannel shopper[J]. International review of retail, distribution and consumer research, 2007, 17(2): 139-158.

[258] SCHRAMM-KLEIN H, WAGNER G, STEINMANN S, et al. Cross-channel integration-is it valued by customers?[J]. The International review of retail, distribution and consumer research, 2011, 21(5): 501-511.

[259] VERHOEF P C, KANNAN P K, INMAN J J. From multi-channel retailing to omni-channel retailing: introduction to the special issue on multi-channel retailing[J]. Journal of retailing, 2015, 91(2): 174-181.

[260] 张秀杰, 杨道箭. 扫码自由购与即时配送的全渠道零售运营策略[J]. 系统工程, 2019,37(6):13-21.

[261] 李宗活, 杨文胜, 刘晓红, 等. 全渠道零售企业在线投放优惠券的渠道整合策略[J]. 系统工程理论与实践, 2020,40(3):630-640.

[262] 李玉霞, 庄贵军, 卢亭宇. 传统零售企业从单渠道转型为全渠道的路径和机理:基于永辉超市的纵向案例研究[J]. 北京工商大学学报(社会科学版), 2021,36(1):27-36.

[263] BRYNJOLFSSON E, HU Y J, RAHMAN M S. Competing in the age of omnichannel retailing[M]. Cambridge, MA: MIT, 2013.

[264] 肖荆, 涂光御. 全渠道零售商业空间的价值选择与创新实践[J]. 商业经济研究, 2019(24): 25-27.

[265] 刘文纲, 吕雪松. 基于跨界融合的"千店千面"零售模式研究: 以超市发的创新实践为例[J]. 北京工商大学学报(社会科学版), 2021, 36(1): 14-26.

[266] BELL D R, GALLINO S, MORENO A. How to win in an omnichannel world[J]. MIT sloan management review, 2014, 56(1): 45.

[267] 胡凤英, 周正龙. 零售商嵌入零售技术的策略选择与模式演化[J]. 管理学报, 2020, 17(11): 1706-1715.

[268] EBSTER C. Store design and visual merchandising: creating store space that encourages buying[M]. Boston: Business Expert Press, 2011(1): 216.

[269] PARK J S, DAYARIAN I, MONTREUIL B. Showcasing optimization model for hyperconnected showcasing centers[J]. IFAC-papers onLine, 2019, 52(13): 1650-1656.

[270] ZOLKIFLY N H, BAHAROM S N. Selling cars through visual merchandising: proposing emotional design approach[J]. Procedia economics and finance, 2016, 37: 412-417.

[271] WIERICH R, ZIELKE S. How retailer coupons increase attitudinal loyalty: the impact of three coupon design elements[J]. European journal of marketing, 2014, 48(3/4): 699-721.

[272] 刘芬, 赵学锋, 张金隆, 等. 移动优惠券的消费者使用意愿研究: 基于个人特征和动机的视角[J]. 管理评论, 2016, 28(2): 93.

[273] OSUNA I, GONZLEZ J, CAPIZZANI M. Which categories and brands to promote with targeted coupons to reward and to develop customers in supermarkets[J]. Journal of retailing, 2016, 92(2): 236-251.

[274] 邹翔, 仲伟俊, 梅姝娥. 基于地理定向的移动优惠券策略[J]. 系统管理学报, 2016, 25(5): 948-954.

[275] CHOUDHARY V, SHIVENDU S. Targeted couponing in online auctions[J]. Information systems research, 2017, 28(3): 490-510.

[276] SOUIDEN N, CHAOUALI W, BACCOUCHE M. Consumers' attitude and adoption of location-based coupons: the case of the retail fast food sector[J]. Journal of retailing and consumer services, 2019, 47: 116-132.

[277] ANDERSON E T, DANA JR J D. When is price discrimination profitable?[J]. Manage-

ment science, 2009, 55(6): 980-989.

[278] CHOW J Y J. Policy analysis of third party electronic coupons for public transit fares[J]. Transportation research part A: policy and practice, 2014, 66: 238-250.

[279] JIANG Y, LIU Y, WANG H, et al. Online pricing with bundling and coupon discounts[J]. International journal of production research, 2018, 56(5): 1773-1788.

[280] REIMERS I, XIE C. Do coupons expand or cannibalize revenue? Evidence from an e-market[J]. Management science, 2019, 65(1): 286-300.

[281] ZHANG Z, MA M, LESZCZYC P T L P, et al. The influence of coupon duration on consumers' redemption behavior and brand profitability[J]. European journal of operational research, 2020, 281(1): 114-128.

[282] ACIMOVIC J, GRAVES S C. Mitigating spillover in online retailing via replenishment[J]. Manufacturing & service operations management, 2017, 19(3): 419-436.

[283] LEI Y, JASIN S, SINHA A. Joint dynamic pricing and order fulfillment for e-commerce retailers[J]. Manufacturing & service operations management, 2018, 20(2): 269-284.

[284] DEVALVE L, WEI Y, WU D, et al. Understanding the value of fulfillment flexibility in an online retailing environment[J]. Fulfiument flexiblity, 2018(5): 1-59.

[285] BAYRAM A, CESARET B. Order fulfillment policies for ship-from-store implementation in omni-channel retailing[J]. European journal of operational research, 2020.

[286] 刘健, 印蓉蓉, 陈杰, 等. 基于顾客渠道偏好的全渠道零售商库存研究[J/OL]. 中国管理科学: 1-12[2021-02-23]. https://doi.org/10.16381/j.cnki.issn1003-207x.2019.2151.

[287] SEIFERT R W, THONEMANN U W, SIEKE M A. Relaxing channel separation: integrating a virtual store into the supply chain via transshipments[J]. Iie transactions, 2006, 38(11): 917-931.

[288] CHEN J, CHEN Y, PARLAR M, et al. Optimal inventory and admission policies for drop-shipping retailers serving in-store and online customers[J]. IIE transactions, 2011, 43(5): 332-347.

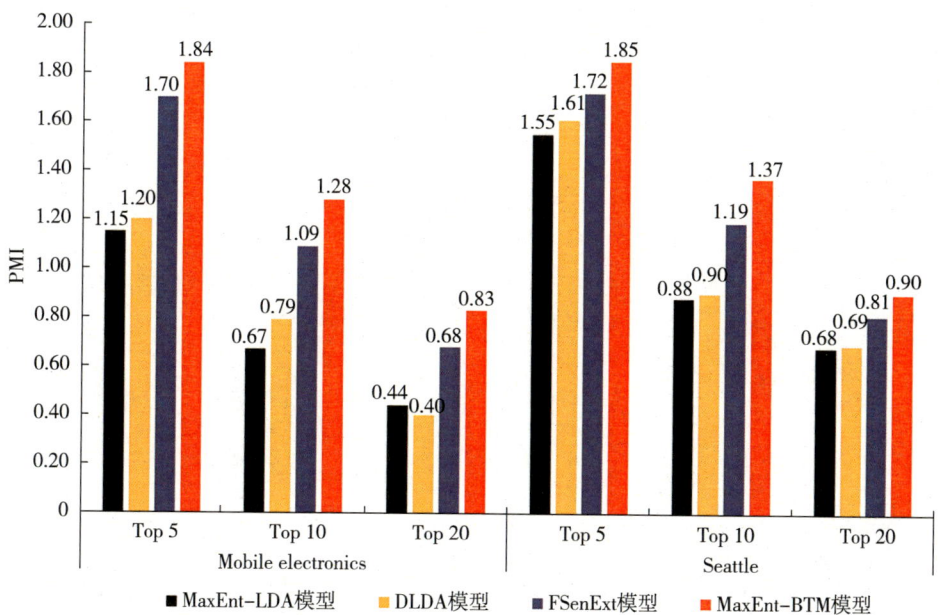

图 3-4 不同数据集上 4 个对比模型在不同主题词数量下的 PMI 评分

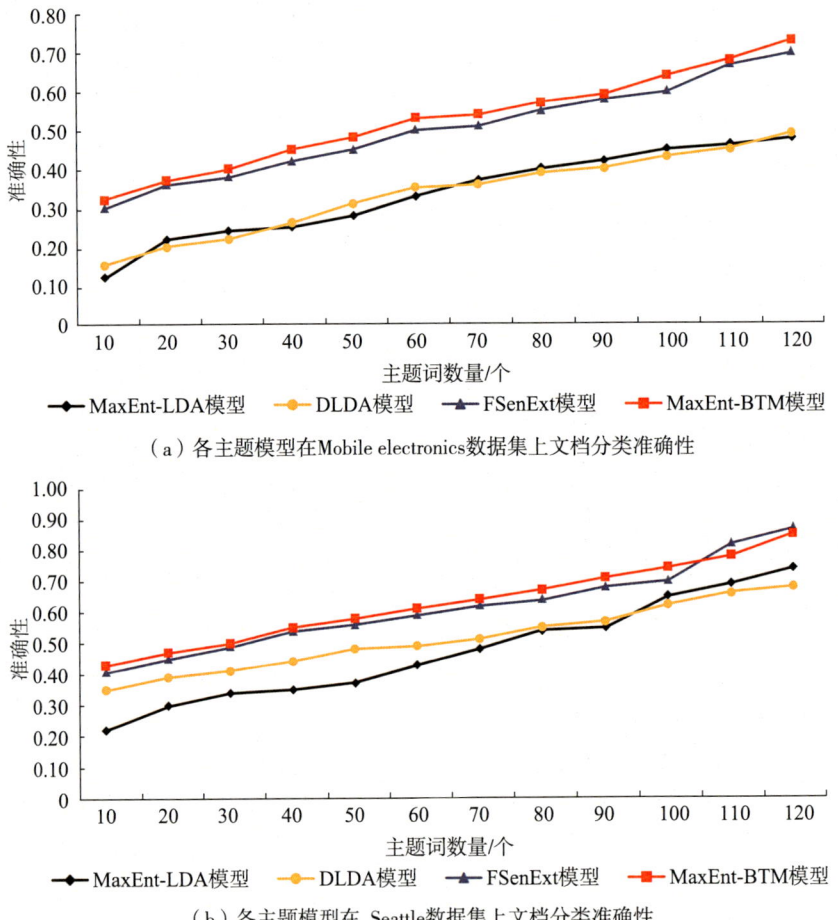

图 3-5 不同数据集上 4 个对比模型在不同主题词数量下的文档分类准确性

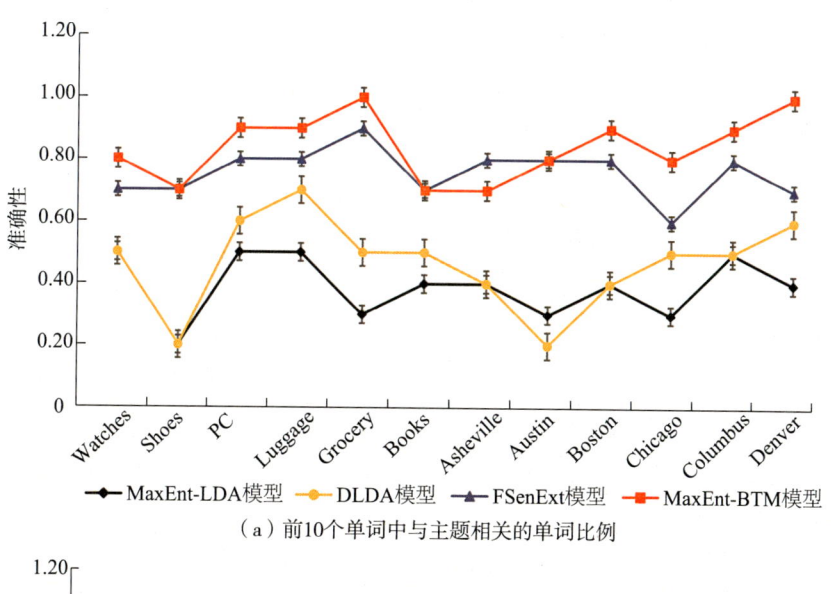

(a) 前10个单词中与主题相关的单词比例

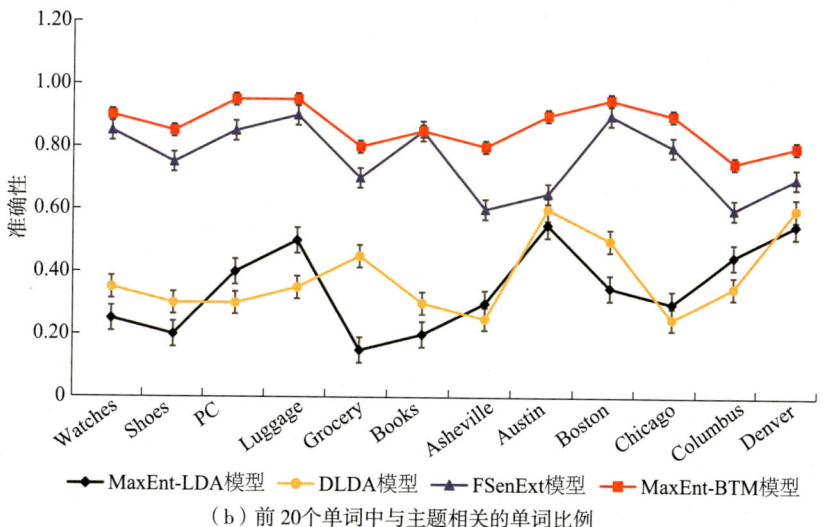

(b) 前20个单词中与主题相关的单词比例

图 3-6 通过 4 种方法识别的与主题相关的单词的准确性

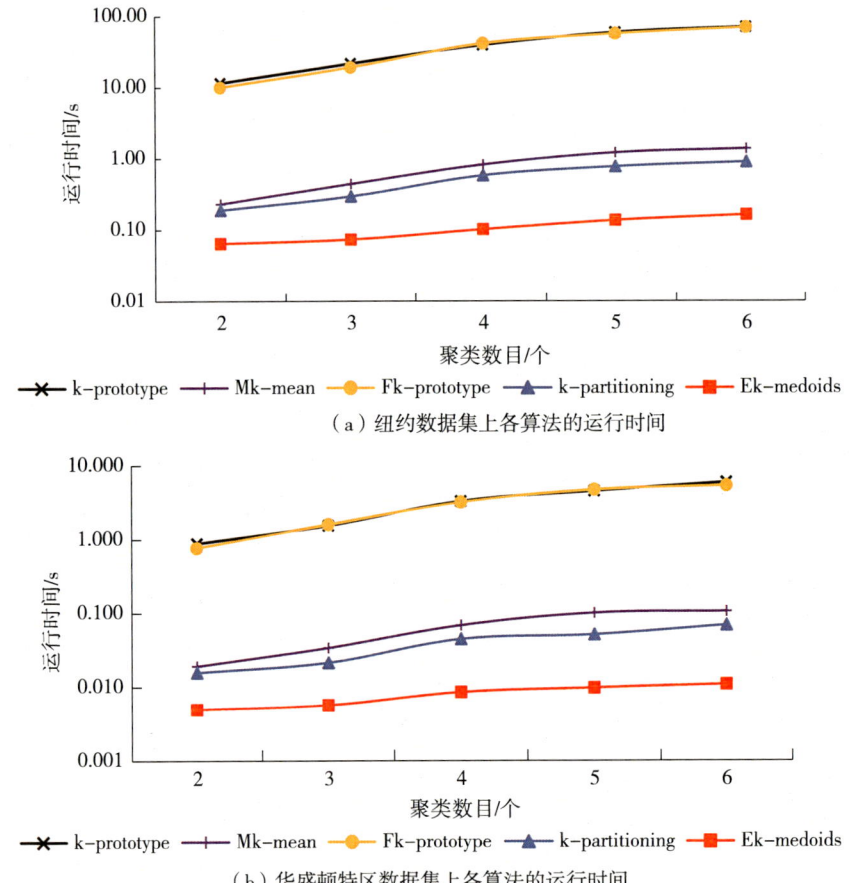

(a)纽约数据集上各算法的运行时间

(b)华盛顿特区数据集上各算法的运行时间

图3-7 4种算法在不同聚类数目下的运行时间对比

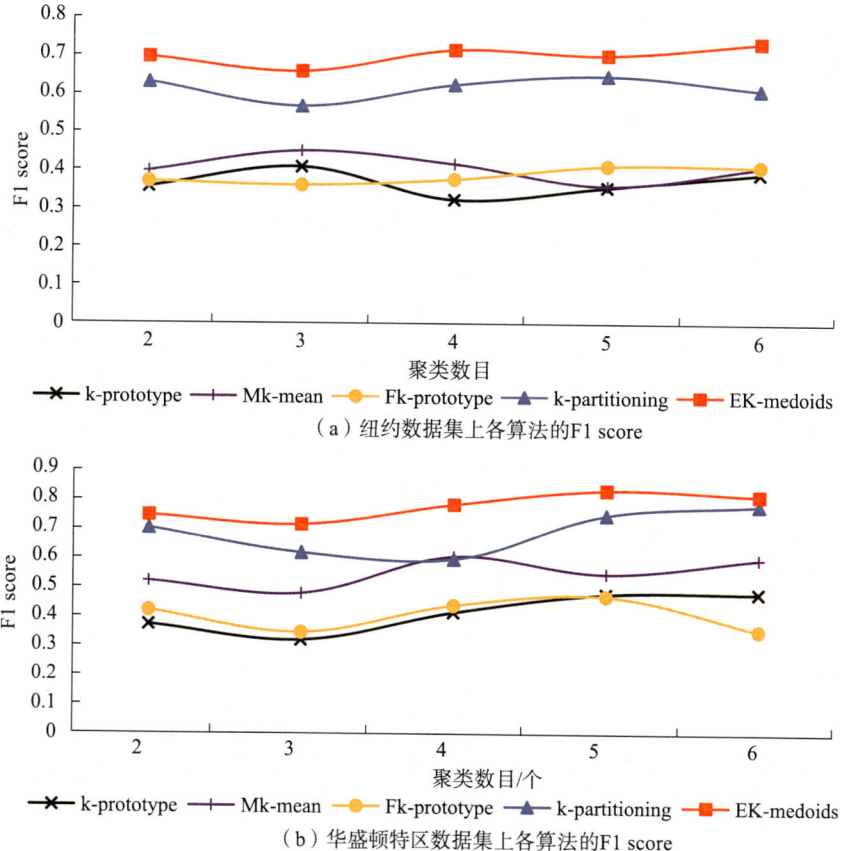

图 3-8 4 种算法在不同聚类数目下的聚类质量对比

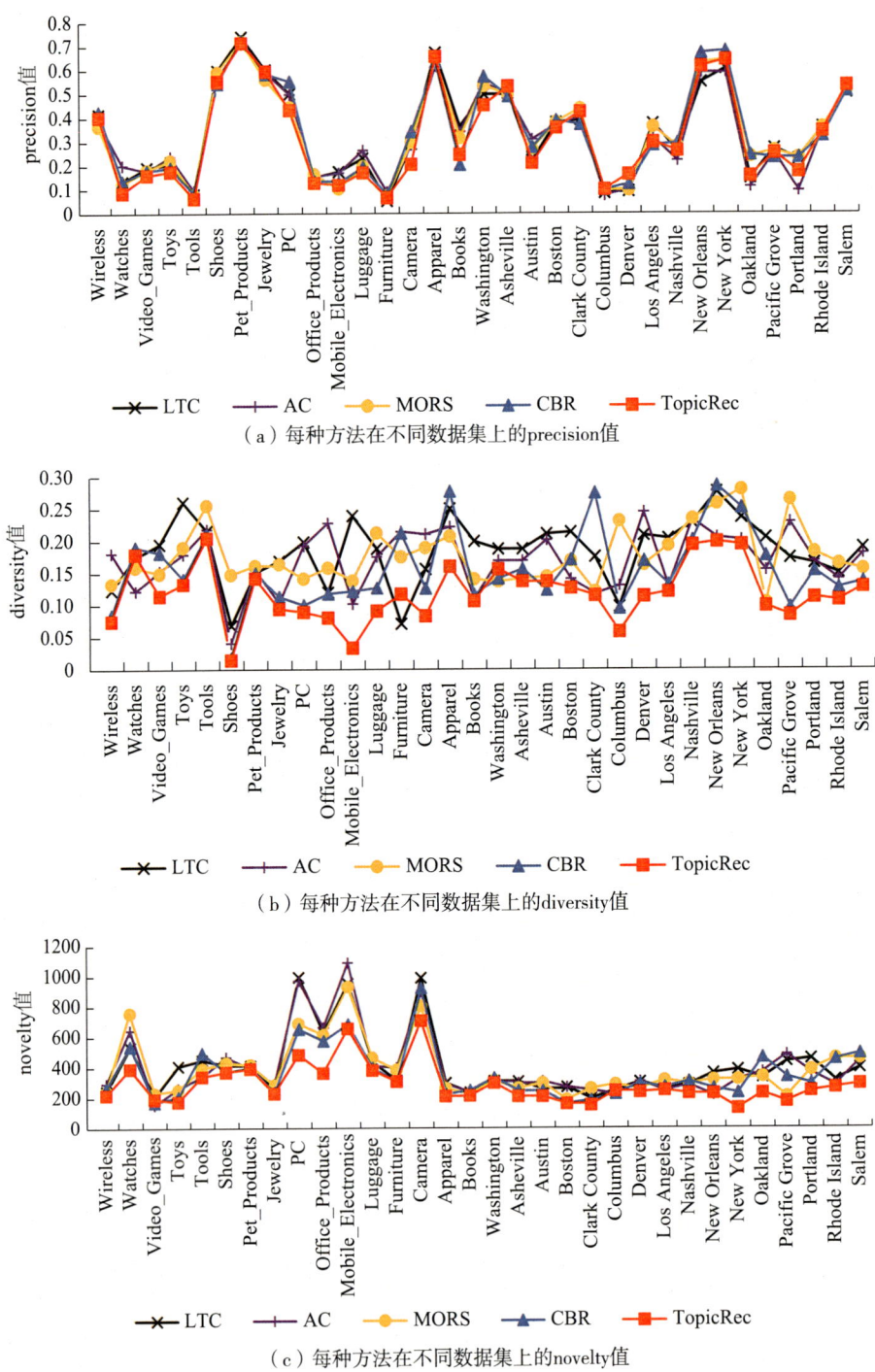

图 3-9 用每种方法发现长尾产品的效果对比

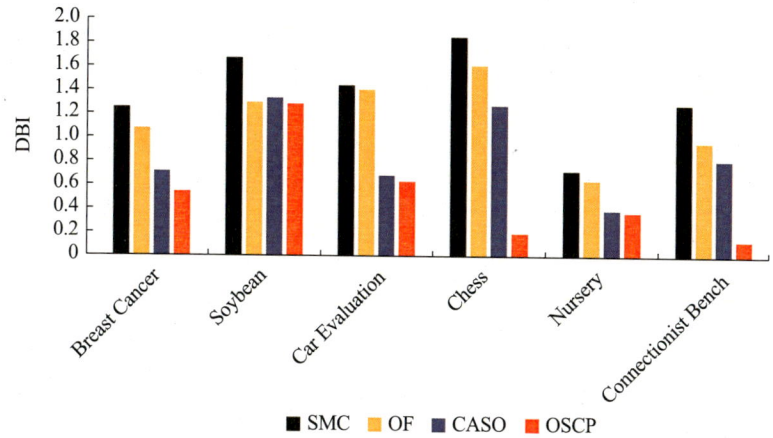

（a）4个相似性度量指标在不同数据集上的Davies-Bouldin指数

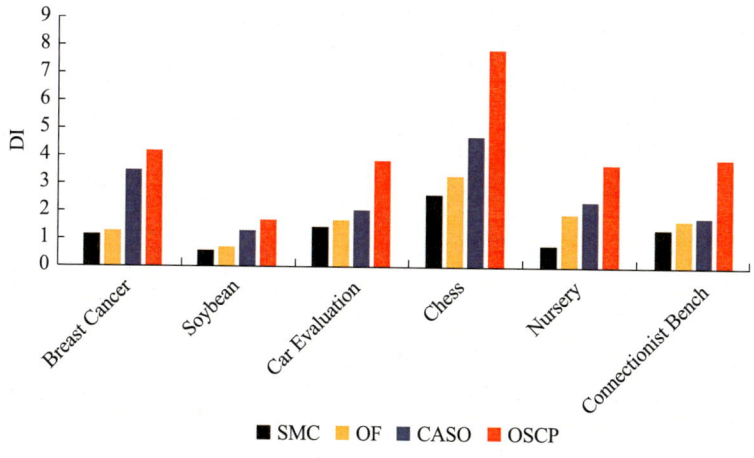

（b）4个相似性度量指标在不同数据集上的Dunn指数

图4-5　4个相似性度量指标在不同数据集上的性能对比

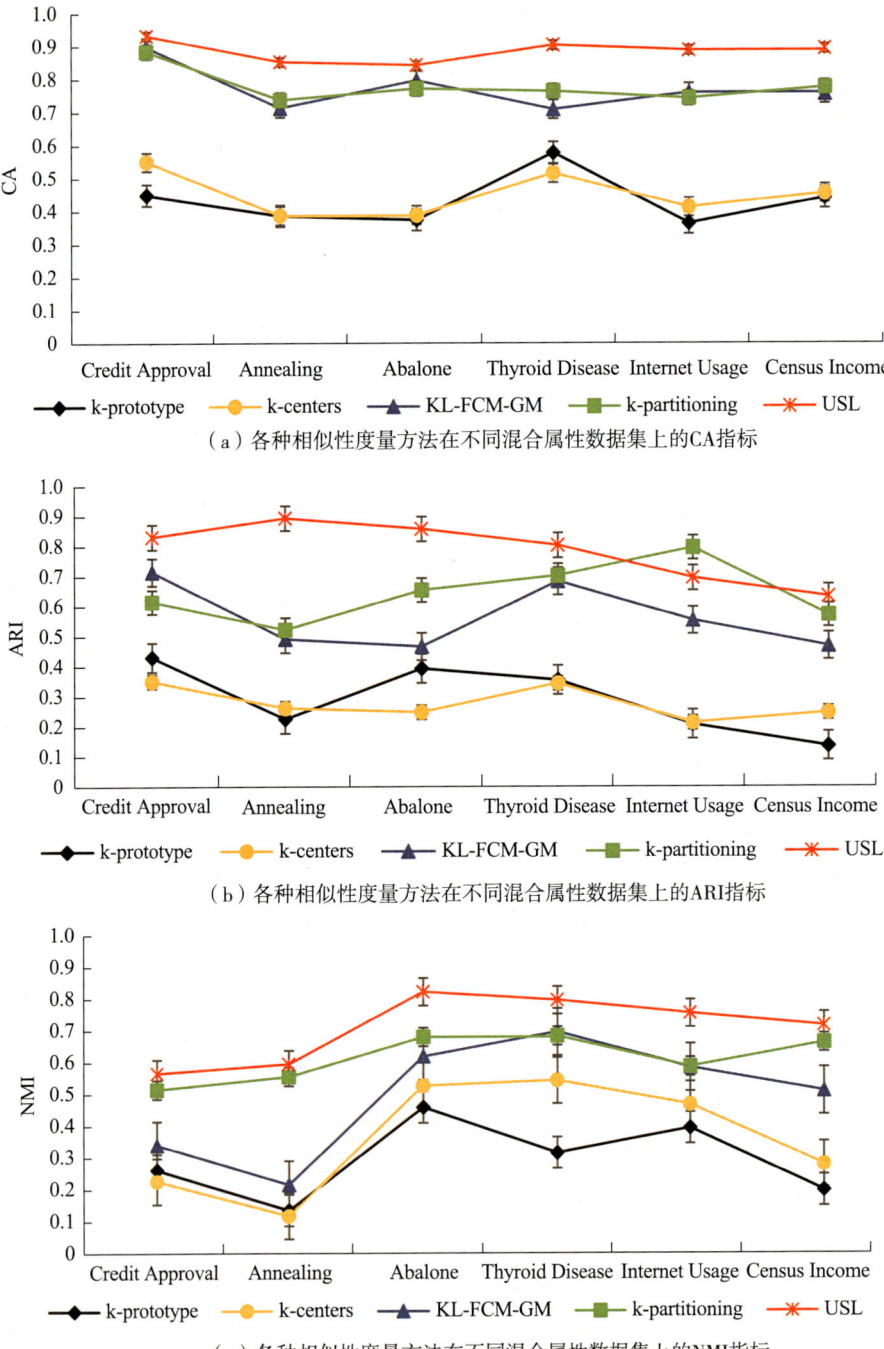

图 4-6　各种相似性度量方法在不同混合属性数据集上的性能对比

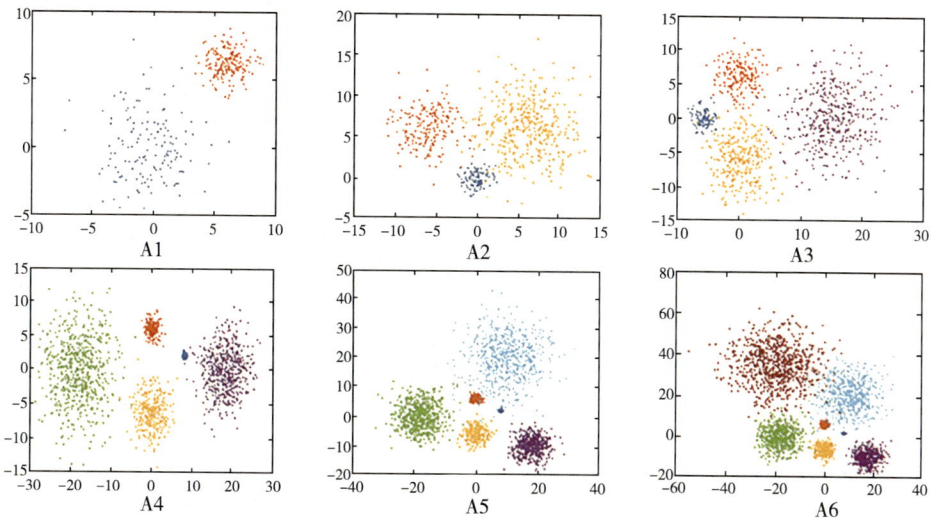

图 4-7 具有不同聚类数目的 6 个人工数据集

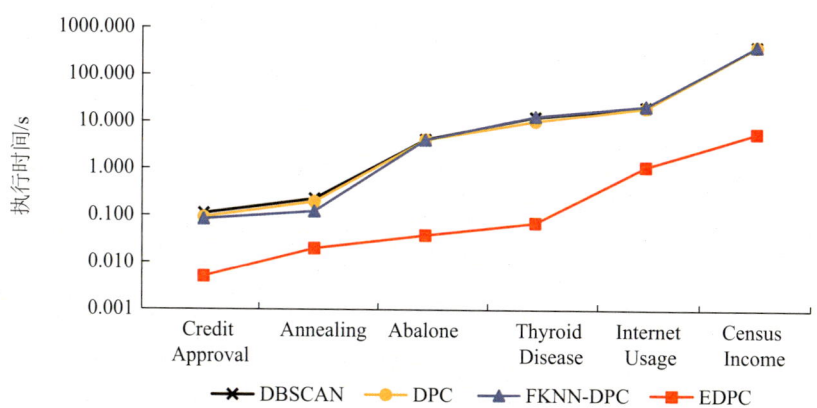

图 4-8 这 4 种算法在不同数据集上的运行效率对比

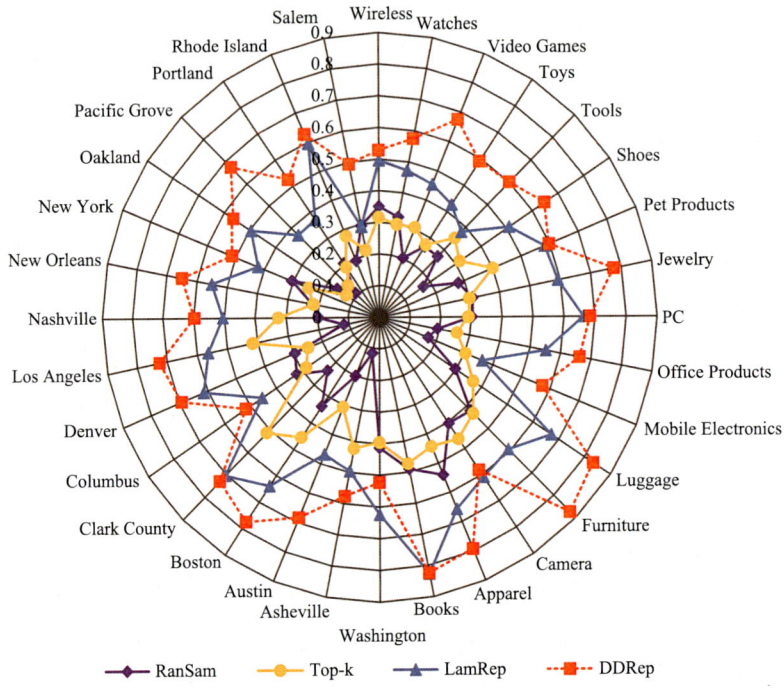

(a) 通过4种方法提取的结果的主题覆盖度指标

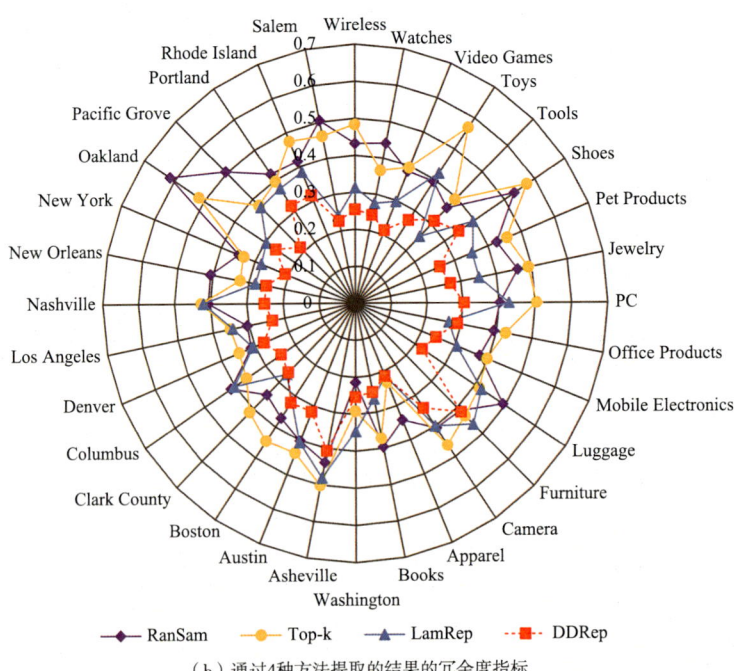

(b) 通过4种方法提取的结果的冗余度指标

图 4-9 通过 4 种方法提取的结果的覆盖范围和冗余度

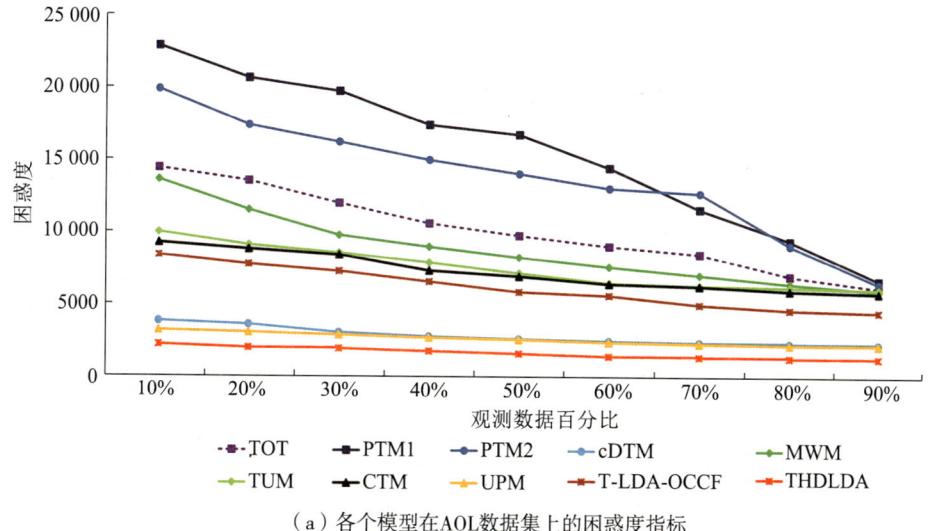

（a）各个模型在AOL数据集上的困惑度指标

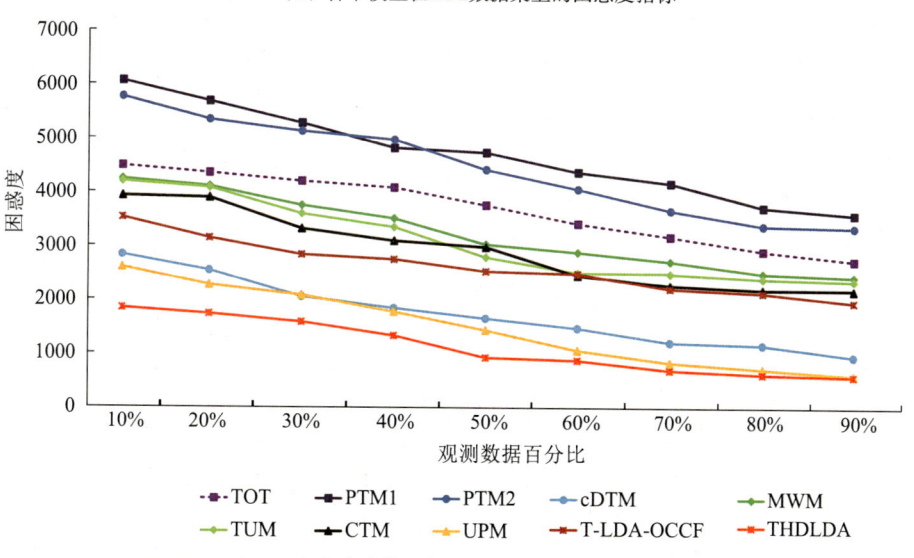

（b）各个模型在Retailrocket数据集上的困惑度指标

图 5-3　各个模型在不同比例观测数据下的困惑度

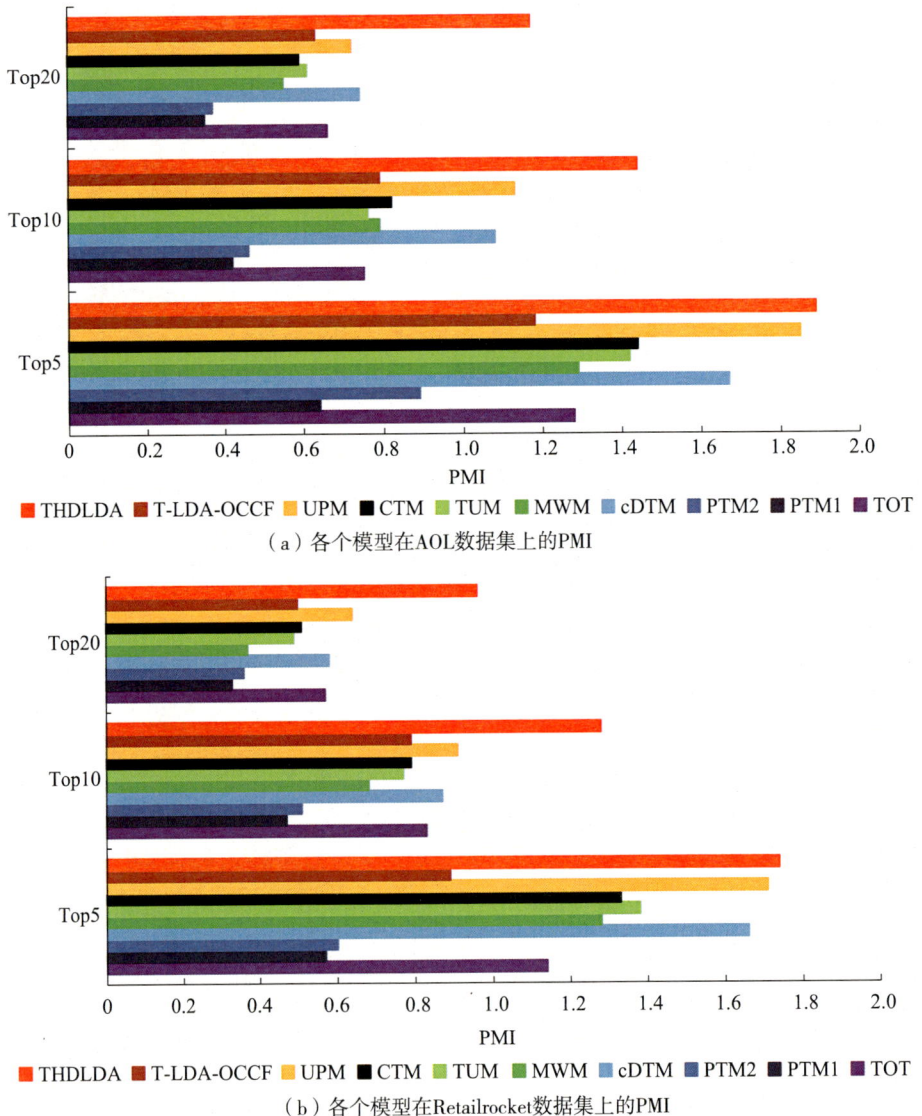

图 5-5 各个模型在不同数据集下的主题连贯性对比

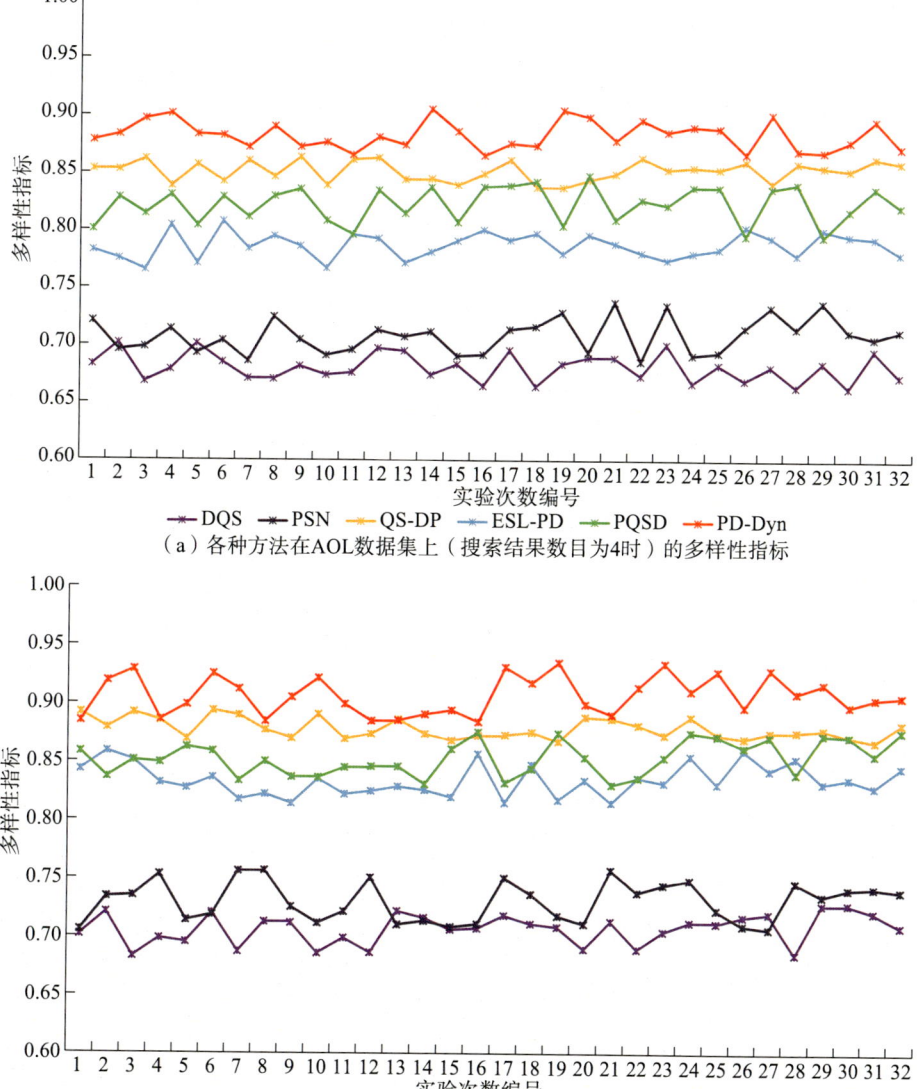

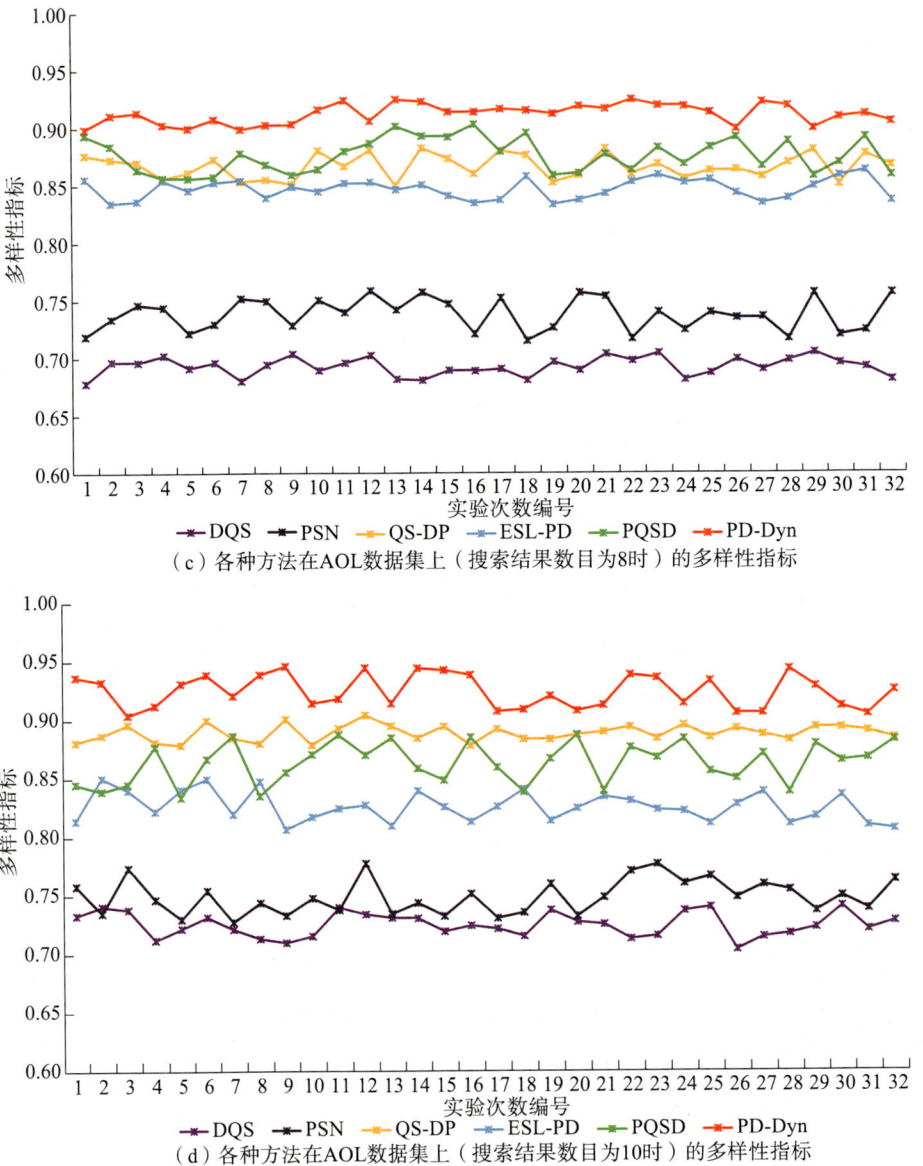

(c)各种方法在AOL数据集上（搜索结果数目为8时）的多样性指标

(d)各种方法在AOL数据集上（搜索结果数目为10时）的多样性指标

图 5-6　AOL 数据集下不同方法在不同搜索结果数目下的多样性对比

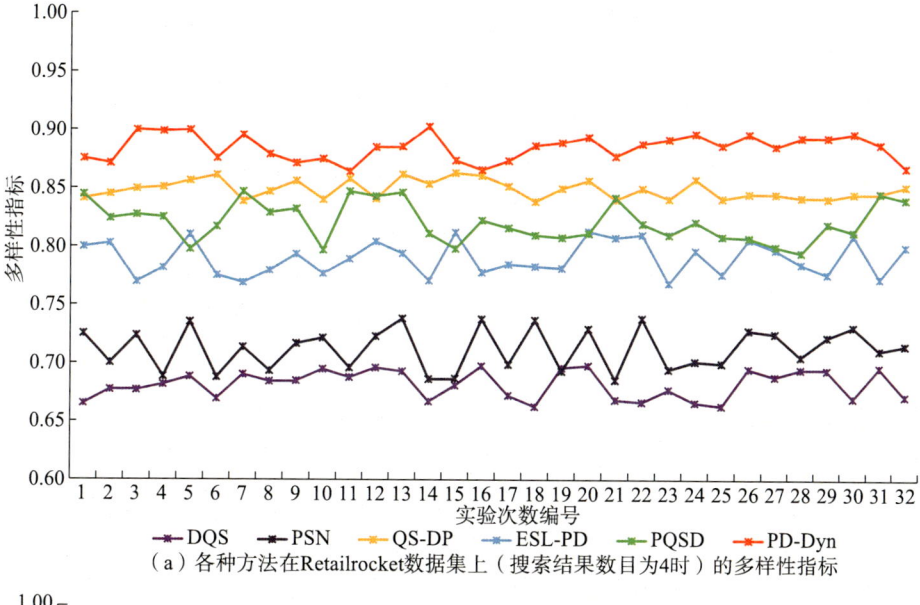

（a）各种方法在Retailrocket数据集上（搜索结果数目为4时）的多样性指标

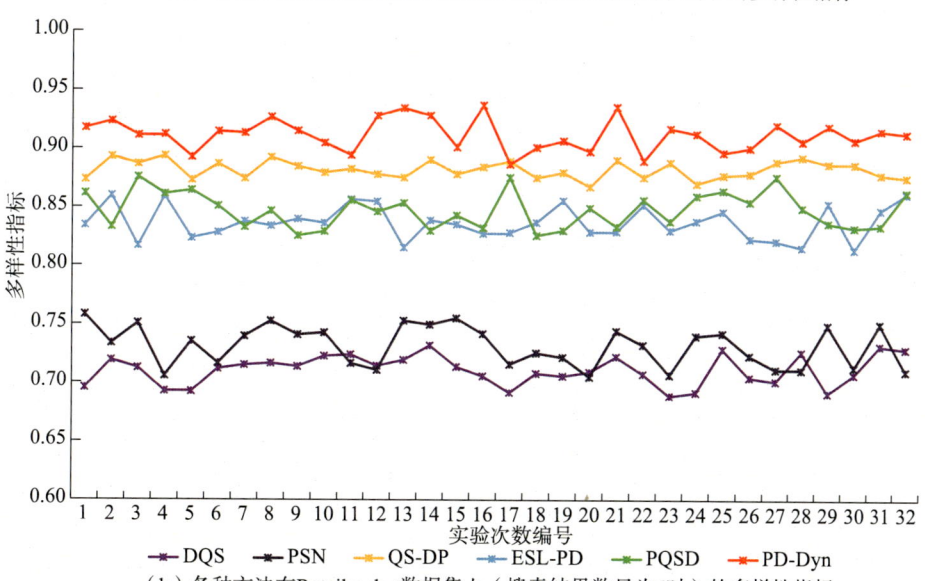

（b）各种方法在Retailrocket数据集上（搜索结果数目为6时）的多样性指标

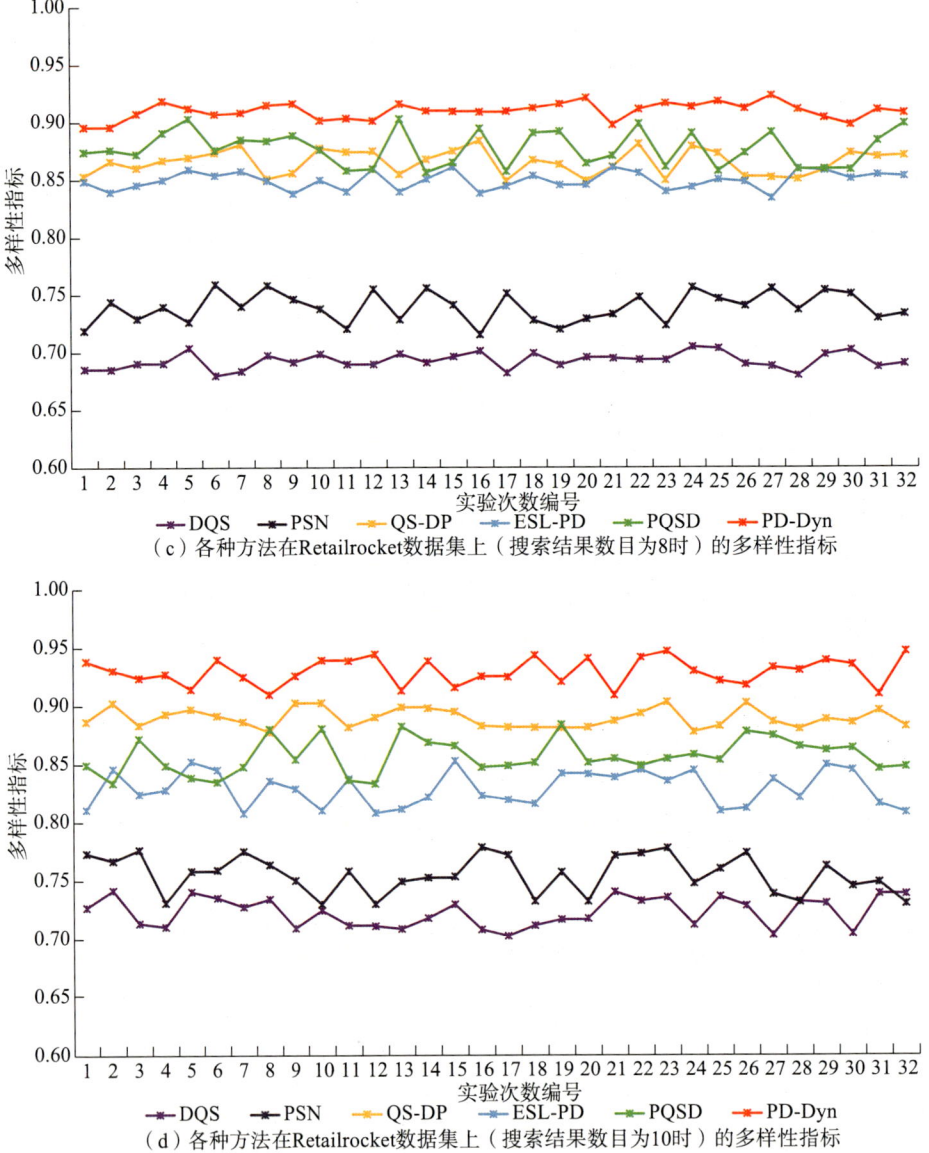

（c）各种方法在Retailrocket数据集上（搜索结果数目为8时）的多样性指标

（d）各种方法在Retailrocket数据集上（搜索结果数目为10时）的多样性指标

图 5-7 Retailrocket 数据集下不同方法在不同搜索结果数目下的多样性对比

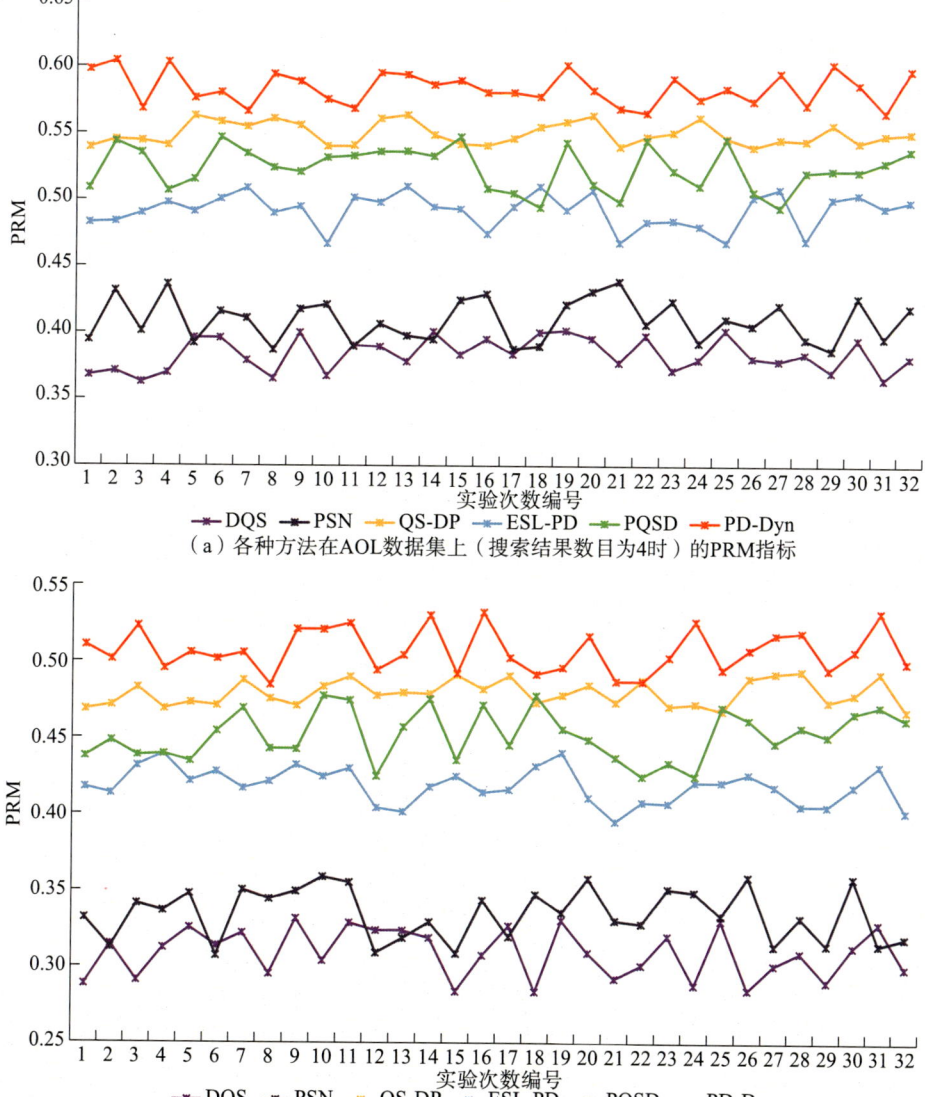

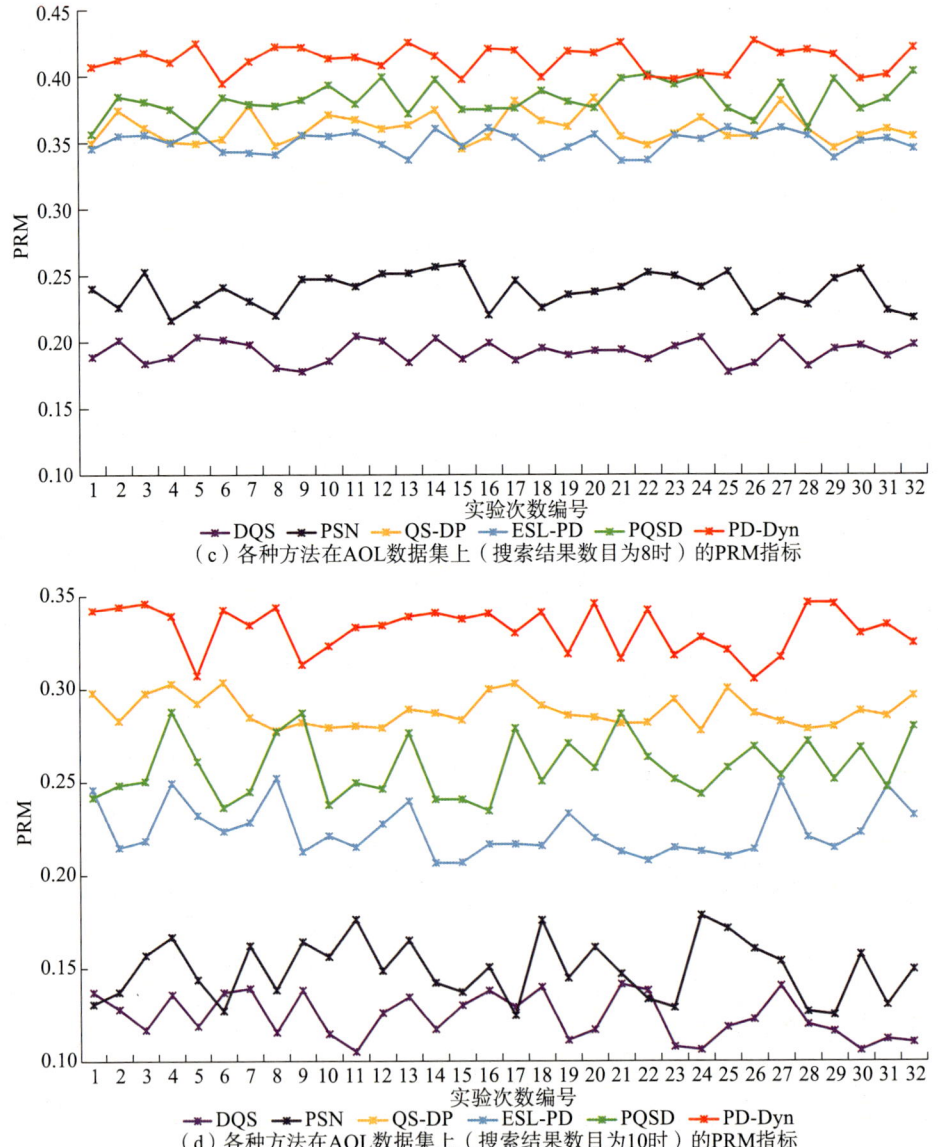

图 5-8　AOL 数据集下不同方法在不同搜索结果数目下的个性化相关度对比

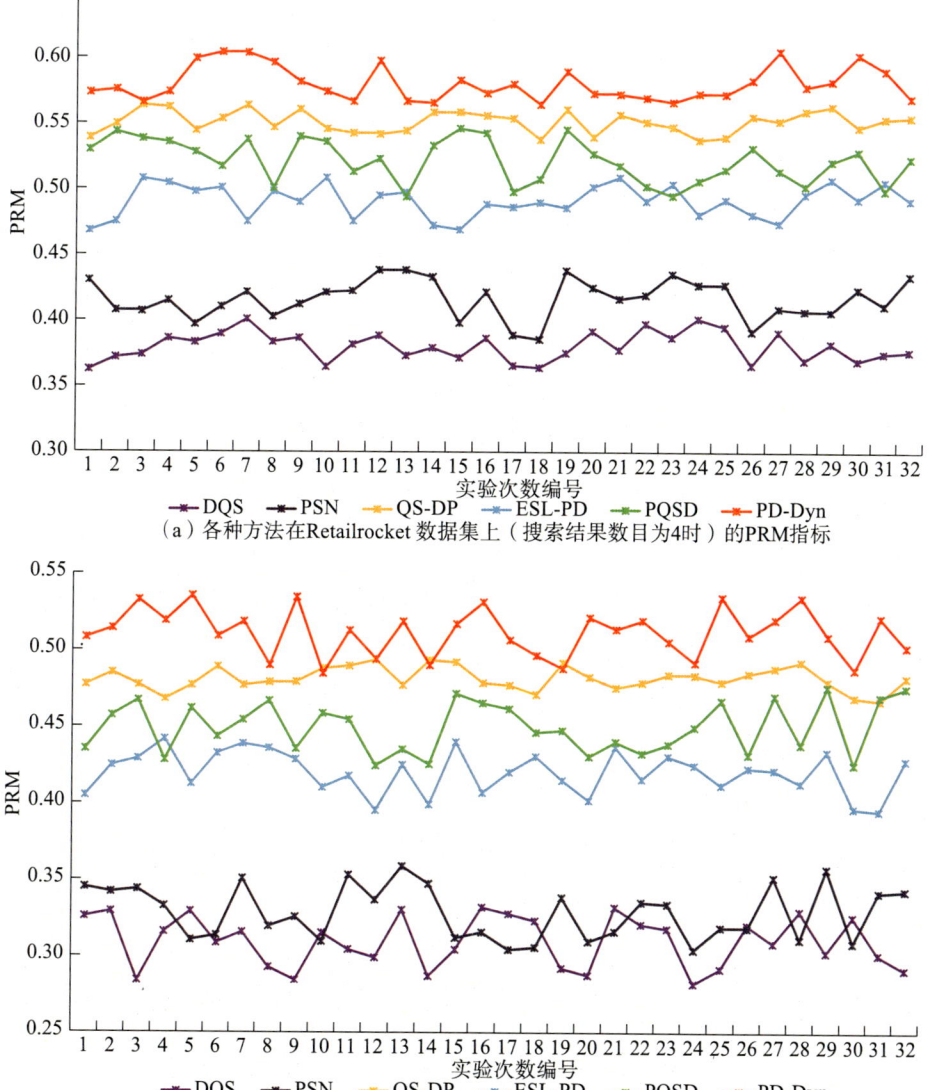

(a) 各种方法在Retailrocket数据集上（搜索结果数目为4时）的PRM指标

(b) 各种方法在Retailrocket数据集上（搜索结果数目为6时）的PRM指标

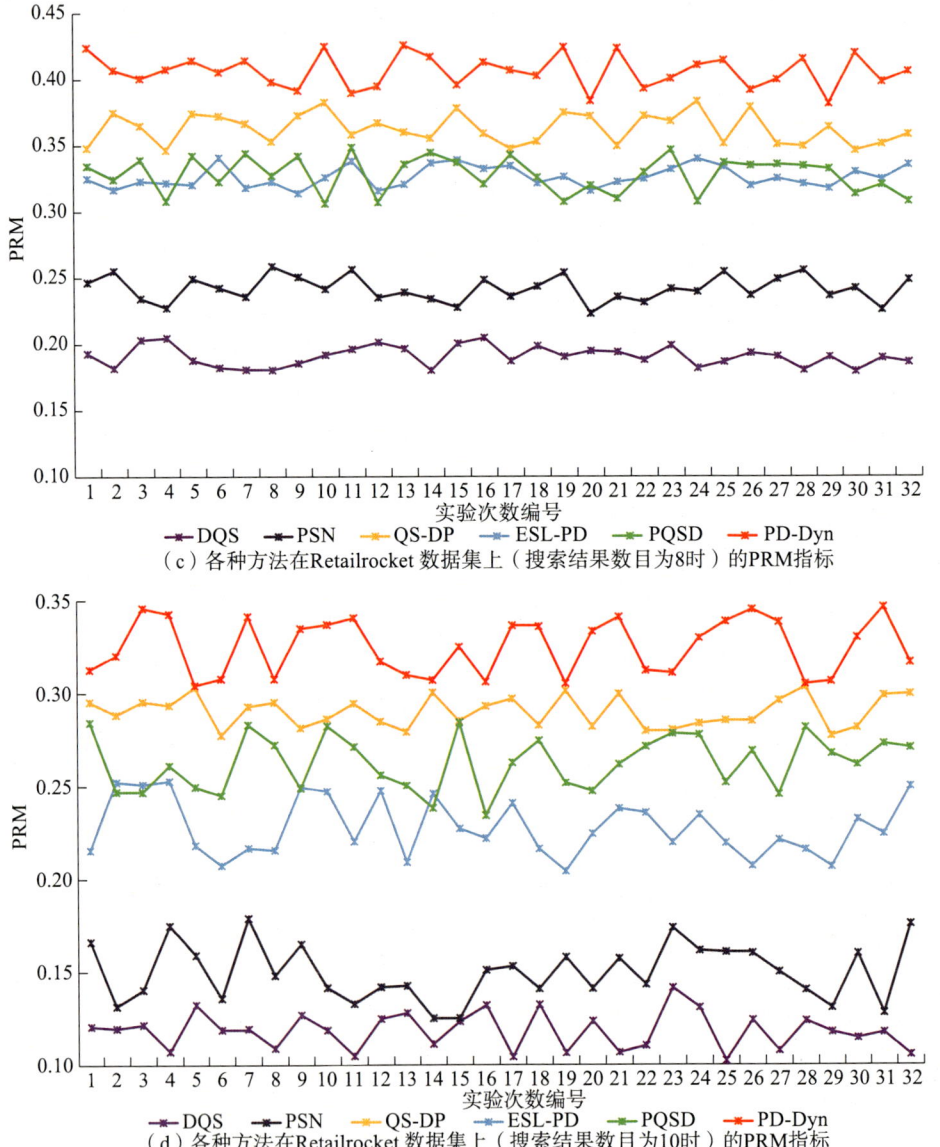

图 5-9 Retailrocket 数据集下不同方法在不同搜索结果数目下的个性化相关度对比

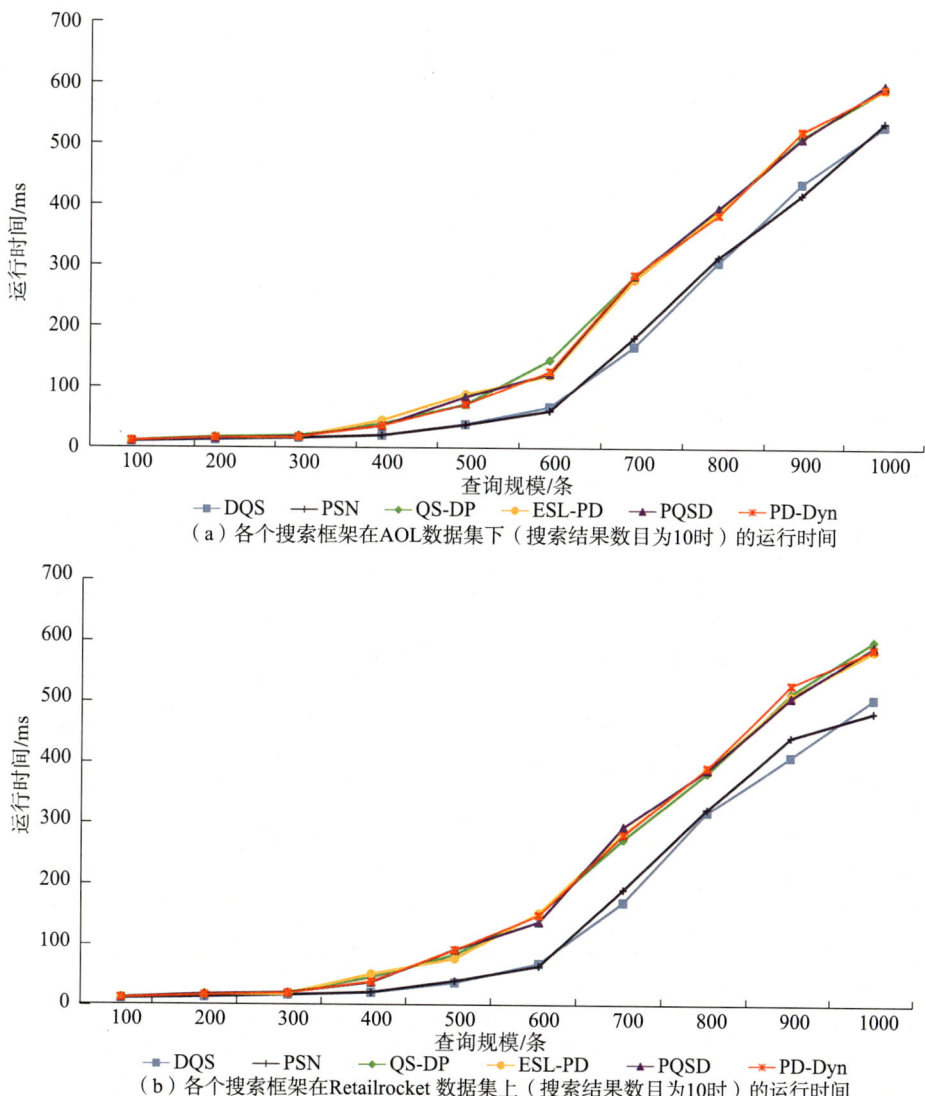

图 5-10 各个搜索框架在不同查询规模下的运行时间对比

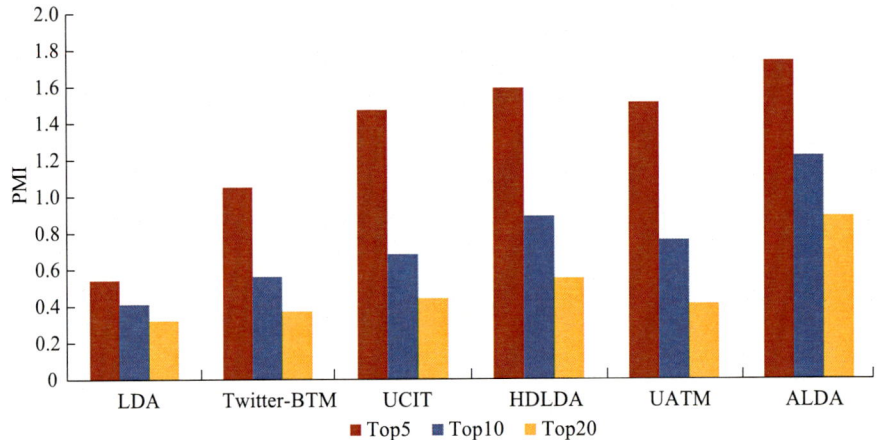

图 6-3 各个模型的 PMI 对比

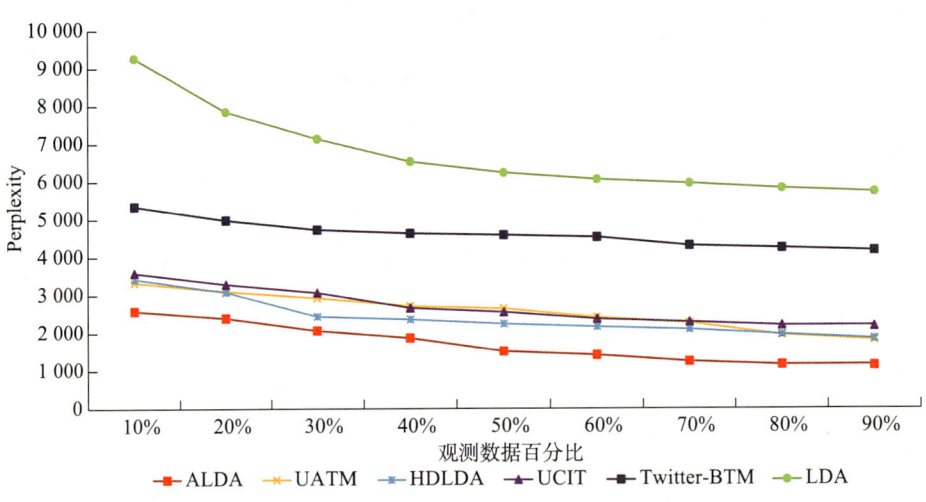

图 6-4 各个模型识别消费者兴趣偏好的性能对比

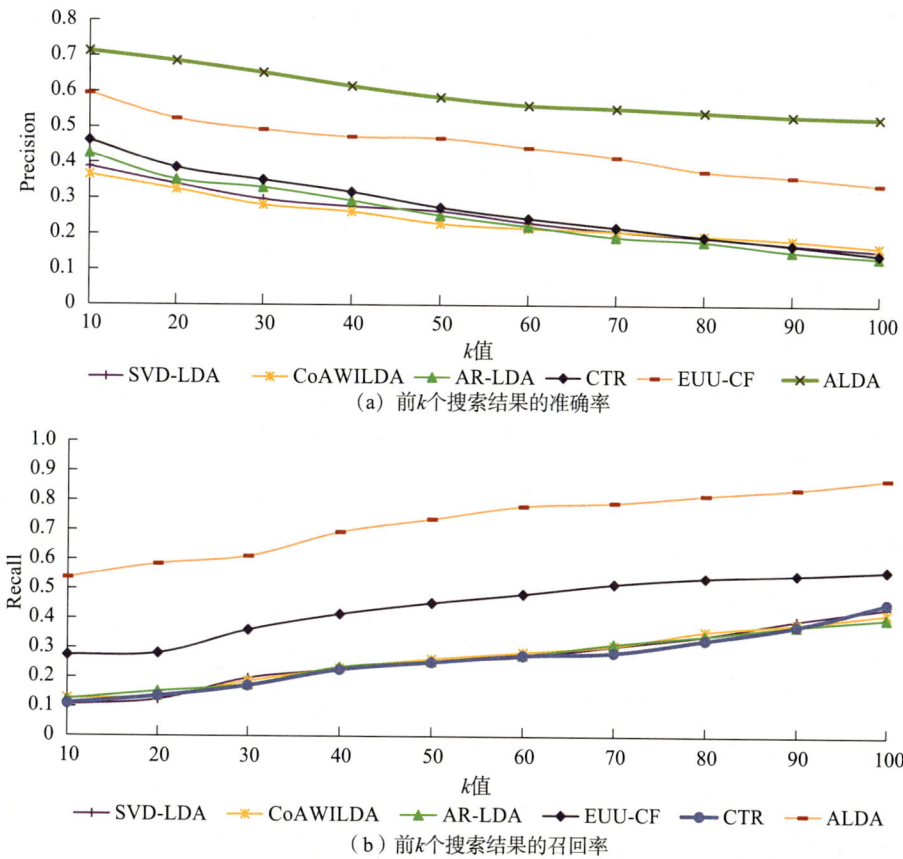

图 6-5 各个模型的推荐结果准确性对比

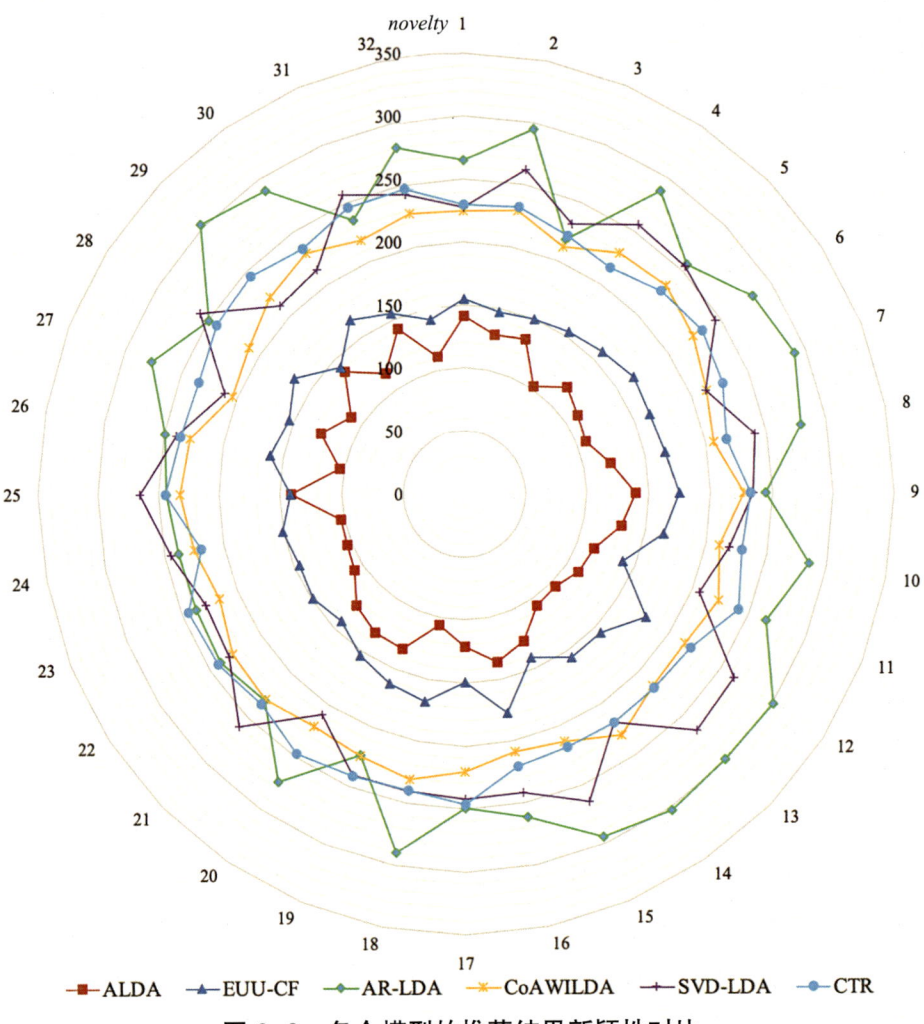

图 6-6　各个模型的推荐结果新颖性对比